中国科学院规划教材

普通高等教育应用创新系列规划教材·经管基础课程系列

国家级一流本科课程配套教材

证券投资学

（第三版）

余学斌　编著

科学出版社

北　京

内 容 简 介

本书主要阐述证券投资学的基本原理，同时兼顾证券投资实务。本书共十章，每章章首附有“本章基本要求”“本章重点”“本章难点”，每章章末附有“复习思考题”“讨论分析题”。主要内容包括证券市场导论、证券投资收益与风险管理、证券市场监管、证券市场交易、股票投资、债券投资、证券投资基金的运作与管理、证券投资基本分析、证券投资技术分析、证券投资相关法律法规。

本书既可作为高等院校财务管理、会计学、投资学等经济管理类相关专业的教学用书，也可作为企业家、证券、金融等实务工作者及其他专业学生的教材和参考书。

图书在版编目（CIP）数据

证券投资学 / 余学斌编著. —3 版. —北京：科学出版社，2020.3
中国科学院规划教材
普通高等教育应用创新系列规划教材 · 经管基础课程系列
ISBN 978-7-03-059797-7

Ⅰ. ①证… Ⅱ. ①余… Ⅲ. ①证券投资-高等学校-教材 Ⅳ. ①F830.91

中国版本图书馆 CIP 数据核字（2018）第 280587 号

责任编辑：王京苏/责任校对：王丹妮
责任印制：霍 兵/封面设计：蓝正设计

科学出版社 出版
北京东黄城根北街 16 号
邮政编码：100717
http://www.sciencep.com
北京市密东印刷有限公司 印刷
科学出版社发行 各地新华书店经销
*
2009 年 1 月第 一 版 开本：787 × 1092 1/16
2016 年 1 月第 二 版 印张：18
2020 年 3 月第 三 版 字数：431 000
2022 年 1 月第十八次印刷
定价：48.00 元
（如有印装质量问题，我社负责调换）

前　言

证券投资学是金融学专业和财务管理专业的专业基础课，也是经济学专业的必修课程。本书对资本市场投资进行全面的论述，内容上实务与理论相结合，有较强的理论性和实践意义。在金融业逐步走向微观化的当今，偏重微观分析的证券投资学在学科发展中占有重要的地位。本书的目标是在授予学生较为完整的学科内容体系的基础上，更好地培养学生对证券市场的判断力，激发学生更多的学习兴趣；培养学生对所学知识的应用能力和解决问题的能力。

目前，“证券投资学”已经成为高等院校经济和管理类专业普遍设置的课程。通过学习本书，希望学生在掌握证券投资学基本概念和基本原理的基础上，把握各种金融工具（特别是证券投资工具）的特性，学会分析各种证券投资机会，了解各种投资环境，制定最佳的投资管理策略；希望学生全面系统地掌握证券投资学的基本概念、基本理论和基本方法，能够系统、全面地掌握证券市场的基本知识，熟悉证券市场的运作，并能够运用所学知识服务政府部门、金融机构、证券机构、企业及从事投资活动的个人实践，更好地适应市场变化的需要。

基于以上考虑，在参考现有诸多证券投资类教材基本框架及2016年《证券投资学（第二版）》的基础上，本书从内容到编排上都做了重大的改进和补充完善。本书在编写上，力求体现三大特色：第一，实用——以中国金融资本市场为背景，构建结构设计现实、体系完整、内容精练，注重学生基本金融理论、基本投资技能的培养，也关注学生投资能力训练和实际操作；第二，全面—— 本书融教学内容、实证资料、操作指南、背景资料、问题分析与技能训练于一体，有利于课堂教学及本科、专科学生学习，本书中的资料也有一定的保存和参考价值；第三，生动—— 各章节理论内容结合现实案例进行详细阐述，内容简明扼要。

证券投资学既是一门预测科学，也是一种操作技术，又是一门理论与实务并重的课程。本书内容丰富、覆盖面广、材料翔实，对证券基础知识有全面的阐述。本书既吸收了西方投资学的理论精要，又努力联系中国证券市场的实际情况，引用中国证券市场的最新素材和数据，尽量使内容适合中国国情。

本书由余学斌负责大纲设计、总纂和定稿工作。本书借鉴了大量的中外文献资料，在此对这些文献作者一并致谢。

本书在编写和出版过程中，得到武汉科技大学管理学院及科学出版社王京苏和其他相关编辑人员的热忱帮助和支持，借此机会向他们表示衷心感谢！

对于本书中存在的不足之处，敬请广大读者指正，更希望诸位读者和专家赐教，今后我们将不断改进与提高。

余学斌

2019 年 10 月于武汉科技大学科大雅苑

目　　录

教 学 建 议

教学目的

通过学习本书，学生能够全面系统地掌握证券投资学的基本概念、基本理论和基本方法；培养和提高学生正确分析和解决证券投资管理问题的能力，更好地适应当前国内外金融资本市场变化的需要。

本书最基本的定位是教会学生证券交易，基本目标是让学生学会股票投资。不仅要知道开户程序，还要掌握投资基本分析和投资技术分析，为社会培养合格的专业人才和投资者。

要求前期掌握知识

经济学、财务管理学、金融市场学、应用统计学。

课时分布建议如下：

知识模块	章名	知识点	建议学时	
第一模块：证券市场	第一章　证券市场导论	1.1　证券市场是什么 1.2　如何进行证券投资 1.3　衍生投资工具知多少 1.4　便捷的互联网理财	4	6
	第二章　证券投资收益与风险管理	2.1　投资收益多少合适 2.2　投资风险有哪些 2.3　如何规避投资风险	2	2
	第三章　证券市场监管	3.1　证券市场监管什么 3.2　监管对象有哪些	2	2
	第四章　证券市场交易	4.1　如何开户交易 4.2　规避网上交易风险	2	4（2 上机）
第二模块：证券投资工具	第五章　股票投资	5.1　股票是什么 5.2　如何买卖股票	2	6（2 上机）
	第六章　债券投资	6.1　债券有用吗 6.2　如何选购债券	2	2
	第七章　证券投资基金的运作与管理	7.1　如何买卖基金 7.2　投资基金风险有哪些	2	2

续表

知识模块	章名	知识点	建议学时	
第三模块：证券投资基本分析	第八章　证券投资基本分析	8.1　宏观经济分析指标 8.2　如何分析行业面 8.3　主要财务指标研读 8.4　从众心理盛行	8（2 上机）	12（2 上机）
第四模块：证券投资技术分析	第九章　证券投资技术分析	9.1　证券投资技术分析理论有哪些 9.2　如何识别 K 线图 9.3　均线的熟练运用 9.4　如何看 MACD 9.5　技术分析指标结合运用	6（2 上机、案例）	10（2 上机、案例）
	第十章　证券投资相关法律法规	10.1　证券法解读 10.2　证券投资其他相关法律法规	2	2
课时合计			32	48

注：（1）课时安排，可根据各专业培养方案，灵活安排 32 学时，或者 48 学时；（2）上机模拟交易、讨论、案例分析等专项时间，附注在相应章节后括号内

第一章　证券市场导论

本章基本要求：熟练掌握证券和证券市场的基础知识、基本理论和职业道德规范；掌握证券市场的定义、特征和基本功能；掌握股票（stock）、债券（bond）、证券投资基金（fund）等资本市场基础工具的定义、性质、特征、分类。

本章重点：投资的定义，证券市场构成要素。

本章难点：金融资产与实物资产。

第一节　证券市场概述

一、证券市场概述

1. 金融市场

金融市场是指经营货币资金借款、外汇买卖、有价证券交易（securities transaction）、债券和股票的发行、黄金等贵金属买卖场所的总称，直接金融市场与间接金融市场的结合共同构成金融市场整体。金融市场也可以是货币资金融通和金融资产交易场所和行为总和的简称。

2. 资金融通

资金融通简称融资，是指货币流通及与其相关的信用活动。资金融通包括货币流通，存款的吸收与提取，贷款的发放与收回，资金的相互拆借，金银、外汇和有价证券的买卖，保险、信托、国内外汇兑的往来，等等。资金融通按其有无媒介可分为直接融资和间接融资。

直接融资是资金供求双方直接进行资金融通的活动，是资金需求者直接通过金融市场向社会上有资金盈余的机构和个人进行筹资。

间接融资是指通过银行进行的资金融通活动，是资金需求者采取向银行等金融中介机构申请贷款的方式进行筹资。

3. 证券市场

证券市场是有价证券发行和流通及与此相适应的组织与管理方式的总称。广义的证券市场是指所有证券发行和交易的场所；狭义的证券市场是指资本证券市场、货币证券市场和商品证券市场，是股票、债券、商品期货、股票期货、期权、利率期货等证券产品发行和交易的场所。

证券是各类财产所有权或债权凭证的通称，是用来证明证券持有人有权取得相应权益的凭证。股票、公债券、基金证券、票据、提单、保险单、存款单等都是证券。

在资本主义发展初期的原始积累阶段，16 世纪的西欧就已出现了证券交易，当时的里昂、安特卫普已成立证券交易所，最早在证券交易所进行交易的是国家债券。

1602 年，世界上第一个股票交易所在荷兰的阿姆斯特丹成立。英国的第一家证券交易所最初主要交易政府债券。

二、证券市场的结构体系

（1）按证券性质的不同，证券市场可分为股票市场、债券市场、基金市场。

（2）按组织形式不同，证券市场可分为：①场内市场，如上海证券交易所、深圳证券交易所、纽约证券交易所（New York Stock Exchange，NYSE）、美国证券交易所（American Stock Exchange，AMEX）。②场外市场，是非交易所上市的股票和许多种不同债券的交易场所。美国全国证券交易商协会自动报价（National Association of Securities Dealers Automated Quotations，NASDAQ）系统旨在为场外交易市场中的交易商提供股票的价格信息，以便交易商进行股票交易。③第三市场，是交易所上市股票的场外交易市场。④第四市场，是由买卖双方直接交易的股票市场。

（3）按交易时间不同，证券市场可分为：①证券发行市场，也称初级市场或一级市场；②证券交易市场，也称次级市场或二级市场。

金融市场体系构成如图 1-1 所示。

三、证券市场特征

证券市场的形成与发展，根源于工业化以来的企业制度创新和金融制度深化。随着资本主义经济的发展，所有权与经营权相分离的生产经营方式出现，创造出大量的证券资产，股票、公司债券及不动产抵押债券依次进入有价证券交易的行列。

证券市场具有以下三个显著特征。

第一，证券市场是价值直接交换的场所。有价证券是价值的直接代表，其本质是价值的一种直接表现形式。虽然证券交易的对象是各种各样的有价证券，但它们是价值的直接表现形式，因此证券市场本质上是价值的直接交换场所。

第二，证券市场是财产权利直接交换的场所。证券市场上的交易对象是作为经济权益凭证的股票、债券、投资基金券等有价证券，它们本身仅是一定量财产权利的代表，

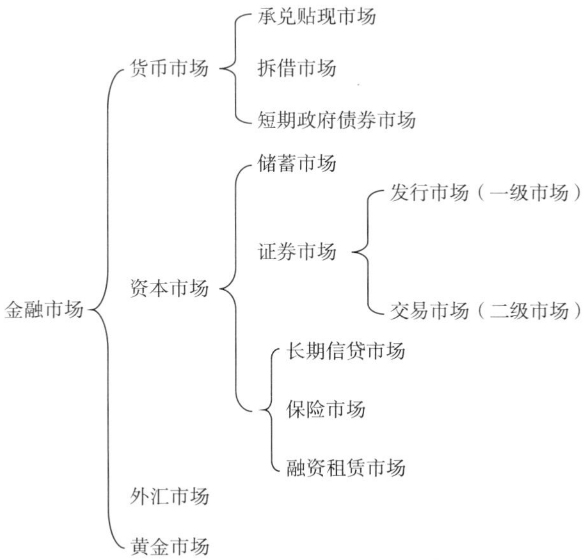

图 1-1　金融市场体系构成

因此，其代表对一定数额财产的所有权或债权及相关的收益权。证券市场实际上是财产权利的直接交换场所。

第三，证券市场是风险直接交换的场所。有价证券既是一定收益权的代表，也是一定风险的代表。有价证券的交换在转让一定收益权的同时，也把该有价证券所特有的风险转让。因此，从风险的角度分析，证券市场是风险的直接交换场所。

四、证券市场的功能

证券市场以其独特的方式影响近现代社会，对社会经济发展起着重要作用。因此，我们对其功能应有一个客观的评价。

由其定义可知，证券市场有三个最基本的功能。

1. 融通资金

融通资金是证券市场的首要功能，这一功能的另一作用是为资金供给者提供投资对象。证券市场的融资功能是指证券市场为资金需求者筹集资金的功能。

一般来说，企业融资有两种渠道：一是间接融资，即通过银行贷款获得资金；二是直接融资，即发行各种有价证券使社会闲散资金汇集成为长期资本。前者提供的短期贷款期限较短，适合解决企业流动资金不足的问题，但长期贷款数量有限，条件苛刻，对企业不利。后者弥补了前者的不足，使社会化大生产和企业大规模经营成为可能。政府也可以发行债券，从而迅速地筹集长期巨额资金投入国家的生产建设之中或弥补当年的财政赤字。

2. 资本定价

证券市场的第二个基本功能就是为资本决定价格。证券是资本的存在形式，证券的价格实际上是证券代表的资本的价格。

证券的价格是证券市场上证券供求双方共同作用的结果。证券市场的运行形成了证券需求者竞争和证券供给者竞争的关系，这种竞争的结果是：能产生高投资回报的资本，市场的需求就大，其相应的证券价格就高；反之，证券价格就低。因此，证券市场提供了资本的合理定价机制。

3. 资本配置

证券市场的资本配置功能是指通过证券价格引导资本的流动，从而实现资本合理配置的功能。证券投资者对证券的收益十分敏感，而证券收益率在很大程度上决定于企业的经济效益。从长期来看，经济效益好的企业的证券拥有较多的投资者，这种证券在市场上买卖也很活跃。相反，经济效益差的企业的证券投资者越来越少，市场上的交易也不旺盛。因此，社会上部分资金会自动地流向经济效益好的企业，远离经济效益差的企业。

这样，证券市场就引导资本流向能产生高报酬的企业或行业，从而使资本产生尽可能高的效率，进而实现资源的合理配置。

以上是证券市场的三个最基本的功能，还有三个功能是在此基础上派生出来的，它们分别为转换机制、宏观调控和分散风险。

五、中国证券市场发展特点

证券在中国属于舶来品。

中国证券市场作为一个新兴的高速成长的证券市场，在近 30 年时间里取得了举世瞩目的成就。

1984 年 11 月，上海飞乐音响公司改制为股份有限公司（stock corporation），成为中国第一家向公众公开发行股票的股份有限公司。

1990 年 12 月 19 日，上海证券交易所正式开业；1991 年 7 月 3 日，深圳证券交易所成立。这两个证券交易所的成立标志着中国的股票市场开始形成。

六、国际证券市场发展趋势

（1）证券市场网络化和一体化。20 世纪 90 年代以来，随着计算机技术的飞速发展，国际资本流动频繁且影响深远，并最终导致全球证券市场的相互联系日趋紧密，证券市场走向一体化。

（2）金融机构混业化。1999 年 11 月 4 日，美国国会通过了《金融服务现代化法案》，废除了 1933 年经济危机时期制定的《格拉斯–斯蒂格尔法案》，取消了银行、证券保险公司相互渗透业务的障碍，标志着金融业分业制度的终结。

（3）金融风险复杂化。随着金融货币政策转向，全球贸易冲突不断升级，国际贸易保护主义死灰复燃，国际证券市场金融风险日趋复杂化。

第二节　证券投资的基本概念

证券投资者应有清醒的目标，应了解投资的三要素、证券投资和证券市场主体。

一、投资的三要素

投资是指经济主体购买金融资产或实物资产，以便在未来某个时期获得与承担的风险成比例的收益的经济行为。

从投资的含义可以看到，投资必须具备三要素。

（1）收益。投资是为了获得未来报酬而采取的一种经济行为，收益即投资所取得的报酬。

（2）时间。投资是一个行为过程，从投入到可能的未来报酬的获得，要经过一定的时间间隔。

（3）风险。获取的报酬是不确定的，是以风险为代价的。时间间隔越长，不可测因素越多，不确定性就越大，即风险越大。

二、证券投资

（1）证券投资概念。证券投资是指投资者（法人或自然人）买卖股票、债券、基金券等有价证券及其衍生品，以获取价差、利息及资本利得的投资行为和投资过程，是间接投资的重要形式。

（2）证券投资的构成要素。其包括投资主体、投资客体、投资目的、投资方式、证券投资风险等。

（3）证券投资的基本特征。证券投资具有如下基本特征：①证券投资具有高度的“市场力”；②证券投资是对预期会带来收益的有价证券的风险投资；③投资和投机是证券投资活动中不可缺少的两种行为；④二级市场的证券投资不会增加社会资本总量，而是在持有人之间进行再分配；⑤证券投资具有风险性；⑥证券投资具有收益性。

（4）证券投资的原则包括：①效益与风险最佳组合原则。效益与风险最佳组合是指在一定风险的前提下，尽可能使收益最大化；或在一定收益的前提下，尽可能使风险最小化。②分散投资原则。证券多样化，建立科学的有效证券组合。③理智投资原则。在分析、比较后审慎地投资。④投资程序。确定投资方案、选择证券经纪商、办理证券交割和过户。

（5）证券投资运行过程包括：①筹措投资资金；②明确自己对收益和风险的态度；③全面掌握投资信息；④选准投资对象和入市时机；⑤进行投资决策和管理。

三、证券市场主体

证券市场主体是指包括证券发行人和证券投资者在内的证券市场参与者。

1. 证券发行人

证券发行人是指为筹集资金而发行债券、股票等证券的政府及其机构、金融机构、公司或企业。

证券发行人主要包括政府、金融机构、有限责任公司、国有独资公司和股份有限公司。

中央政府债券又称国债，发行人是财政部，其发行是以国家信用做保证的，具有很高的安全性，可以认为其不存在信用风险。

2. 证券投资者

证券投资者是指通过证券进行投资的各类机构法人和自然人，他们是证券市场的资金供给者。证券投资者包括机构投资者和广泛的个人投资者。

3. 证券工具

（1）债券。债券是政府、金融机构、工商企业等机构直接向社会借债筹措资金时，向投资者发行的，并且承诺按约定条件偿还本金的债权、债务凭证。

（2）股票。股票是股份公司发给股东证明其所持股份的一种有价证券，它可以作为买卖对象和抵押品，是证券市场上主要的长期信用工具之一。股票是一种永不偿还的有价证券，股份公司不会对股票持有人偿还本金。

（3）证券投资基金。证券投资基金是一种利益共享、风险共担的集合投资方式，即通过发行基金单位集中投资者的基金，由基金托管人托管、基金管理人管理和运用资金，从事股票、债券、外汇、货币等金融工具投资，以获得投资收益和资本增值。

根据基金单位是否可增加或赎回，投资基金可分为开放式基金（opened-end fund）和封闭式基金（closed-end fund）。

投资基金既是投资主体——参与证券投资，将集中的资金投资于各种有价证券，又提供投资客体——发行供投资者选择的股票或受益凭证，更是投资的专业中介机构——连接社会公众投资者与筹资者的桥梁。

4. 证券中介机构

证券中介机构是为证券的发行与交易提供服务的各类机构，主要有证券经营机构和证券服务机构，通常把两者合称为证券中介机构。

（1）证券经营机构。根据开展业务的状况，可以分为证券承销商、证券经纪商和证券自营商。

（2）证券服务机构。证券服务机构可以分为证券登记结算机构、证券投资咨询机构、会计师事务所、律师事务所、资产评估机构、证券信用评级机构。

资料☞

证券公司 2018 年前 10 名一览表见表 1-1。

表 1-1　证券公司 2018 年前 10 名一览表

序号	公司名称	2018 年级别
1	爱建证券有限责任公司	CC
2	安信证券股份有限公司	A
3	北京高华证券有限责任公司	A
4	渤海证券股份有限公司	BBB
5	财达证券股份有限公司	BBB
6	财富证券有限责任公司	BBB
7	财通证券股份有限公司	A
8	长城国瑞证券有限公司	BB
9	长城证券股份有限公司	A
10	长江证券股份有限公司	BBB

注：证券公司分为 A（AAA、AA、A）、B（BBB、BB、B）、C（CCC、CC、C）、D、E 等 5 大类 11 个级别。A、B、C 三大类中各级别公司均为正常经营公司，其类别、级别的划分仅反映公司在行业内风险管理能力及合规管理水平的相对水平；D 类、E 类公司分别为潜在风险可能超过公司可承受范围及被依法采取风险处置措施的公司

5. 证券自律组织与证券监管机构

（1）证券自律组织。证券自律组织包括证券交易所和证券业协会。证券交易所是提供证券集中竞价交易的、不以营利为目的的事业法人。

（2）证券监管机构。在我国，中国证券监督管理委员会（以下简称中国证监会）为证券市场的最高监管机构。

第三节　投 资 工 具

一、有价证券

1. 有价证券及其特征

有价证券，是指标有票面金额，用于证明持有人或该证券指定的特定主体对特定

财产拥有所有权或债权的凭证。有价证券是虚拟资本的一种形式，其本身没有价值，但有价格。有价证券按其所表明的财产权利的不同性质，可分为三类，即商品证券、货币证券及资本证券。有价证券基本特征是产权性、收益性、流通性、风险性、期限性。

2. 有价证券的分类

（1）按发行主体的不同，有价证券可分为：政府证券（债券），如国库券；金融证券，如金融债券；公司证券，如股票、公司债券等。

（2）按体现内容不同，有价证券可分为：货币证券，如期票、汇票、支票、本票等；资本证券，如股票、公司债券等；货物证券，如货运单、提单、栈单等。

通常讲的有价证券仅指资本证券。一般情况下，资本证券的价格总额总是大于实际资本额。

（3）根据上市与否，有价证券可分为：上市证券［又称挂牌（listed）证券］；非上市证券（又称非挂牌证券或场外证券）。

二、债券

1. 债券及其特征

债券是社会各类经济主体为筹措资金而向债券投资者出具的，并承诺按一定利率支付利息和到期偿还本金的债权、债务凭证。债券的利息通常是事先约定的，因此债券又称为固定利息证券（fixed income securities）。

债券投资，指投入资金用于购买债券，让渡资金使用权给债券发行人进行直接投资，并通过直接投资主体以债息形式分享投资收益的形式。

债券的特征为权证性、偿还性、收益性、流动性、安全性。

2. 债券的分类

（1）按发行主体的不同，债券可分为：①政府债券，分为中央政府债券、地方政府债券、政府保证债券；②金融债券，是由银行或非银行金融机构发行的债券；③公司债券，是由公司（企业）发行并承诺在一定时期内还本付息的债权、债务凭证；④国际债券，是由外国政府、外国法人或国际组织和机构发行的债券。

（2）按计息方式，债券可分为：①附息债券；②贴现债券，又称贴水债券或折价债券；③单息债券；④累进利率债券。

（3）按利率浮动与否，债券可分为：①固定利率债券；②浮动利率债券。

（4）按是否记名，债券可分为：①记名债券；②不记名债券。

三、股票

1. 股票的定义

股票是股份公司发行的所有权凭证，是股份公司为筹集资金而发行给各个股东作为持股凭证并借以取得股息和红利的一种有价证券。每股股票都代表股东对企业拥有一个基本单位的所有权。每只股票的背后都有一家上市公司。同时，每家上市公司都会发行股票。

2. 股票的特征

股票的特征包括：权利性和责任性，高收益性与高风险性，无期性与流动性，价格的波动性。

普通股（common stock）是公司的所有权凭证，它代表公司付清债权人和优先股股东债务之后剩余资产中的一份，因此，它是公司的剩余索取权。

优先股（preferred stock）是股份公司发行的、在分配公司收益和剩余资产方面比普通股股票具有优先权的股票。

3. 中国股票的基本类型

中国上市公司的股票有 A 股、B 股、H 股、N 股和 S 股等。

（1）A 股（人民币普通股票）：是由代表国有资产的部门或者机构、企业法人、事业单位和社会团体及公民个人以人民币购买的股票。

（2）B 股（人民币特种股票）：是以人民币标明票面价值，以外币认购，专供外国及中国香港、澳门、台湾地区的投资者买卖的股票。上海证券交易所的 B 股以美元认购，深圳证券交易所的 B 股以港币认购。

（3）H 股：是以人民币标明票面价值，供境外投资者用外币认购，在香港联合交易所上市的股票。

（4）N 股：是以人民币标明票面价值，供境外投资者用外币认购，获纽约证券交易所批准上市的股票。

（5）S 股：是以人民币标明票面价值，供境外投资者用外币认购，获新加坡证券交易所批准上市的股票。

股票的其他分类还包括：①按股票的票面（背书）是否记载股东姓名，分为记名股票和无记名股票；②按股票是否用票面金额加以表示，分为面额股票与无面额股票；③按股东是否对股份公司的经营管理享有表决权，可分为表决权股票与无表决权股票。

四、证券投资基金

证券投资基金是指一种利益共享、风险共担的集合证券投资方式，即通过发行基金单位，集中投资者的资金，由基金托管人托管、基金管理人管理和运用资金，从事股票、债券等金融工具投资。

英国于 1868 年成立的“海外及殖民地政府信托基金”是世界上第一只基金（封闭式基金）；1924 年诞生于美国的“马萨诸塞投资信托基金”是世界上第一只开放式基金。

五、金融衍生工具

金融衍生工具（financial derivative）也叫衍生金融资产、金融衍生产品，是与基础金融产品相对应的一个概念，指建立在基础产品或基础变量之上，其价格随基础金融产品的价格（或数值）变动的派生金融产品。

金融衍生工具是指一种金融合约，其价值取决于一种或多种基础资产或指数，合约的基本种类包括远期、期货、掉期和期权。金融衍生工具还包括具有远期、期货、掉期和期权中一种或多种特征的混合金融工具。

金融衍生工具是在货币、债券、股票等传统金融工具的基础上衍化和派生的，以杠杆和信用交易为特征的金融工具。

金融衍生工具是以股票、利率、汇率或商品为标的物的交易合约（contract），它分为以下四大类。

（1）期货合约。期货合约是指由期货交易所统一制定的、规定在将来某一特定时间和地点交割一定数量和质量的实物商品或金融商品的标准化合约。

（2）期权合约。期权合约是指合同的买方支付一定金额的款项后即可获得的一种选择权合同。证券市场上推出的认股权证属于看涨期权，认沽权证则属于看跌期权。

（3）远期合同。远期合同是指合同双方约定在未来某一日期以约定价值，由买方向卖方购买某一数量的标的项目的合同。

（4）互换合同。互换合同是指合同双方在未来某一期间交换一系列现金流量的合同。按合同标的项目不同，互换可以分为利率互换、货币互换、商品互换、权益互换等。其中，利率互换和货币互换比较常见。

六、人力资本投资

人力资本投资是指一个国家为了经济发展，在教育经费和技术训练等方面进行的投资。西方经济学家认为教育上的投资，是最有效的投资，这种投资能增进全民的知识、技术和能力。但在国民生产统计中，教育费用和保健支出被看作一种消费；在资本存量统计中，只注意物质资本的存量，不注意人力资本的存量。

（1）人力资本投资基本含义：①人力资本投资需要先确定投资者（即投资主体），投资者可以是国家（中央、地方政府）、事业单位、企业、社会团体，也可以是家庭、个人等；②人力资本投资的对象是人，一般为投资主体所辖范围之内的人；③人力资本投资直接改善、提高或增加人的劳动生产能力，即人进行劳动所必需的智力、知识、技能和体能；④人力资本投资是投资者旨在通过对人的资本投入，未来获取价值增值的劳动产出及由此带来的收入的增加，或者其他收益。

（2）人力资本种类：①按构成要素形态分为知识形态（科学、技术、制度、意识知识）人力资本和技能形态（思维、操作技能）人力资本；②按使用范围分为通用性人力资本和专用性人力资本；③按存在范围分为共有性（世界共有、国家共有、民族共有等）人力资本和专有性人力资本。

（3）人力资本模型：$G=g(H,K,I)$。

G——劳动总量；

H——人力资本；

K——物质资本；

I——人力与物质资本共同决定的运行规则。

（4）人力资本特征：①人力资本的二重依附性，即对人身的依附、对物质资本的依附；②人力资本的使用递增性，如会计员到会计师；③广泛的外生性，如社会平均效率；④鲜明的社会性和时间性；⑤较强的无形性和多层次性。

（5）中国人力资本的现状：①虽然中国的人口数量多，但高质量的人口严重不足；②人力资本存量不足，特别是中国农村（尤其是中西部地区）的人力资本严重匮乏；③人力资本发展水平与发达国家相比存在巨大差距；④中国的人力资本利用效率低下；⑤中国的人力资本结构是一种“小托大式”结构，即高智能、高技术劳动力所占比重极小。

（6）健康投资：最基本的人力资本投资方式。健康投资是社会为保护和增进全体成员的健康，在一定时期内所投入或消耗的经济资源。损害和影响人体健康的因素有生物、环境、社会、心理等多方面；保护和增进健康要通过医疗卫生、饮食营养、体育运动、生态环境、生活方式等多种渠道来实现。

健康投资从广义上说是上述各方面的资源消耗。狭义的健康投资是指卫生事业消耗的经济资源——卫生费用。医疗卫生所消耗的经济资源是社会健康投资的主体部分。

或者说，健康投资就是指一定的经济主体为了获得预期不确定的收益，通过保护和增强人力资本载体（人）的生理和心理健康的方式，将一定的现期资源转化为人力资本的过程。健康投资包括医疗、保健、闲暇、锻炼四个方面。

健康投资的特点：①健康储蓄随时间的流逝逐渐贬值；②从根本上制约其他人力资本投资效果；③明显超前性；④健康投资通过延长人的寿命增加人力资本存储。

七、储蓄：聚财收益的投资

1. 储蓄的含义及特征

储蓄是城乡居民将暂时不用或结余的货币收入存入银行或其他金融机构的一种存款活动，又称储蓄存款。储蓄存款是信用机构的一项重要资金来源。

储蓄的特征：①储蓄行为的自主性；②储蓄对象的暂时闲置性和积累性；③储蓄价

值的保值性和收益性。

2. 中国的储蓄机构

储蓄业务由银行基层机构办理。金融体制改革以后，1986 年专门办理储蓄业务的邮政储汇局成立，由邮电部（现为国家邮政局）领导，为城乡居民办理定期和活期储蓄存款，弥补了银行系统储蓄网点的不足。中国工商银行、中国农业银行、中国银行、中国建设银行、交通银行、农村信用合作社、城市信用合作社及经中国人民银行批准的其他金融机构，在基层设有专门的储蓄所或专门的储蓄业务专柜，办理个人储蓄存款。

3. 储蓄的目的

人们储蓄的目的多种多样，有的为了子女上学做准备，有的为了购房，有的为了攒钱购买大件商品，有的为了养老，等等。同时，人们储蓄也是为了获得一部分收入——利息。

4. 存款利息

（1）存款利息的含义：存款利息是人们储蓄获得的一部分报酬，是存款本金的增值部分。存款利息的多少取决于三个因素，即本金、存期、利息率。

（2）存款利息的计算方法。

存款利息的计算公式：存款利息=本金 × 利息率 × 存款期限。

利息率又有年利率、月利率、日利率之分，它们的表示方法不同，计算利息时要分清是什么利率。

【例 1-1】 李某存入银行 20 000 元定期存款，期限两年，年利率为 1.98%。请计算李某到期的实际收益。

解：$20\,000 \times 1.019\,8 \times 1.019\,8 - 20\,000 = 799.84 \approx 800$（元）

储蓄机构吸收存款要支付一定的利息，那么发放贷款就要收取一定的利息。贷款利息总要高于存款利息，两者的差额就是储蓄机构的利润。

利率会随着国家经济形势的发展而变动，那么利率变动会产生什么影响呢？

5. 利率变动带来的影响

（1）存款利率变动的影响。利率上调会吸收公民储蓄，使流通中的货币量减少，从而使生活消费支出相对下降；利率下调会使储蓄下降，使流通中的货币量增多，从而使生活消费支出相对增加，同时还会改变居民的投资方向，如转向股票和债券投资。

可见，国家主要是通过调节存款利率来控制流通中的货币量和社会对生活资料的需求量。

（2）贷款利率变动的影响。贷款利率上调会加大借款成本，抑制借款者的积极性，从而抑制银行贷款规模，减少流通中的货币量，并使投资需求相对下降；贷款利率下调会减少借款成本，刺激借款，使银行贷款规模扩大，增加流通中的货币量，并使投资需求相对增长。

可见，国家主要是通过调节贷款利率来控制货币量和社会对投资的需求量。

因此，利率是调节货币供给量的重要手段，也是国家宏观调控的重要杠杆。当总供给小于总需求或者出现通货膨胀时，国家会提高利率，以减少货币量，抑制物价过快增长；当总需求小于总供给或者物价水平过低时，国家则会降低利率，以增加货币量，刺激总需求的增长。

6. 存款储蓄的类型

（1）活期存款：指不规定期限，可以随时存取现金的一种储蓄形式。活期存款以1元为起存点，多存不限。储户存款开户时由银行发给储户存折，储户凭存折存取，每年由银行结算一次利息。

参加这种储蓄的货币大体有以下几类：①暂不用作消费支出的货币收入；②预备用于购买大件耐用消费品的积攒性货币；③个体经营户的营运周转货币资金，在银行为其解决开户、转账等问题之前，以活期储蓄的方式存入银行。

（2）定期存款：指存款人同银行约定存款期限，到期支取本金和利息的一种储蓄形式。定期存款的货币来源于城乡居民货币收入中的结余部分、较长时间积攒以购买大件消费品或设施的部分。这种储蓄形式能够为银行提供稳定的信贷资金来源，其利率高于活期储蓄。

（3）整存整取：指存款开户时约定存期、整笔存入，到期一次整笔支取本息的一种个人存款储蓄形式。起存金额为50元，外币起存金额为等值100元的外币。另外，储户提前支取时必须提供身份证件，代他人支取的不仅要提供存款人的身份证件，还要提供代取人的身份证件。该储种只能进行一次部分提前支取。整存整取存款计息按存入时的约定利率计算，利随本清；可以在到期日自动转存，也可根据储户意愿，到期办理约定转存。人民币存期分为3个月、6个月、1年、2年、3年、5年6种；外币存期分为1个月、3个月、6个月、1年、2年5种。

（4）零存整取：指开户时约定存期、分次每月固定存款金额（由储户自定）、到期一次支取本息的一种个人存款储蓄形式。存款开户手续与活期存款相同，但是储户每月要按存款开户时约定的金额进行续存。储户提前支取时的手续比照整存整取定期储蓄存款有关手续办理。一般起存金额为5元，每月存入一次，中途如有漏存，应在次月补齐。计息按实存金额和实际存期计算，存期分为1年、3年、5年3种。利息按存款开户日挂牌零存整取利率计算，到期未支取部分或提前支取时按支取日挂牌的活期利率计算利息。

（5）整存零取：指在存款开户时约定存款期限、本金一次存入，固定期限分次支取本金的一种个人存款储蓄形式。存款开户手续与活期存款相同，起存金额为1 000元，支取期分1个月、3个月及半年一次，由储户与营业网点商定。利息按存款开户日挂牌整存零取利率计算，于期满结清时支取；到期未支取部分或提前支取时按支取日挂牌的活期利率计算利息。存期分1年、3年、5年3种。

（6）存本取息：指在存款开户时约定存期、整笔一次存入，按固定期限分次支取利息，到期一次支取本金的一种个人存款储蓄形式。一般起存金额为5 000元，可一个月或几个月取息一次，可以在储蓄开户时约定的支取限额内多次支取任意金额。利息按存款开户日挂牌存本取息利率计算，到期未支取部分或提前支取时按支取日挂牌的活期利率计算利息。存期分1年、3年、5年3种。其存款开户和支取手续与活期存款相同，提前支取手续与整存整取的手续相同。

（7）定活两便：指在存款开户时不必约定存期，银行根据储户存款的实际存期按规定计息，可随时支取的一种个人存款储蓄形式。起存金额为50元，存期不足 3 个月的，利息按支取日挂牌活期利率计算；存期3个月以上（含3个月）不满6个月的，按支取日挂牌定期整存整取3个月存款利率打六折计息；存期6个月以上（含6个月）不满1年的，整个存期按支取日定期整存整取半年期存款利率打六折计息；存期1年以上（含1年）的，无论存期多长，整个存期一律按支取日定期整存整取1年期存款利率打六折计息。

（8）通知存款：是指在存入款项时不约定存期，支取时事先通知银行，约定支取存款日期和金额的一种个人存款储蓄形式。最低起存金额为 5 万元（含），外币等值5 000 美元（含）。为了方便，储户可在存款开户时提前通知取款日期或约定转存存款日期和金额。个人通知存款需一次性存入，可以一次或分次支取，但分次支取后账户余额不能低于最低起存金额，当低于最低起存金额时银行给予清户，转为活期存款。个人通知存款按存款人选择的提前通知的期限长短划分为1天通知存款和7天通知存款两个品种。其中，1天通知存款需要提前1天向银行发出支取通知，并且存期最少需两天；7天通知存款需要提前7天向银行发出支取通知，并且存期最少需7天。

（9）教育储蓄：是为鼓励城乡居民以储蓄方式为其子女接受非义务教育积蓄资金，促进教育事业发展而开办的一种储蓄形式。教育储蓄的对象为在校小学四年级（含四年级）以上学生。

存期规定：教育储蓄存款按存期分为1年、3年和6年3种。

账户限额：教育储蓄每一账户 50 元起存，本金合计最高限额为2万元。

利息优惠：储户凭学校提供的正在接受非义务教育的学生身份证明一次性支取本金和利息时，可以享受利率优惠，并免征储蓄存款利息所得税。

7. 存款储蓄的作用

（1）作为一项信贷资金来源，通过积少成多、变消费为积累，用来增加生产建设资金；在一定程度上可以促进国民经济比例和结构的调整，使社会再生产过程加速和规模扩大。

（2）作为货币的信用回笼手段，可以推迟部分购买力的实现；有利于调节货币流通。

（3）能够引导消费，有利于居民有计划地安排生活。

八、保险：居安思危的投资

保险，是指投保人根据合同约定，向保险人支付保险费，保险人对于合同约定的可能发生的因自然灾害和意外事故所造成的财产损失承担赔偿保险金责任，或者被保险人死亡、伤残、疾病，或者达到合同约定的年龄、期限等条件时，承担给付保险金责任的商业保险行为。

从经济角度看，保险是分摊意外事故损失的一种财务安排；从法律角度看，保险是一种合同行为，是一方同意补偿另一方损失的一种合同安排；从社会角度看，保险是社会经济保障制度的重要组成部分，是社会生产和社会生活“精巧的稳定器”；从风险管理角度看，保险是风险管理的一种方法。

投保人、被保险人及受益人是和保险有关的最常见的专业术语。

投保人，也称保人，是指与保险人订立保险合同，并按照保险合同负有支付保险费义务的人。投保人可以是自然人，也可以是法人。

被保险人，也称保户，是受保险合同保障的人，负有缴付保险费义务，同时在保险事故发生时或保险期满时有权按保险合同向保险人请求损失赔偿或领取保险给付金。被保险人可以是法人，也可以是自然人。在财产保险中，被保险人通常就是投保人；在人身保险中，若投保人为自己投保，投保人就是被保险人，若投保人为他人投保，他人就是被保险人。

受益人，又称保险金受领人，是指被保险人或投保人在保险合同中约定当保险事故发生时，享有保险赔偿金请求权的人。通常受益人即投保人或被保险人本人，仅在人身保险的死亡保险合同中，受益人为投保人或被保险人之外的第三人，具有独立意义。受益人一般由被保险人或投保人在合同中明确规定，未指明的则以被保险人的法定继承人为受益人。受益人的变更，应依法进行并通知保险人。

1. 保险的种类

根据不同的原则和方法可将保险分为多种类型。根据保险的性质，保险可分为商业保险、社会保险和政策保险三种类型。以下主要对商业保险进行介绍。

2. 商业保险的含义和种类

商业保险是指通过自愿订立保险合同建立保险关系，由专门的保险企业经营，以营利为目的的保险形式，即投保人根据保险合同向保险公司缴纳保险费，保险公司根据合同约定的保险事故因其发生所造成的财产损失承担赔偿责任；或者当被保险人死亡、伤残、疾病或达到约定的年龄、期限承担给付保险金的责任。商业保险主要包括财产保险、责任保险、信用保险和人身保险。

（1）财产保险。财产保险有广义与狭义之分。广义的财产保险是指以财产及其相关的经济利益和损害赔偿责任为保险标的的保险；狭义的财产保险则是指以物质财产为保险标的的保险。财产保险主要包括农业保险、保证保险等以财产或利益为保险标的的各种保险。

（2）责任保险。责任保险是指保险人在被保险人依法应对第三者负赔偿民事责任，并被提出赔偿要求时，承担赔偿责任的财产保险形式。其主要包括公众责任保险、产品责任保险、雇主责任保险、职业责任保险和第三者责任保险等形式，其中每一类业务又由若干具体的险种构成。

（3）信用保险。信用保险是权利人直接向保险人投保，要求保险人承保义务人的信用，如果权利人因义务人不履行义务而遭受经济损失，保险人必须按照保险合同规定负责赔偿的保险形式。其主要包括出口信用保险、投资保险和国内信用保险三种形式，各自又可以进一步分为若干具体险种。

（4）人身保险。人身保险是以人的生命或身体为保险标的，在保险有效期内，当被保险人发生死亡、残疾、疾病等保险事故或生存到保险期届满时，保险人向被保险人或受益人给付保险金的保险形式。其主要包括人寿保险、意外伤害保险和健康保险等形式。

九、外汇投资

1. 外汇投资的含义

外汇投资是指企业以外币资产与其他单位合作进行联营投资或接受其他单位以外币资产作为资本金联营投资。因此，企业投资包括两个方面，即投入和投出。

或者说，外汇投资是指投资者为了获取投资收益而进行的不同货币之间的兑换行为。外汇是“国际汇兑”的简称，有动态和静态两种含义。动态含义是指把一国货币兑换为另一国货币，借以清偿国际债权、债务关系的一种专门的经营活动。静态含义是指可用于国际结算的外国货币及以外国货币表示的资产。通常所称的“外汇”是就其静态含义而言的，其特点是风险高，但风险可控，操作灵活，杠杆比率大，收益高，等等。

外汇包括：①外国货币，如美元、英镑、新加坡元、瑞士法郎、欧元、加拿大元、日元等 9 种世界主币；②外币有价证券，如政府公债、国库券等；③外币支付凭证，如各种票据、凭证等；④其他外汇资金。

2. 外汇交易时间

各主要市场交易时间（北京时间）如下。

悉尼：06：00~15：00；东京：08：00~15：30；法兰克福：15：00~23：00；伦敦：15：30~23：30（冬令时间 16：30~00：30）；纽约：20：20~03：00（冬令时间 21：20~04：00）。

3. 汇率

汇率是指两国货币的比率，或叫汇价。

（1）直接标价法。外币：本币，如美元：人民币 =1：6.975 8。

（2）间接标价法。本币：外币，如人民币：美元 =0.143 4：1。

4. 个人外汇投资种类

（1）外汇存款。目前可办理美元、英镑、日元、港币、加拿大元、欧元、瑞士法郎 7 种。

（2）外汇保证金交易，即“炒外汇”。

（3）投资外汇证券市场。

5. 外汇投资的收益计算

（1）外币存款利息的计算。

活期。利息=外币本金×年利率/360×实存天数。例如，存入 100 美元，年利率 2%，50 天后利息为 100×2%/360×50≈0.28（美元）。

定期。利息=外币本金×年利率/12×实存月数。

（2）买卖外汇收益。

收益率=（卖出价−买入价）/买入价×100%。例如，某居民按 1∶6.2 的汇率买入 1 000美元，按1∶6.4的汇率卖出，则收益率 =（6.4−6.2）/6.2×100%≈3.23%，赚取206.72元人民币（不计手续费等）。

十、风险投资

1. 含义

风险投资（venture capital，VC），简称风投，又称为创业投资，主要是指向初创企业提供资金支持并取得该初创公司股份的一种融资方式。风险投资是私人股权投资的一种形式。根据美国风险投资协会的定义，风险投资是由职业金融家投入新兴的、迅速发展的、有巨大竞争潜力的企业（特别是中小型企业）中的一种股权资本；经济合作与发展组织（Organization for Economic Co-operation and Development，OECD）的定义则为：凡是以高科技与知识为基础，以生产与经营技术密集的创新产品或服务为对象的投资，都可视为风险投资。

风险投资公司是专门从事风险投资的企业，即把所掌管的资金有效地投入具有盈利潜力的高科技企业，并通过后者的上市或被并购而获取资本报酬的企业。

资料☞

世界著名风险投资企业

美国的红杉资本（Sequoia Capital）可能是最成功的风险投资公司之一。红杉资本已经在中国成立了红杉资本中国基金。管理合伙人是中国风险投资界比较成功的风险投资人张帆和沈南鹏。

日本软银集团（以下简称软银）在世界上也被认为是成功的风险投资企业，该公司从投资美国的雅虎网站中获利颇丰。值得一提的是，该公司在中国投资的就是并购了好耶广告网络的分众传媒。软银对于分众传媒的投资是早期投资。

2. 风险投资的基本特征

风险投资是一种权益投资；风险投资是一种无担保、高风险的投资；风险投资是一种流动性较小的中长期投资；风险投资是一种高专业化和程序化的组合投资；风险投资是一种投资人积极参与的投资；风险投资是一种追求超额回报的财务性投资。

3. 风险投资的四大要素

（1）风险资本。风险资本是指由专业投资者提供的、投向快速成长并且具有很大升值潜力的新兴公司的一种资本。通常情况下，被投资公司的财务状况不能满足投资者短期内抽回资金的需要，因此这些新兴公司无法从传统的融资渠道如银行贷款，获得所需资金，这时风险资本便通过购买股权、提供贷款，或既购买股权又提供贷款的方式投资这些公司。

（2）风险投资人。风险投资人是风险资本的运作者，是风险投资流程的中心环节，其工作职能如下：辨认、发现机会；筛选投资项目；决定投资；促进风险企业迅速成长、退出。资金经过风险投资公司的筛选，流向风险企业，取得收益后，再经风险投资公司回流至投资者。

风险投资主体大体可分为以下四类。

第一类是风险资本家（adventure capitalists）。风险资本家是向其他企业家投资的企业家，与其他风险投资人一样，他们通过投资获得利润。不同的是，风险资本家所投出的资本全部归其自身所有，而不是受托管理的资本。

第二类是风险投资公司（venture capital firm）。大部分风险投资公司通过风险投资基金进行投资（风险投资公司除通过设立风险投资基金筹集风险资本外，也直接向投资人募集资本，风险投资公司本身也采用有限合伙制形式，投资人成为公司的有限合伙人，公司经理人员成为公司的一般合伙人），这些基金一般以有限合伙制为组织形式。

第三类是产业附属投资公司（corporate venture investors/direct investors）。产业附属投资公司往往是一些非金融性实业公司下属的独立的风险投资机构，它们代表母公司利益进行投资。和专业基金一样，这类风险投资机构通常主要将资金投向一些特定的行业。

第四类是天使投资人（angels）。天使投资人通常投资于非常年轻的公司以帮助这些公司迅速启动。在风险投资领域，“天使”这个词指的是企业家的第一批投资人，天使投资人在公司产品和业务成型之前就把资金投入进来。天使投资人通常是创业企业家的亲戚、朋友或商业伙伴，由于他们对该企业家的能力和创意深信不疑，因而愿意在业务未开展之前就向该企业家投入大笔资金。

（3）风险企业。如果说风险投资家的职能是价值发现的话，风险企业的职能就是价值创造。风险企业家是一个新技术、新发明、新思路的发明者或拥有者，他们在其发明、创新进行到一定程度时，由于缺乏后续资金而寻求风险投资家的帮助。

（4）资本市场。资本市场是风险投资实现增值变现的必经之路，没有发达完善的资本市场，就不可能使风险投资获得超额回报，从而使风险投资人丧失进行风险投资的原动力。

4. 风险投资的作用

（1）新企业的“孵化器”。风险投资是促进高新技术企业成长的催化剂。高科技产业是一种全新的产业，在其发展过程中存在许多不确定性，因此，其投资具有巨大的风险，但是投资一旦成功将获得高额回报。例如，1957 年美国研究与发展公司在美国数字设备公司（Digital Equipment Corporation，DEC）投资 70 000 美元，到 1971 年其价值达到 3.55 亿美元；1975 年风险资本家罗克在苹果公司投资 150 万美元，到 1978 年其价值达到 1 亿美元。

（2）投资风险的“调节器”。高新技术产业投资风险来自三个方面：①技术风险。高新技术是全新的技术，这种技术能否顺利转化为生产工艺和新产品存在极大的不确定性，因此，高新技术产业存在技术失败导致风险的可能性。②市场风险。市场上能否接受及什么时候能够接受这种技术创新产品，以及这种工艺和创新产品的扩散速度和竞争能力都存在不确定性，因此，高新技术产业存在产品不能被销售出去或迅速被代替的可能性。③财务风险。对于一个新项目，投资预算通常很难完全确定，而且对于所投资金能否回收，投资者并没有确切的把握。

（3）政府资金投入的“放大器”：为知识经济提供金融支持。从某种意义上说，知识经济和风险投资是互补的。一方面，没有风险投资可以说就没有当今高科技的迅速发展和商品化的大量实现，也就没有知识经济的兴旺和发达。另一方面，风险投资本身需要大量有经验、有知识的职业管理人员，而知识经济提供了培养高级人才的经济环境，没有这种经济环境，没有大量职业人才的培养和训练，风险投资就不能得以长足发展。

5. 风险投资的运作

风险投资的运作大致经历如下程序：①筹集风险资本建立风险投资机构；②选择投资项目；③洽谈、评估、达成投资协议；④投入风险资本并进行监督、辅导以使资本收益最大化；⑤成功退出。

6. 风险投资在中国的成功案例

企业在海外股市（新加坡股市、纳斯达克股市）上市的中国互联网企业家都曾获得过风险投资的支持，如腾讯的马化腾、百度的李彦宏、上海盛大网络发展有限公司的陈天桥和搜狐的张朝阳都曾获得美国风险投资公司的资金支持。阿里巴巴的马云曾在 1995 年得到软银的风险投资。

十一、实物金融工具投资

1. 房地产投资：高投入、高产出

房地产投资是以房地产为对象，为获得预期效益而对土地和房地产开发、经营，以及购置房地产等进行的投资。

房地产是房产与地产的合称，包括土地和土地上永久建筑物及其所衍生的权利。房产是指建筑在土地上的各种房屋，包括住宅、厂房、仓库，以及商业、服务、文化、教育、卫生、体育及办公用房等。地产是指土地及其上下一定的空间，包括地下的各种基础设施、地面道路等。房地产由于有其自身的特点，即位置的固定性和不可移动性，在经济学上又被称为不动产。房地产可以有三种存在形态，即土地、建筑物、房地合一。

法律意义上的房地产本质是一种财产权利，这种财产权利是指寓含于房地产实体中的各种经济利益及由此而形成的各种权利，如所有权、使用权、抵押权、典当权、租赁权等。

同一般投资相比，房地产投资具有以下特征：①房地产投资对象的固定性和不可移动性；②房地产投资的高投资量和高成本性；③房地产投资的回收期长和长周期性；④高风险性；⑤环境约束性；⑥低流动性（变现性差）；⑦合作性强；⑧回报率高。

2. 黄金投资

众所周知，黄金具有商品和货币的双重属性，如今，随着金融市场的不断发展，黄金作为一种投资品种，为越来越多的投资者所认识。

（1）硬通货：黄金投资。黄金作为最佳保值工具，自古就受到普通投资者的青睐，其均认为在传统的股票及债券资产以外必须拥有黄金才是最佳策略。它还是体现一个国家经济实力的储备基金。只要是纯度在 99.5% 以上，或有世界性信誉的银行或黄金自营商的公认标志与文字的黄金，不论被携带到何处，都能依照当日伦敦金市行情的标准价格出售。因此，黄金一直是人们心目中财富的象征，是世界通用的投资工具。

（2）黄金投资的种类。黄金投资的种类包括：①实金投资（金条）；②金币投资；③金饰品投资；④纸黄金投资；⑤黄金期货投资（包括黄金期权）。

3. 收藏品投资：艺术与金钱的美妙结合

收藏品分为自然历史类、艺术历史类、人文历史类和科普历史类四类，具体分为文物类，书画类，陶瓷类，玉器类，珠宝、名石和观赏石类，钱币类，邮票类，文献类，票券类，模型类，徽章类，商标类，标本类。

收藏是一门艺术，更是一门学问。

当今，收藏不仅是一种修身养性的业余文化活动，更是一条投资的途径。

选择收藏品的原则：①熟悉原则，即“不熟不做”；②兴趣原则；③欣赏价值原则；④研究价值原则。

我国收藏品主要包括以下几类。

（1）文物类：包括历史文物、古代建筑物实物资料、雕塑、铭刻、器具、民间艺术品、文具、文娱用品、戏曲道具品、工艺美术品、革命文物等。其中，器具包括金银器、锡铅器、漆器、法器、家具、织物、地毯、钟表、烟壶、扇子等；工艺美术品包括料器、珐琅、紫砂、木雕、藤竹器等。

（2）书画类：包括书法、碑帖、拓本、国画、油画、水彩画、水粉画、漆画、连环画等。

（3）陶瓷类：包括陶器、瓷器、紫砂陶等。

（4）玉器类：包括玉礼器、玉兵器、玉器具，以及玉陈设器等。

（5）珠宝、名石和观赏石类：包括雕琢的珠宝翠玉，以及天然形成未经人工雕琢的各种砚石、印石、奇石与观赏石，如中国四大奇石（《东坡肉形石》《岁月》《中华神鹰》《小鸡出壳》）。

（6）钱币类：包括历代古钱币及现代世界各国货币。

（7）邮票类：包括世界各国邮票及与集邮相关的其他收藏品。

（8）文献类：包括书籍、报刊、档案、照片及影剧说明书、海报等各种文字资料。

（9）票券类：包括印花税票、奖券、门券、商品票券、交通票证、月票花等。

（10）模型类：包括火车、汽车、飞机、宇宙飞船、军舰、坦克等与实物按比例制作的精美模型。

（11）徽章类：包括纪念章、奖章、证章及其他各种徽章。

（12）商标类：包括火花、烟标、酒标、糖纸等。

（13）标本类：包括动物标本、植物标本和矿物标本等。

实物投资很特殊，规避风险更重要：①“时间是证明实物投资价值的条件”。资本市场每天瞬息万变，但实物投资更注重价值投资，更能经历时间的考验。②明白“物以稀为贵”，投资实物，需要清楚其供求变化，越稀少的收藏品，其价值越高，增值也越快，但投资增值的风险也越大。③实物投资也有风险，风险的大小根据个人的投资眼光、投资决断等因素而变。

✎ 复习思考题

1. 证券市场的主要构成要素是什么?
2. 证券市场的主要功能是什么?
3. 信用证、证明、存款单、借据、收据、定期存款存折是证券吗？可以投资吗?
4. 什么是证券？列举出你熟悉的一些证券品种，并说明它们属于哪一类证券。
5. 如何理解有价证券的含义？为什么说证券投资的对象通常只能是有价证券，特别是有价资本证券?
6. 什么是证券投资？为什么说买卖证券是一种投资行为？请说明这种投资行为与实物投资行为的区别。

✎ 讨论分析题

1. 你最喜欢的投资工具是什么?
2. 荷兰人对世界金融发展史有什么卓越贡献?
3. 年均收益与年化收益一样吗?

第二章　证券投资收益与风险管理

本章基本要求： 掌握证券投资收益与风险的特点；了解系统性风险和非系统性风险对投资收益的影响；理解投资收益和投资风险的匹配关系。

本章重点： 证券投资收益计算。

本章难点： 证券投资风险评估。

第一节　证券投资的收益与风险

证券投资收益是指投资者在一定时期内进行投资，其所得与支出的差额，即证券投资者在从事证券投资活动中所获得的报酬。一般而言，投资者在购买、持有和出售某种有价证券的过程中所获得的各种投资回报与投入本金的差额即证券的收益。这种收益是指实际的投资收益，但许多时候也应该关注证券投资的预期收益，因为投资者是基于证券投资的预期收益才做出投资决策的。当然，实际收益与预期收益是有偏差的。

一、证券投资收益

证券投资收益包括股票投资收益、债券投资收益和基金投资收益。

二、股票投资收益

股票投资收益由两部分构成：第一部分为股票持有收益，即投资者持有某种股票期间所获取的股息收益，通常包括股息和红利；第二部分为股票资本利得，即投资者通过买卖股票形成的价差收益。

（一）股息收益

股息收益是指股份公司在自己的税后净利润中分配给各股东的现金或股票等有价资产。股息的派发主要采取三种形式。

第一，现金形式。这是指公司直接以货币形式支付给股票持有人的股息，它是最普通、最常见的股息支付方式。发放现金股息的优点在于使投资者对公司充满信心，支持股价的不断上扬。但这种方式不利于公司的资本积累，影响公司的资金周转。例如，2019年某上市公司每10股分红0.5元，也就是说，该公司以每股5分钱的红利分给投资者。

第二，股票形式。这是指公司以其股票作为股息支付给股票持有者的一种股息支付方式。它实质上是无偿增资的一种形式。采用这种股息支付方式，可以减少资本外流，扩大公司资金实力，使股票持有者财产增加的同时又能免交一定数量的所得税。例如，某上市公司每10股送2股，即以股票的形式给投资者分红。

第三，财产形式。这是指公司以其持有的有价证券或实物向股票持有者所支付的股息。这里的有价证券主要包括公司持有的股票、债券、应付票据等。

股息收益是股票投资收益中的重要来源，公司派发股息的多少主要受以下几个方面因素的影响。

（1）股份公司的盈利水平。这是影响股息发放最核心的因素。没有盈利，就很难会有股息所得。

（2）股份公司的经营政策。激进的经营政策一般会以股票的形式发放股息。

（3）股份公司的债权、债务关系。公司债务重，分红的可能性就小。

（4）控股股东的态度。股东对待股息分配的态度如何，也能左右公司派发股息的多少。

（5）当地法律。一般而言，许多国家鼓励长期持有公司股票，如我国对持有期短于一年的股票，在分红时所得税高于一年以上的持有人。

（二）股票资本利得

股票资本利得是指股票持有人的买卖价差收入，又称资本收益。对于许多投资者来说，股票资本利得是股票投资的最主要收益来源，尤其在一些证券市场不完善的国家，许多上市公司并不积极派发股息，那么，股票交易收益就成了股票投资收益的主要来源。影响股票交易收益的因素主要包括以下几个方面。

（1）证券市场的成熟度。证券市场越不成熟，市场投机气氛越浓厚，股票价格的波动幅度就越大，进而产生股票价差收益的可能性就越大。当然，投资损失的可能性也越大。

（2）投资者的选股水平。股票的价格变化无常，只有上涨的股票才有可能获得正向的资本利得。

（3）公司的未来营利能力。如果上市公司的未来营利能力不断增强，那么其股票价格上升的可能性就增加，反之就有可能下降。

（4）金融市场的利率水平。如果金融市场的利率水平提高，则进入股市的资金减少，一般说来，股票价格就会下降；反之亦然。

（5）宏观经济周期。这也是影响公司股价的重要因素。在牛市（长期上升趋势）股市普涨，获得资本正收益的概率就远大于熊市（长期下降趋势）。

三、债券投资收益

债券投资收益主要由两部分构成：一是债券利息收益，是投资者持有某种债券而获取的债券利息；二是债券资本利得，是债券投资者通过债券市场获取的债券买卖价差。

（一）债券利息收益

债券利息是指发行债券时所规定的债券票面利息或利率。债券利率一般由发债人事先确定，并且一旦确定，便不再变动（浮动利率债券除外）。它既不像股票的股息那样受公司经营状况的影响，也不像银行存款那样单纯由期限长短决定。债券利率的高低主要受如下因素影响。

（1）债券偿还期限。债券偿还期限是指债券从发行日起到清偿本息止的这段时间。债券期限越长，意味着投资者承担的市场风险越大，因而需要越高的利率予以补偿；反之亦然。

（2）债券价格。债券价格包括发行价格与交易价格，是指债券投资者认购新发行的债券时实际支付的价格。在其他条件相同的情况下，债券发行价格提高，利率水平也相应提高，反之利率水平相应降低。这样可使债券的实际收益与一般收益水平相适应，不至于相差悬殊。

（3）债券计息形式。债券计息可以用单利、复利及贴现利率等方式。不同的计息方式对投资者的实际收益有不同的影响。一般而言，在实际收益水平确定的情况下，单利计息的债券利率水平要高于复利和贴现计息的债券利率水平。

（4）债券利息的支付频率。付息频率是指在债券投资者的持有期限内，举债人隔多久支付一次利息。债券利息的支付有一次性支付，有按年支付，也有按每半年甚至按每个季度支付。支付的次数越多，实际所获的收益就越高。

（5）债券的信用级别。债券的信用级别是指信用评级机构根据债券发行人的资金使用合理性、按期偿还债券本息的能力、风险程度等予以评定的用符号表示的等级。一般而言，债券的信用级别越高，票面利率就越低；反之亦然。

（二）债券资本利得

债券资本利得是指投资者通过在证券市场上买卖债券所获得的价差收益。不管在哪种情况下，债券的卖出价与买入价的差额，构成债券投资的交易收益。

投资者根据对市场行情的分析，在低价时买进债券，在高价时卖出债券，就可以获得价差收益。证券市场上债券价格是经常波动的，因此，价差收益的获得就具有不确定性。但与股票价格波动相比，其波动幅度要小得多。一般地，债券价格的升降主要受以下几个方面因素的影响：①政府宏观调控手段的实施；②利率水平；③发债主体的经营状况；④汇率变动状况；⑤交易活跃度。

四、基金投资收益

投资基金的获利来源主要有两个：一个是买卖基金的价差所产生的资本利得；另一个是基金分红所产生的投资收益。

五、证券投资收益的计算

证券投资收益一般用相对数进行衡量，也就是用投资收益率来衡量。一般约定俗成为年化收益，也就是证券投资一年的收益率或一年的报酬率。

（一）股票投资收益率的基本计算方式

股票投资收益率的计算公式为

$$r=\frac{D_t+\left(P_t-P_{t-1}\right)}{P_{t-1}} \tag{2-1}$$

式中，r 为投资的收益率；t 指过去（未来）特定的时间段；D_t 为第 t 期期末的现金股利或利息收入；P_t 为第 t 期的股票价格；P_{t-1} 为第 $t-1$ 期的股票价格。

【例 2-1】 某股票一年前的价格为 100 元，一年中的税后股息为 1 元，现在的市价为 110 元。那么，在不考虑交易费用的情况下，一年中该股票的投资收益率是多少?

解：一年中资产的收益为：1+（110－100）= 11（元）

其中，股息收益为 1 元，资本利得为 10 元。

股票的投资收益率=［1+（110－100）］÷100=1%+10%=11%

其中，股利收益率为 1%，利得收益率为 10%。

（二）债券投资收益率的基本计算方式

债券投资收益率的计算跟债券的利息支付方式有很大的关系。在这里我们只简单地说明各种不同债券到期收益率的具体计算方法，分别列示如下。

1. 息票债券的计算

$$到期收益率=\frac{债券年利息+债券面值-债券买入价}{债券买入价\times剩余到期年限}\times100\% \tag{2-2}$$

【例 2-2】 2018 年 1 月 1 日某公司以 102 元的价格购买了面值为 100 元、利率为 10%、每年 1 月 1 日支付 1 次利息的 2014 年发行的 5 年期国库券，持有至 2019 年 1 月 1 日到期，请计算该国库券的到期收益率。

解：到期收益率=$\frac{100\times10\%+100-102}{102\times1}\times100\%=7.84\%$

2. 一次还本付息债券到期收益率的计算

$$到期收益率=\frac{债券面值\times(1+票面利率\times债券有效年限)-债券买入价}{债券买入价\times剩余到期年限}\times100\% \quad (2-3)$$

【例 2-3】 甲公司于 2018 年 1 月 1 日以 1 250 元的价格购买了乙公司于 2014 年 1 月 1 日发行的面值为 1 000 元、利率为 10%、到期一次还本付息的 5 年期公司债券，持有到 2019 年 1 月 1 日，请计算其到期收益率。

解： $到期收益率=\frac{1\,000\times(1+10\%\times5)-1\,250}{1\,250\times1}\times100\%=\frac{1\,500-1\,250}{1\,250\times1}\times100\%=20\%$

第二节　证券投资的风险及其衡量

证券投资的目的是获得正向的收益，不管是持有收益还是资本利得都受到很多不确定性因素的影响，尤其是买卖价差更是变化很大，我们称这种收益的不确定性为投资风险。

一、证券投资风险及其类型

风险是指未来不确定因素的变动导致投资者收益变动的可能性。风险与未来可能发生事件的不确定性有关。证券投资的风险是投资收益的不确定性造成的。

证券投资的风险按其性质可划分为两大类，即系统性风险和非系统性风险。

1. 系统性风险

系统性风险是由整体政治、经济、社会等环境因素对证券价格所造成的影响。对系统性风险的识别就是对一个国家一定时期内的宏观经济状况做出判断，系统性风险就是指对整个证券市场普遍产生不利影响的风险。系统性风险是由基本经济因素的不确定性引起的，可能反映为宏观经济环境的变化，一般包括经济等方面关系全局的因素，如世界经济或某国经济发生严重危机、持续高涨的通货膨胀、特大自然灾害等。整体风险造成的后果带有普遍性。在这种情况下，投资者都要遭受很大的损失，其中有许多人都会竭力抛出手中的股票。

系统性风险包括政策风险、经济周期性波动风险、利率风险、购买力风险、汇率风险等。

系统性风险的特点是其会对整个证券市场或绝大多数证券普遍产生不利影响。系统性风险造成的后果带有普遍性，其主要特征是几乎所有的证券价格均下跌，投资者往往会遭受很大的损失。系统性风险不能通过分散投资相互抵消或者消除，因此又被称为不可分散风险。

2. 非系统性风险

非系统性风险是指对某个行业或个别证券产生影响的风险，它通常由某一特殊的因素引起，与整个证券市场的价格不存在系统的全面联系，而只对个别或少数证券的收益产生影响，也称微观风险。

非系统性风险具体包括财务风险、经营风险、信用风险、偶然事件风险等。

非系统性风险，纯粹是特定的公司或行业自身的因素引起的证券价格变化及这种变化导致的收益率的不确定性。例如，公司的工人罢工，新产品开发失败，失去重要的销售合同，诉讼失败或宣告发现新矿藏，取得一个重要合同，等等。这类事件是非预期的、随机发生的，它只影响一个或少数几个公司，不会对整个市场产生太大影响。这种风险可以通过多样化投资来分散，即发生于一家公司的不利事件可以被其他公司的有利事件抵消。由于非系统性风险是个别公司或个别资产所特有的，也称特有风险；由于非系统性风险可以通过投资多样化分散掉，也称可分散风险。

非系统性风险特征如下：第一，它是由特殊因素引起的，如上市公司的管理问题等。第二，它只影响某些证券的收益。它是某一企业或行业特有的那部分风险，如汽车类股票遇到石油价格暴涨等不利因素时就会出现下跌。第三，它可通过分散投资来加以消除。例如，2013 年，中信证券股份有限公司的负面消息导致公司股票大跌，但它的股价大跌并没有让其他非关联股票受到不利影响。非系统性风险属于单个风险，是个人、单个企业或行业等可控因素导致的，因此，股票投资者可通过投资的多样化来化解非系统性风险。

二、证券投资风险判断与分析

证券投资过程中宏观、产业、公司、市场等因素的变化，导致了不确定性，从而使证券价格和公司利润波动，产生了证券投资风险。

1. 系统性风险的判断

股票投资中的系统性风险是由基本经济因素的不确定性引起的，是对所有股票都会产生影响的风险。对系统性风险的识别就是对一个国家一定时期的宏观经济状况做出的判断。从总体上说，经济健康发展、政局稳定，股票市场上出现系统性风险的可能性就小；相反，经济持续低迷、政局不稳，股票市场上出现系统性风险的可能性就大。

一般可以从以下几个方面着手分析系统性风险。

（1）国民经济增长率。国民经济增长率是反映国家经济活动和经济景气状态的最概括、最重要的经济指标。一般而言，国民经济增长速度越高，证券市场就越好。

（2）国内投资动向。国内投资动向反映当前的经济活动，投资旺盛表示资金总需求扩大；相反，则说明资金总需求减少。投资越多，对证券市场的促进作用就越大。

（3）信贷资金供给。这是影响货币供应量和物价水平的重要因素，因此，其对股票市场的资金供求有较大的影响，从而影响股价的涨跌。

（4）中央银行贴现率及银行利率。中央银行贴现率是商业银行向中央银行寻求短期资金融通时所接受的利息率。银行利率提高，从理论上讲，股价应下降；银行利率下降，从理论上讲，股价应上升。

（5）通货膨胀。其有三个衡量指标，即批发物价指数、消费物价指数、国民生产总值平均指数。我国会定期公布社会商品零售物价指数，投资者应根据这个指标判断宏观经济状况和购买力风险。

（6）国际收支与汇率。国际收支是以货币形式表现的一国对外经济活动的结果。国际收支的变动直接关系到本国货币与外国货币的汇兑比率，逆差过大，可能会引起本国货币贬值；反之，则可能导致本国货币升值。

（7）政府财政收支。这是通过每年公布的有关预算和决算表反映出来的。政府财政状况好坏直接影响国债的发行，也影响通货膨胀水平。

（8）政府经济政策。政府经济政策对股市的影响是不言而喻的，为了促进经济发展、调控经济，政府经常会发布一些经济政策，投资者应及时了解这些政策，避免投资的盲目性。

总之，当国民经济健康发展、各项经济指标正常、国家政治形势稳定时，股市投资者的投资热情就会较高，投资风险较小；反之，投资风险就较大。

2. 非系统性风险的判断

识别非系统性风险要对公司的基本情况进行研究，辨别公司素质的高低主要通过以下几个方面。

（1）公司章程。公司章程是反映公司情况的基本资料，根据《中华人民共和国公司法》（以下简称《公司法》）、《股份有限公司规范意见》等，公司章程应包括以下几个方面：①名称、住所；②公司的宗旨、经营范围；③公司的设立方式、股份发行范围；④公司注册资本；⑤主要股东出资方式；⑥股份转让办法；⑦股东权利和义务；⑧公司利润分配办法；⑨公司财务审计制度、原则；⑩劳动管理、工资福利、社会保险等；⑪公司法定代表人及其职责；⑫公司董事会、监事会、管理机构的组成；⑬公司股东大会权力、章程修改、终止与清算办法及程序；等等。投资者从公司章程中能了解到企业的经营范围、实力、管理人员等方面的情况，对企业有一个大概的了解。

（2）招股说明书和上市公告书。这是上市公司发行股票必须出示的法律文件。与公司章程相比，它的内容更加详细，可以提供公司近年来的经营业绩和财务状况。这两个文件必须经公司负责人、会计师、律师、工程师、证券承销商签名确认，是投资者投资的最重要依据之一。

（3）上市公司年报。上市公司的生产经营情况是对股价影响最大的因素之一，虽然上市公司在公开发行股票时经过了严格的审查，投资者仍然应该通过对上市公司的经常性分析，掌握上市公司的经营和财务状况，为投资提供依据。

上市公司每年年初都要将上年的生产经营、财务状况等公之于众，年中还要公布中期报告，对于重大事项需要随时进行公布。投资者要认真分析这些资料，从中得到有益的信息，以利于正确决策。

要防范风险，就要认真学习股票投资的各种知识。买卖股票时，首先要分析投资环境、经济发展状况，其次要进行股市循环周期的分析，最后才是选择个股，提高预测股市发展方向的能力。尽量在股市人气低迷时买入股票，尽量避免在股市高潮时买入股票；综合运用基本分析和技术分析的方法，既重视企业的发展前景，又重视入市时机的选择；以中长线投资为主，减少短线操作的次数，培养良好的心理素质，促使投资走向成功。

三、风险的衡量

风险具有普遍性和广泛性，正确地衡量风险十分重要。风险是可能值对期望值的偏离，因此，利用概率分布、期望值和标准差来计算与衡量风险的大小是一种最常用的方法。

1. 概率及其分布

在经济活动中，我们经常使用概率来表示随机事件发生可能性大小的数值。通常把必然发生事件的概率定为 1，把不可能发生事件的概率定为 0，而一般随机事件的概率是介于 0 与 1 的一个数，一般用 P_i 来表示随机事件的概率，其有如下特点：①任何事件的概率不大于 1，不小于 0，即 $0 \leqslant P_i \leqslant 1$；②所有可能结果的概率之和等于 1，即 $\sum_{i=1}^{n} P_i = 1$；③必然事件的概率等于 1，不可能事件的概率等于 0。

把所有可能的结果都列示出来，且每种结果出现的次数由概率表示，就构成了概率分布。

【例 2-4】 现有 A、B 两只股票，假设未来的经济情况有三种：繁荣、正常、衰退，有关的概率分布和预期报酬率见表 2-1。

表 2-1　A 股票和 B 股票未来收益状态分布表

经济状况	发生概率	A 股票预期报酬率	B 股票预期报酬率
繁荣	0.3	60%	20%
正常	0.5	10%	10%
衰退	0.2	−30%	5%

概率表示每一种经济状况出现的可能性，同时也就是各种不同预期报酬率出现的可能性。例如，未来经济状况出现繁荣的可能性为 0.3，假如这种情况真的出现，A 股票可获得高达 60%的报酬率。

2. 离散型分布和连续型分布

如果随机变量（如报酬率）只取有限个值，并且对应于这些值有确定的概率，则称随机变量为离散分布，例 2-4 就属于离散分布，它有三个值，如图 2-1 所示。

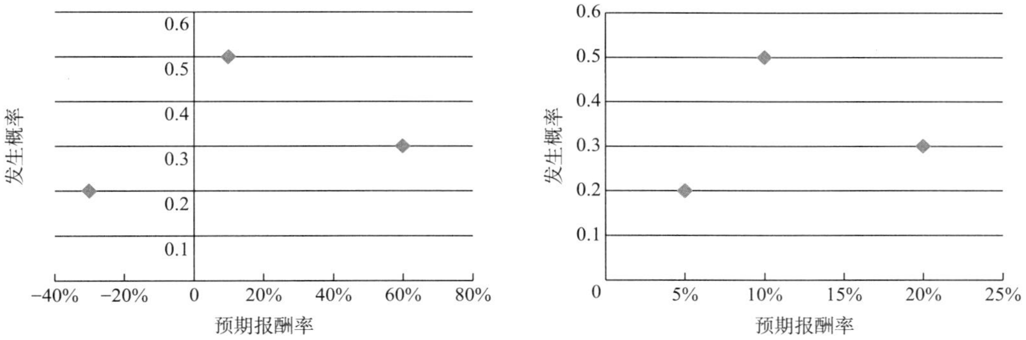

（a）A股票预期报酬率分布图　（b）B股票预期报酬率分布图

图 2-1　A、B 两只股票的预期报酬率分布

如果证券价格的变动是连续型的，这时候我们可以用连续型概率来描述股票价格的波动性。图 2-2 所表示的就是某股票的预期报酬正态分布图。

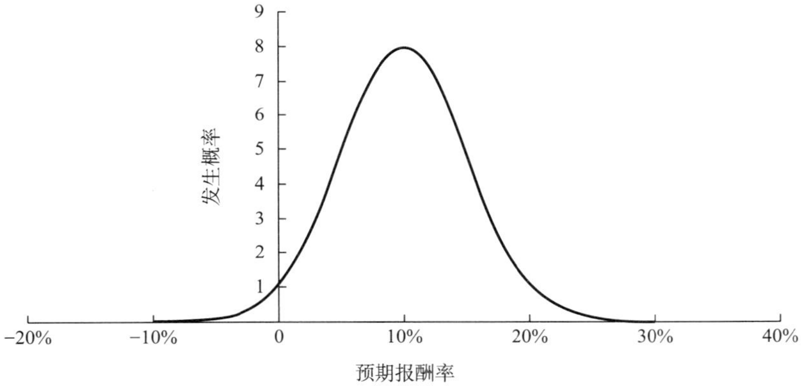

图 2-2　某股票的预期报酬正态分布图

图 2-2 给出的概率呈正态分布，实际上并非所有问题的概率都呈正态分布，但是按统计学的理论，不论总体分布是否呈正态分布，当样本很大时，其样本平均数都呈正态分布。一般说来，如果被研究的变量受彼此独立的大量偶然因素的影响，并且每个因素在总的影响中只占很小的部分，则这个总影响所引起的数量上的变化，就近似服从正态分布。因此，正态分布在统计上被广泛应用。

3. 期望报酬率

期望报酬率是指各种可能的报酬率按概率加权计算的平均报酬率，又称为预期值或均值，与预期收益率、期望收益率、预期报酬率、收益率的预期值、报酬率的预期值的含义相同。它表示在一定的风险条件下，期望得到的平均报酬率，其计算公式为

$$期望报酬率\ \overline{R}=\sum_{i=1}^{n}\left(P_i k_i\right) \tag{2-4}$$

式中，$\overline{R}$ 为期望报酬率；P_i 为第 i 种结果出现的概率；k_i 为第 i 种结果的期望报酬率；n

为所有可能结果的数目。

据此，计算例 2-4 中 A 股票、B 股票的期望报酬率：

$$\bar{R}_A = 0.3\times 60\% + 0.5\times 10\% + 0.2\times(-30\%) = 17\%$$

$$\bar{R}_B = 0.3\times 20\% + 0.5\times 10\% + 0.2\times 5\% = 12\%$$

从两者的期望报酬率来看，A 股票比 B 股票的期望报酬率要高，A 股票报酬率的分散程度大，变动范围在−30%~60%；B 股票报酬率的分散程度小，变动范围在 5%~20%。这说明两个项目中报酬率不同，风险程度也不同。为了定量地衡量风险大小，还要用到统计学中衡量概率分布离散程度的指标。

4. 离散程度

表示随机变量离散程度的指标包括平均差、方差、标准差和全距等，常用的是方差与标准差。

$$方差\ \sigma^2 = \sum_{i=1}^{n}\left(R_i - \bar{R}\right)^2 P_i \tag{2-5}$$

标准差也叫均方差，是方差的平方根。

$$标准差\ \sigma = \sqrt{\sum_{i=1}^{n}\left(R_i - \bar{R}\right)^2 P_i} \tag{2-6}$$

【例 2-5】 A 股票的标准差是 58.09%，B 股票的标准差是 3.87%（计算过程见表 2-2 和表 2-3），定量地说明了 A 股票的收益高，但风险也比 B 股票大。

表 2-2　A 股票的标准差

$R_i - \bar{R}$	$\left(R_i - \bar{R}\right)^2$	$\left(R_i - \bar{R}\right)^2 P_i$
60%−17%	0.184 9	0.184 9 × 0.3=0.055 47
10%−17%	0.004 9	0.004 9 × 0.5=0.002 45
−30%−17%	0.220 9	0.220 9 × 0.2=0.044 18
方差（σ^2）	0.102 1	
标准差（σ）	0.319 5	

表 2-3　B 股票的标准差

$R_i - \bar{R}$	$\left(R_i - \bar{R}\right)^2$	$\left(R_i - \bar{R}\right)^2 P_i$
20%−12%	0.006 4	0.006 4 × 0.3=0.001 92
10%−12%	0.000 4	0.000 4 × 0.5=0.000 20
5%−12%	0.004 9	0.004 9 × 0.2=0.000 98
方差（σ^2）	0.003 1	
标准差（σ）	0.055 7	

5. 标准离差率

从例 2-5 可以看到，A、B 两只股票收益率不一样，风险也不一样，这时比较它们的风险或不确定性时，用标准差作为风险的衡量标准可能会引起误解。为了调节投资的规模或范围，可以用标准离差率来反映随机变量离散的程度，标准离差率也称变化系数。

标准离差率的计算公式为

$$CV = \sigma/\overline{R} \tag{2-7}$$

标准离差率是相对偏离（相对风险）的衡量标准——一种“每单位期望报酬率”所含风险的衡量标准。方差系数越大，投资的相对风险也越大。

例 2-5 中 A 股票的标准离差率为 1.88，B 股票的标准离差率为 0.46，很明显，A 股票的风险比 B 股票的风险大。一般情况下，我们会选标准离差率小的作为投资对象。

四、风险与收益的关系

对于投资者来说，要获得高收益，就必须承担高风险，高收益必然伴随高风险。反过来，高风险的投资机会却并不一定能确保高收益的实现，因为高风险本身就意味着收益具有较大的不确定性，高风险的结果可能是高收益，也可能是低收益，甚至可能是高损失。可见，收益是以风险为代价的。因此，要使投资者心甘情愿地承担一份风险，必须以一定的收益作为回报或补偿，风险越大，补偿应越高。也就是说，收益与风险的基本关系是风险越大，要求的投资收益率越高。

在投资收益率相同的情况下，人们往往会选择风险小的投资，竞争的结果使风险增加，收益下降，最终，高风险的投资必须有高收益，否则就没有人投资；低收益的投资必须风险很低，否则也没有人投资。风险和收益之间的这种关系，是市场竞争的结果，其关系可表示如下：

$$期望报酬率=无风险报酬率+风险报酬率 \tag{2-8}$$

式（2-8）中期望报酬率是投资者在投资中所要求得到的收益率，在证券投资中常作为贴现率的值。期望报酬率因人而异，因为不同的投资者对风险和收益的态度不同，有的愿意承担较高风险而要求收益率高一些，有的宁可接受较低的收益率而不愿承担过高的风险。

无风险报酬率是指不存在任何风险的证券的投资收益率。在证券市场上，中央政府发行的债券，特别是短期国债，因其收益率完全确定而被视为无风险证券，因此，短期国债的利率常被看作无风险报酬率。

投资者在投资于短期国债以外的任何证券时，都要将其与无风险的国债相比较，在无风险的国债利率之上加上一定的风险报酬率。例如，如果投资者预期价格在投资期内会上涨，即存在通货膨胀时，那么，他必将考虑通货膨胀对货币购买力的影响，要求在无风险报酬率基础上加上预计的通货膨胀率作为通货膨胀的风险补偿以保持其实际收益率不变。除通货膨胀外，投资收益通常还会受到其他各种不确定性因素的影响：假如投资者对未来的投资收益不能确定，那么他将要求对该不确定性进行补偿，即投资的风险补偿。通货膨胀也具有不确定性，因此，通货膨胀风险补偿的收益，统称投资的风险报酬。

风险报酬率与风险程度成正比，因此，风险报酬率可以通过标准离差率和风险报酬斜率来确定，即

$$R_r = bQ \tag{2-9}$$

式中，R_r 为风险报酬率；Q 为标准离差率；b 为风险报酬斜率，也称风险报酬系数。

假设例 2-5 中 A 股票的风险报酬斜率为 10%，B 股票的风险报酬斜率为 12%，则：

A 股票的风险报酬率为：R_r =10% × 1.88=0.188

B 股票的风险报酬率为：R_r =12% × 0.46=0.055

在知道了风险报酬率后，可以用实际投资额求风险报酬额。

第三节　证券投资组合理论

一、证券投资组合理论概述

投资组合理论是指若干种证券组成的投资组合，其收益是这些证券收益的加权平均数，但是其风险不是这些证券风险的加权平均风险，投资组合能降低非系统性风险。

1952 年，现代投资组合理论的创始人美国经济学家哈里・马科维茨（Harry M. Markowitz）发表了一篇题为“证券组合选择”的论文，这篇论文后来被认为是投资组合理论的开端。

证券投资组合，是指在一定市场条件下，由不同类型和种类，并以一定比例搭配的若干种证券所构成的一项资产。证券投资组合的目的，是将各种不同类型和种类的证券进行有效搭配，以保证在预期收益率前提下使投资风险最小，或在既定的风险前提下使投资收益率最大。

在马科维茨研究的基础上，以夏普为代表的经济学家在 20 世纪 60 年代中期发展了一种被称为“资本资产定价模型”的新理论。该理论给出了资本性资产的价格在市场上的确定方法，并指出，一种资产的预期收益要受以 β 值表示的市场风险的巨大影响。资本资产定价模型的提出，对证券投资的学术研究和实际工作产生了重大影响，它使人们由长期采用的规范研究转为实证研究，由定性分析转为定量分析。这一模型现在被广泛运用于证券估价、测定组合绩效、决定资本预算及管理公共事业股票等实际工作中。

二、证券投资组合的风险与报酬

（一）现代证券投资组合理论的基本假设

现代证券投资组合理论主要基于如下假设。

（1）假设证券市场充分有效，即证券的价格能够充分反映所有可以获得的信息。在这样的市场上，信息传播迅速，证券价格对信息的反应及时、充分，所有市场参与者都能同等地得到充分的投资信息。

（2）假设影响投资决策的主要因素为期望报酬率和风险两项，并且各种证券的报酬和风险可以定量描述，各种证券的未来期望报酬率是一个随机变量并满足正态分布。

（3）假设投资者都是收益偏好者，即当给定两个预期收益不同但其余条件都相同的证券组合时，投资者将选择预期收益较高的组合。

（4）假设投资者都是风险厌恶者，即只有在可能获得更高的期望报酬率时，投资者才会愿意承担更大的投资风险。

（5）假设投资者都是理性行为人，他们完全根据证券组合的期望值（即期望报酬率）和标准差（即风险）进行投资决策，并假设他们的行为满足如下两个条件：①投资者是风险厌恶型，即在既定收益率下，总是力求选择风险最低的投资机会；②满足不满足性定理，在给定风险水平上，总是力求期望报酬率最大化。

基于以上假设，现代投资组合理论给予证券组合的预期收益和风险以定量分析。

（二）证券投资组合的期望报酬率与标准差

1. 证券投资组合的期望报酬率

两种或两种以上证券组合的期望报酬率可以表示为

$$\overline{R}_{\mathrm{P}}=\sum_{j=1}^{m}\overline{R}_{j}W_{j} \qquad (2\text{-}10)$$

式中，$\overline{R}_{\mathrm{P}}$ 为投资组合的期望报酬率；$\overline{R}_{j}$ 为投资组合中第 j 种证券的期望报酬率；W_j 为投资组合中第 j 种证券在投资组合全部投资额中的比重；m 为组合中证券种类总数。

2. 证券的相关性

在某一期间，如果证券A的收益随着经济变动而呈周期性变动，证券B的收益呈反周期性变动，则我们称这两种证券的收益是负相关关系，否则就是正相关关系。在投资中，只要证券之间不是完全正相关关系，组合起来就能降低风险。

实际上，各种股票之间不可能是完全正相关关系，也不可能是完全负相关关系，因此，不同股票的投资组合可以降低风险，但又不能完全消除风险。一般而言，股票的种类越多，风险越小。市场风险不可分散，因此投资组合所承受的风险仅是市场风险。

3. 投资组合的标准差

由于投资组合中各种投资工具存在相关性，其标准差不是各种证券标准差的简单加权平均，计算公式为

$$\sigma_{\mathrm{P}}=\sqrt{\sum_{i=1}^{m}\sum_{j=1}^{m}W_{i}W_{j}\sigma_{ij}} \qquad (2\text{-}11)$$

式中，m 为组合中证券种类总数；W_i 为第 i 种证券在投资总额中的比例；W_j 为第 j 种证券在投资总额中的比例；σ_{ij} 为第 j 种证券与第 i 种证券报酬率的协方差。

（1）协方差的计算。

两种证券报酬率的协方差，用来衡量它们之间共同变动的程度：

$$\sigma_{ij}=r_{ij}\sigma_i\sigma_j \tag{2-12}$$

式中，r_{ij} 为证券 i 和证券 j 期望报酬率之间的相关系数；σ_i 为第 i 种证券的标准差，σ_j 为第 j 种证券的标准差。

证券 i 和证券 j 期望报酬率概率分布的标准差的计算方法，前面讲述单项证券标准差时已经介绍过。

如果协方差为正值，说明证券 i 与证券 j 收益率变动呈正相关关系，即证券 i 收益率增加时，证券 j 收益率也增加，反之则相反。

如果协方差为负值，说明证券 i 与证券 j 收益率变动呈负相关关系，即证券 i 收益率增加时，证券 j 收益率下降，反之则相反。

如果协方差为零，说明证券 i 与证券 j 收益率变动不相关，即证券 i 收益率变动与证券 j 收益率变动没有明显的关系。

（2）协方差矩阵。

式（2-11）根号内的双重 $\sum$ 符号，表示对所有可能配成组合的协方差，分别乘以两种证券的投资比例，然后求其总和。

例如，当 m 为 4 时，所有可能配成组合的协方差矩阵表示如下：

$$\begin{bmatrix}\sigma_{1,1} & \sigma_{1,2} & \sigma_{1,3}\\ \sigma_{2,1} & \sigma_{2,2} & \sigma_{2,3}\\ \sigma_{3,1} & \sigma_{3,2} & \sigma_{3,3}\end{bmatrix}$$

左上角的组合（1, 1）是 σ_1 与 σ_2 之积，即标准差的平方，此时 $i=j$。从左上角到右下角共有 3 种 $i=j$ 的组合，在这 3 种情况下，相关系数是 1，协方差就是各证券自身的方差。以此类推，3 种证券投资组合的协方差由 3 个方差与 6 个协方差构成。

（3）协方差与方差对证券投资组合的影响。

式（2-12）表明，影响证券投资组合的标准差不仅取决于单个证券的标准差，还取决于证券之间的协方差。我们通过严格的推导（在此处不做详细说明）可以得到，随着证券投资组合中证券个数的增加，协方差项对整个证券投资组合的风险的影响越来越大，而各个证券自身的方差影响却越来越小。因此，我们可以得出结论：投资组合的风险只受证券之间协方差的影响，而与各证券本身的方差无关。这时，我们也验证了前面所说的，当证券投资组合中所含的证券足够多时，非系统性风险越来越小，而最后可能只剩下系统性风险，这时系统性风险就为协方差之和。

【例 2-6】 证券 S_A 和 S_B 的报酬率情况如表 2-4 所示。某投资者现在有三种选择：一是全部买入证券 S_A；二是全部买入证券 S_B；三是将资金等比例投放在证券 S_A 和 S_B 的组合上。该投资者应如何选择？

表 2-4 证券 S_A 和 S_B 的报酬率情况

经济状况	概率	证券 S_A 报酬率	证券 S_B 报酬率
1	0.5	25%	1%
2	0.3	10%	−5%
3	0.2	−25%	35%

解：要比较三种投资的优劣，应该以三种投资所对应的变异系数作为标准。

第一步：计算三种投资所对应的期望报酬率和风险。

根据公式可得

$$\bar{R}_A = \sum_{i=1}^{3} P_i R_i = 0.5 \times 25\% + 0.3 \times 10\% + 0.2 \times (-25\%) = 10.5\%$$

$$\sigma_A^2 = \sum_{i=1}^{3} P_i \left(R_i - \bar{R}\right)^2$$

$$= 0.5 \times (25\% - 10.5\%)^2 + 0.3 \times (10\% - 10.5\%)^2 + 0.2 \times (-25\% - 10.5\%)^2 = 0.035\,725$$

$$\sigma_A = \sqrt{0.035\,725} = 18.9\%$$

同样，可以求得 $\bar{R}_B = 6\%$ ，$\sigma_B = 14.73\%$ 。

组合的期望报酬率为

$$\bar{R}_P = \sum_{i=1}^{2} X_i \bar{R}_i = 0.5 \times 10.5\% + 0.5 \times 6\% = 8.25\%$$

计算组合的标准差必须先计算两证券报酬率的协方差。根据协方差公式可得

$$\sigma_{AB} = \sum_{i=1}^{3} P_i [R_A - \bar{R}_A)][R_B - \bar{R}_B]$$

$$= 0.5 \times (25\% - 10.5\%) \times (1\% - 6\%) + 0.3 \times (10\% - 10.5\%) \times (-5\% - 6\%)$$

$$+ 0.2 \times (-25\% - 10.5\%) \times (35\% - 6\%) = -0.024\,05$$

由此求得组合的标准差：

$$\sigma_P = \left[X_A^2 \sigma_A^2 + X_B^2 \sigma_B^2 + 2 X_A X_B \mathrm{Cov}(R_A, R_B)\right]^{1/2}$$

$$= \left[0.5^2 \times 0.035\,725 + 0.5^2 \times 0.021\,7 + 2 \times 0.5 \times 0.5 \times (-0.024\,05)\right]^{1/2} = 4.83\%$$

第二步：计算标准离差率。根据公式可得

$$\mathrm{CV}_A = \frac{18.9\%}{10.5\%} = 1.8, \mathrm{CV}_B = \frac{14.73\%}{6\%} = 2.46, \mathrm{CV}_P = \frac{4.83\%}{8.25\%} = 0.59$$

显然，对证券 S_A 、S_B 进行组合时情况最理想，符合优化的标准。从这个计算过程可以看出：只要两种证券之间的相关系数小于 1，证券组合报酬中的标准差就小于各证券报酬率标准差的加权平均数。

（三）两种证券组合的投资比例与有效集

在例 2-6 中，我们做了两种证券的三种投资比例的计算。当然，我们可以连续地对这两种证券的投资比例进行调整，从而得到一个连续的投资组合的风险与收益相互对应的数据。通过相关数据可以描绘出随着对两种证券投资比例的改变，期望报酬率与风险之间的关系，类似图 2-3。它反映出风险（σ_P）与报酬率 E（R）之间的数量上的关系。

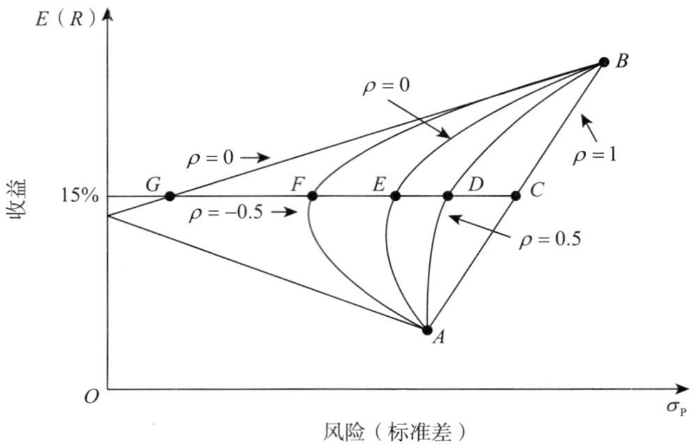

图 2-3　投资于两种证券投资组合的机会集

ρ 表示概率

图 2-3 中的 *CG* 直线代表的是投资组合中的比例不变，但证券的相关系数发生了变化所得到的轨迹。而 *BDE* 代表的是相关系数为 0.5 时，在不同投资比例下，投资组合的风险与收益的关系。在极端的情况下，也就是两个证券完全正相关与完全负相关时，我们可以得到直线与折线。

（四）多种证券投资组合的风险与报酬

对于两种以上证券构成的组合，以上原理同样适用。值得注意的是，多种证券投资组合的机会集不同于两种证券投资组合的机会集，两种证券的所有可能组合都落在一条曲线上，而两种以上证券的所有可能组合会落在一个平面中，如图 2-4 中的阴影部分所示。这个机会集反映了投资者所有的可能投资组合，图 2-4 中阴影部分中的每一个点都与一种可能的投资组合相对应。随着可供投资证券数量的增加，所有可能的投资组合数量将呈几何级数上升。

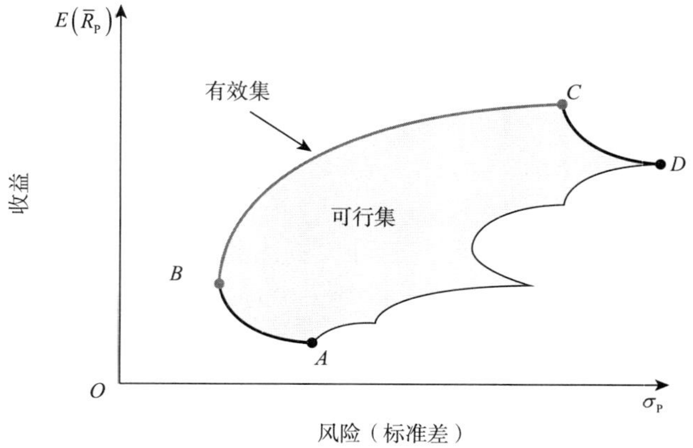

图 2-4　可行集

最小方差组合是图 2-4 中最左端的点 B，它具有最小组合标准差。多种证券组合的机会集外缘有一段向后弯曲，这与两种证券投资组合中的现象类似：不同证券报酬率相互抵消，产生风险分散化效应。

图 2-4 中以粗线描出的部分，称为有效集或有效边界，它位于机会集的顶部，从最小方差组合点起到最高期望报酬率点止。投资者应在有效集上寻找投资组合，有效集以外的投资组合与有效边界上的组合相比，有三种情况：相同的标准差和较低的期望报酬率，相同的期望报酬率和较高的标准差，较低的期望报酬率和较高的标准差，这些投资组合都是无效的。如果投资组合是无效的，可以通过改变投资比例转换到有效边界上的某个组合，以达到提高期望报酬率而不增加风险，或者降低风险而不降低期望报酬率，或者得到一个既提高期望报酬率又降低风险的组合。

（五）资本市场线

如果我们在投资证券组合时，不但有风险证券存在，同时也有无风险证券存在（如短期国债），这时我们可以从无风险资产的报酬率（Y轴的A点）开始，做有效边界的切线，切点为 T，该直线 ATB 被称为资本市场线（图 2-5）。

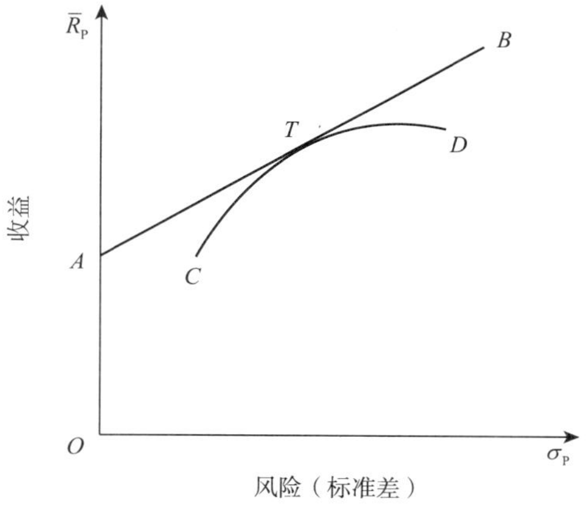

图 2-5　最佳组合的选择

我们可以发现，原来的有效边界发生了很大的变化，从只有风险证券的 CTD 边界变成了 ATD 甚至是 ATB。

现将有关资本市场线的有关问题说明如下。

（1）由于存在无风险资产，投资者可以在资本市场上借到钱，将其纳入自己的投资总额，或者可以将多余的钱贷出。无论借入还是贷出，利率都是固定的无风险资产的报酬率。R_f 代表无风险资产的报酬率，其标准差为零，即报酬率是确定的。

（2）在存在无风险资产的情况下，投资者可以通过贷出资金减少自己的风险，当然也会同时降低期望报酬率。极端情况下甚至可以全部将资金贷出，如购买政府债券并持有至到期。而对于那些偏好风险的人来讲，可以通过借入无风险利率下的资金，增加购买风险资产的资本，以使期望报酬率增加。

$$R_A = W_m \overline{R}_m + (1 - W_m) R_f \tag{2-13}$$

式中，R_A 为包含无风险资产的证券投资组合收益率；R_f 为风险利率；W_m 代表投资总额中投资于风险组合 M 的比例；$1 - W_m$ 代表投资于无风险资产的比例；如果贷出资金，W_m 将小于 1，如果借入资金，W_m 会大于 1。

此时该投资组合的总标准差为

$$\sigma_A = W_m \times \sigma_m \tag{2-14}$$

此时不用考虑无风险资产，因为无风险资产的标准差等于零。如果贷出资金，W_m 小于 1，投资者承担的风险小于市场平均风险；如果借入资金，W_m 大于 1，投资者承担的风险大于市场平均风险。

（3）切点 *T* 是市场均衡点，它代表唯一最有效的风险资产组合，它是所有证券以各自的总市场价值为权数的加权平均组合，我们将其定义为“市场组合”。虽然理智的投资者可能选择有效边界线上的任何有效组合（它们在任何给定风险水平下收益最大），但是无风险资产的存在使投资者可以同时持有无风险资产和市场组合（M），从而位于 *TA* 上的某点。*TA* 上的组合与有效边界上的组合相比，它的风险小而报酬率与之相同，或者报酬率高而风险与之相同，或者报酬率高且风险小。

（4）图 2-5 中的直线揭示出持有不同比例的无风险资产和市场组合情况下风险和预期报酬率的权衡关系。直线的截距表示无风险利率，直线的斜率代表风险的市场价格，它告诉我们当标准差增长某一幅度时相应要求的报酬率的增长幅度。直线上的任何一点都可以告诉我们投资于市场组合和无风险资产的比例，在 *T* 点的左侧，将同时持有无风险资产和风险资产组合；在 *T* 点的右侧，将仅持有市场组合 M，并且会借入资金以进一步投资于组合 M；而在 *T* 点的投资意味着把所有的钱都投入了风险资产组合中，无视无风险资产的存在。

（5）*T* 点所代表的各个风险资产的比例与个人的风险效用偏好是独立的。也就是说，投资者个人对风险的态度不会影响到最佳风险资产组合，所有的投资者在市场上选择风险资产组合时都会做同样比例的风险资产，差异的只是整个资产投入无风险资产与风险资产的比例不一样。这就是著名的基金分离定理。它也可表述为最佳风险资产组合的确定独立于投资者的风险偏好。它取决于各种可能风险组合的期望报酬率和标准差。个人的投资行为可分为两个阶段：第一个阶段，确定最佳风险资产组合；第二个阶段，考虑无风险资产和最佳风险资产组合的理想组合。只有第二个阶段受投资者风险反感程度的影响。

现举例说明基金分离定理。假设投资者甲和乙都有 1 000 万元的资金，甲比乙更厌恶风险，他可能用 60% 的钱购买无风险资产，另外 40% 的钱用来投资 *T* 点的风险资产组合。而乙因为对风险的厌恶性不那么强烈，有可能把 1 000 万元的 30% 购买无风险资产，而 70% 用来投入 *T* 点的风险资产组合。根据基金分离定理可知，假设甲投入的 400 万元中有 70% 买入风险证券 A，30% 买入证券 B 达到了最优，那么乙也会把其中投入 700 万元的风险资产中的 70% 买风险证券 A，30% 买证券 B，只有这样才能达到最优状态。

（六）投资组合的风险

从前述风险类别的讨论中，我们知道个别资产的风险有些可以被分散掉，有些则不能。无法分散掉的是系统性风险，而非系统性风险从理论上来讲是可以通过增大风险资产的投资种类来分散掉的。

我们已经知道，资产的风险可以用标准差计量，该标准差是指它的整体风险。现在我们把整体风险划分为系统性风险和非系统性风险，如图 2-6 所示。

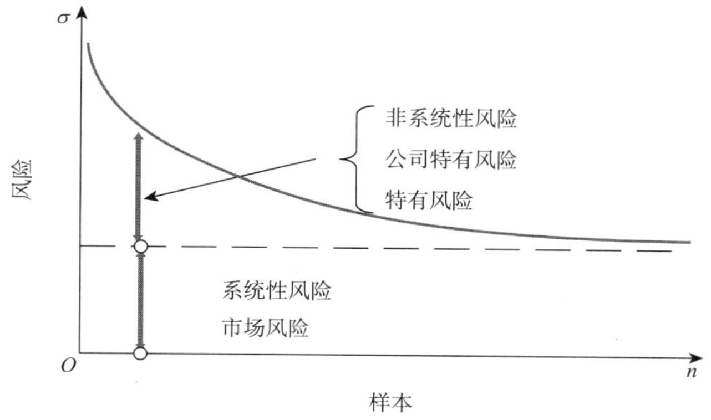

图 2-6　投资组合的风险

承担风险会从市场上得到回报，回报大小仅仅取决于系统性风险。这就是说，一项资产的期望报酬率高低取决于该资产的系统性风险大小。

因此，我们可以得出以下非常重要的结论：证券投资组合的风险不仅与组合中每个证券的期望报酬率、标准差有关，而且与各证券之间期望报酬率的协方差有关。对于一个含有两种证券的组合，投资机会集曲线描述了不同投资比例组合的风险和报酬之间的权衡关系。风险分散化效应有时使机会集曲线向后弯曲，并产生比最低风险证券标准差还低的最小方差组合。有效边界就是机会集曲线上从最小方差组合点到最高期望报酬率的那段曲线。持有多种彼此不完全正相关的证券可以降低风险。如果存在无风险证券，新的有效边界是经过无风险利率并和机会集相切的直线，该直线称为资本市场线，该切点称为市场组合。资本市场线反映了在资本市场上资产组合系统性风险和报酬的权衡关系。当然，我们还可以进一步通过借贷的方式进行融资买入与融资卖出以获得更高的收益。

✎ 复习思考题

一、单项选择题

1. 债券投资中的资本收益指的是______。

A. 债券票面利率与债券本金的乘积

B. 买入价与卖出价之间的差额，且买入价大于卖出价

C. 买入价与卖出价之间的差额，且买入价小于卖出价

D. 债券持有至到期获得的收益

2. 以下不属于股票收益来源的是_____。

A. 现金股利　　B. 股票股利　　C. 资本利得　　D. 利息收入

3. 某投资者以 10 元一股的价格买入某公司的股票，持有一年分得现金股利为 0.5 元，则该投资者的股利收益率是_____。

A. 4%　　B. 5%　　C. 6%　　D. 7%

4. 以下不属于系统性风险的是_____。

A. 市场风险　　B. 利率风险　　C. 违约风险　　D. 购买力风险

5. 以下各种证券中，受经营风险影响最大的是_____。

A. 普通股　　B. 优先股　　C. 公司长期债券　D. 公司短期债券

6. 以下关于证券的收益与风险，说法正确的是_____。

A. 投资者可以通过恰当的投资实现只有收益而不承担任何风险

B. 一般说来，收益越高，风险越小

C. 投资者承担的风险越大，就必然能获得越高的收益

D. 组合投资可以实现在收益不变的情况下，降低风险

7. 投资者选择证券时，以下说法不正确是_____。

A. 所面对风险相同的情况下，投资者会选择收益较低的证券

B. 所面对风险相同的情况下，投资者会选择收益较高的证券

C. 当各证券预期收益相同时，投资者会选择风险较小的证券

D. 投资者的风险偏好会对其投资选择产生影响

8. 以下各组相关系数中，组合后对于非系统性风险分散效果最好的是_____。

A. 1　　B. 0　　C. −1　　D. −0.5

9. 甲、乙两只股票报酬率的期望值分别为 15%和 23%，标准差分别为 30%和 33%，那么_____。

A. 甲股票的风险程度大于乙股票的风险程度

B. 甲股票的风险程度小于乙股票的风险程度

C. 甲股票的风险程度等于乙股票的风险程度

D. 不能确定

10. 下列不是衡量风险离散程度的指标的是 _____。

A. 方差　　B. 标准离差　　C. 标准离差率　　D. 概率

二、多项选择题

1. 以下可以成为债券投资收益的来源的是_____。

A. 债券的年利息

B. 债券的本金收回

C. 将债券以高于开始的购买价格卖出

D. 将债券以低于开始的购买价格卖出

2. 以下对债券投资收益率有影响的因素是_____。

A. 债券的票面收益率　　B. 债券的还本期限

C. 债券的面值　　D. 债券的发行价格

3. 股票投资收益的来源有_____。

A. 现金股利　　B. 资本利得　　C. 送股　　D. 配股

4. 以下属于系统性风险的是_____。

A. 利率风险　　B. 市场风险　　C. 违约风险　　D. 购买力风险

5. 以下属于非系统性风险的是_____。

A. 购买力风险　　B. 违约风险　　C. 经营风险　　D. 财务风险

6. 下列有关证券投资风险的表述中，正确的有_____。

A. 证券投资组合的风险有公司特别风险和市场风险两种

B. 公司特别风险是不可分散风险

C. 股票的市场风险不能通过证券投资组合加以消除

D. 当投资组合中股票的种类特别多时，非系统性风险几乎可全部分散掉

✎ 讨论分析题

1. 证券投资风险到底有哪些？规避措施是什么？

2. 如何熟练计算单利和复利终值？

第三章　证券市场监管

本章基本要求：掌握证券市场监管的概念及证券市场监管的主体、对象、目标、方式、手段；熟悉证券市场监管法律体系。

本章重点：证券市场监管对象。

本章难点：证券市场监管内容。

第一节　证券市场监管概述

证券市场监管是指证券管理机关运用法律、经济及必要的行政手段，对证券的募集、发行、交易等行为及证券投资中介机构的行为进行监督与管理。证券市场监管是金融监督的重要组成部分，是证券监管机构运用法律、经济和必要的行政手段，对证券市场参与者及其行为所进行的旨在促进市场公平、公正、公开及有效、有序运作的一系列管理与监督活动。

证券市场监管的目标在于保护投资者的合法权益，保障合法的证券交易活动，监督证券中介机构依法经营；运用、发挥证券市场机制的积极作用，限制其消极影响；防止人为操纵、欺诈等不法行为，维持证券市场的正常秩序；根据国家宏观经济管理的需要，运用灵活多样的方式，调控证券发行与交易规模，引导投资方向，使之与经济发展相适应。

一、证券市场监管的原则

投资者是证券市场的支柱，投资者对证券市场的信心是证券市场存在和发展的保证，因此，保护投资者的合法权益是证券市场监管的核心任务。保护投资者的合法权益关键是要建立起公平合理的市场环境，为投资者提供平等的交易机会，使投资者能在理性的基础上自主地决定交易行为。因此，建立和维护证券市场的公开、公平、公正原则，是保护投资者的合法权益不受侵犯的基础，是证券市场监管的基本原则，也是证券市场规范化发展的基本要求。证券市场监管的原则主要包括以下几个方面。

（1）依法监管。

（2）保护投资者利益原则。严厉打击损害中小投资者利益的行为，全力维护市场的公开、公平、公正，是各国证券市场监管的首要任务。

（3）三公原则：公开、公平、公正。

（4）监管与自律相结合。

国际证监会组织证券市场监管的三个目标：一是保护投资者的合法权益；二是保证证券市场的公平、效率和透明；三是降低系统性风险。其中，保护投资者的合法权益是证券市场监管的首要目标。

二、证券市场监管的依据

证券市场要规范、顺利地发展，就应加强监管，而加强监管就必须有充分的法律依据和保障。一般来说，证券市场监管的依据包括三个层面。

（1）国家颁布的证券法及相关证券管理的法规，作为管理部门进行证券市场监督与管理的依据和证券市场参与者的行为准则。

（2）证券监督机构依据证券法律法规制定的相应执行准则、协调措施及有关法规的管理细则，对证券发行、交易等行为进行具体的监督与管理。

（3）证券交易所与证券业行业协会等，通过制定组织章程、营业规则等，对证券交易市场实行自律性管理。

三、证券市场监管方针

我国证券市场监管“八字方针”是“法制、监管、自律、规范”。其中，“法制”强调的是立法；“监管”强调的是执法；“自律”强调的是守法和自我约束；“规范”强调的是证券市场需要达到的运作标准和运作状态。这“八字方针”是证券市场运行机制和监管机制完善和成熟的保障。

这四个方面相辅相成、相互作用、相互联系，具体表现在以下几个方面。

（1）规范是目的，是做好证券市场工作的基本出发点，也是“八字方针”的核心。证券市场的规范发展，能够引导社会资源用于生产效率较高的经济部门，促进国民经济发展。

（2）法制是基础，法制建设是保证市场沿着正确轨道健康发展的基本条件。“没有规矩，不成方圆”，证券市场的建立、规范和发展，要以科学完整的法律制度为基础。

（3）监管和自律是手段，国家监管和行业自律是证券市场法制能够得到落实的根本保障。国家监管和行业自律是相互补充、共同作用的，有规矩而不依，法制就成为空话，规范也就无从谈起。

在注重法制和国家监管的同时，证券市场还必须强调自律，发挥证券市场组织者、参与者自我管理和相互监督的作用。

我国发展证券市场坚持“法制、监管、自律、规范”的监管方针，就是要求在法制的基础上，通过监管、自律达到证券市场规范化的目的，促进我国证券市场健康发展，使之更好地为我国国民经济发展服务。

四、证券市场监管手段

各国在进行证券市场监管时，一般采用以下三种手段。

（1）法律手段。政府通过证券法及相关的法律和法规来进行证券市场的监管。运用法律手段对证券市场进行监管，可以抑制和消除欺诈、垄断、操纵、内幕交易及恶性投机等现象，维护证券市场的良好运行秩序。其约束力强，是证券市场监管部门的主要手段。

（2）经济手段。政府通过运用利率政策、公开市场业务及税收政策等间接实现对证券市场的干预。这种手段相对比较灵活，但调节过程较慢，存在滞后性。

（3）行政手段。政府通过制订计划、制定政策等对证券市场进行直接行政性的干预与管理。我国逐步形成了五位一体的监管体系，即中国证监会及派出机构、证券交易所、行业协会和投资者保护基金公司的监管和自律体系。中国证监会成立于 1992 年，目前在全国设 1 个稽查总队、3 个中心和 36 个地方证监局，以及上海、深圳证券监管专员办事处，现任主席为易会满。

五、证券市场监管体制

证券市场监管体制，是指证券市场监管主体的层次设置及职责和权力划分的方式和组织制度。由于各国国情的差异及证券市场的发育程度不同，各国所采取的管理体制也存在不同。目前世界上主要有三种监管模式。

（一）集中型监管模式

集中型监管模式，是指政府通过制定证券市场管理法规，并设立全国性证券监督管理机构来统一管理全国证券市场的一种监管模式。在这种模式下，由政府下属的部门，或由直接隶属于立法机关的证券监管主体对证券市场进行集中统一监督。该模式以美国、日本等为典型代表。其主要特点包括以下几个方面。

（1）重视证券市场监管的立法。构建起一套完整的金融市场监管法律法规体系，并将其作为金融市场参与主体的行为准则和金融市场的监管依据。

（2）重视政府的行政监管。一般建立一个全国性的、权威性的监管机构，如美国的证券交易委员会、日本的证券交易监督委员会等，代表政府行使法律赋予的证券监管权。

（3）证券市场自律监管组织承担协助政府完成监管的职能。各种自律性组织，如证券交易所、证券行业协会等只起辅助作用。

集中型监管模式具有维护政府监管权威、提供系统有效的法律环境及保护投资者利益等方面的优点，使得市场监管更具效率、公正和客观。其缺点主要表现在政府干预过多导致行政成本过高；过于集中的监管将会出现滞后性，导致市场无法有效做出及时反应；容易出现寻租行为；等等。

（二）自律型监管模式

自律型监管模式，是指政府较少集中统一地干预证券市场，对证券市场的监管主要由证券交易所及证券商协会等组织进行自律管理，注重发挥市场参与者的自我管理作用的一种监管模式。该模式主要以英国为代表。这种监管模式的特点主要包括以下几个方面。

（1）没有制定直接的证券市场管理法则，而是通过一些间接的法规来制约证券市场活动。例如，英国没有证券法或证券交易法，只有一些间接的、分散的法规，主要有1958年的《防止欺诈（投资）法》、1948年和1967年的《公司法》、1973年的《公平交易法》、1988年的《财务法案》等。

（2）没有设立全国性的证券管理机构，而是靠证券市场的非政府组织及市场参与者形成的会员组织进行自我监管。例如，英国证券市场实际监管主要通过以英国证券业理事会、证券交易所协会为主要核心的非政府机构进行自我监督与管理。

（3）注重市场的有效运转和保护证券交易所会员的经济利益。

自律型监管模式的监管手段不具强制性，具有自律型监管组织“自利”弱点，并没有形成一体化的监管体系，虽然在市场能够有效调节时可以维持证券市场的运转，但是一旦陷入经济危机，单纯依靠市场和自律组织去监管证券市场则会出现失灵，因此，采取这种监管模式的国家近年来开始逐步建立具有监管权力的证券监管机构和完善的证券法律法规体系。

（三）中间型监管模式

中间型监管模式，又称综合型监管模式，是介于集中型监管模式和自律型监管模式之间的一种监管模式，主要以德国为代表。它既强调统一的立法管理，又注重自律管理。其监管体制往往为分层式，包括二级监管和三级监管两种类型。二级监管是指中央政府和自律机构相结合的监管，三级监管是指中央、地方两级政府和自律机构相结合的监管。

总的来说，世界各国的证券市场监管体制不尽相同，各具特点，但它们具有一定的共同性，就是进行集中统一监管与自律监管相结合的管理，并且具有加强集中统一监管的发展趋势，这种证券市场监管体制，不仅有主也有辅、有分工也有协作，各有自己明确的任务和职责，而且有统一的目标，统筹协调，从而有机地形成一个有效的证券市场监管体系。

六、中国的证券监管体制

随着我国证券市场的发展，我国的证券市场监管制度从无到有，从不成熟到逐步成熟，这其中不仅借鉴了许多国外成功的经验，还有根据我国的实际进行的创新，逐步形成了一个由地方监管到中央监管、由分散监管到集中监管的证券市场监管体制。其发展历程大致可以分为四个阶段。

（一）财政部独立管理阶段（1981 年至 1985 年）

这一阶段，我国开始恢复国债的发行，证券的主要形式是国库券，由财政部组织和管理其发行，国库券的发行必须通过行政强制摊派的方法实现。

（二）中国人民银行主导阶段（1986 年至 1992 年 10 月）

这一阶段是我国证券市场发展的初期，监管机构主要是中国人民银行，监管职权由中国人民银行、国家计划委员会（现为国家发展和改革委员会）、财政部等多个部门分开管理，这一时期股份制改造和证券市场的发展以区域性试点为主，上市公司主要由中央及上海、深圳两地地方政府分级管理。这时的证券监管处于初始萌芽阶段。

（三）国务院证券委员会主管阶段（1992 年 10 月至 1998 年 8 月）

在这一阶段，国家成立了国务院证券委员会和中国证监会。国务院证券委员会是一个松散的组织，其成员由中国人民银行等 14 个部门单位的官员组成，主要是制定总体的决策，保证证券市场的良好运行，中国证监会是其下设的一个具体执行机构，主要负责日常管理活动。对于股票的发行数量、新的股票交易方式等，国家计划委员会、中国人民银行和财政部参与管理，同时中国证监会给予部分省区市成立证券监管机构的权力，在授权的范围内履行自身的监管职责，形成了证券委员会、各部委、地方政府等共同参与监管的多部门监管组织系统。

（四）中国证监会统一监管阶段（1998 年 8 月至今）

1998 年，国家针对提高证券市场年监管效率进行了一系列证券市场监管体制改革，国务院证券委员会与中国证监会被合并列为国务院直属事业单位，中国证监会接手中国人民银行的部分证券市场监管职能。同时，为避免地方政府插手证券市场监管方面的工作，地方的监管机构改组为由中国证监会垂直领导的派出机构，中介机构也收归中国证监会管理，不再由中央部委管理，这样，我国集中统一的证券市场监管体制大致形成。

目前，我国证券市场监管体系以中国证监会和其派出机构证监局的集中监管为主，证券行业协会组织自律管理、证券交易所内部自律管理及证券交易商自律管理作为补充。

中国证监会是国务院直属机构，是全国证券、期货市场的主管部门，按照国务院授权履行行政管理职能，依照法律法规对全国证券、期货业进行集中统一管理，维护证券期货市场秩序，保障其合法运行。

我国证券市场监管组织系统见图 3-1。

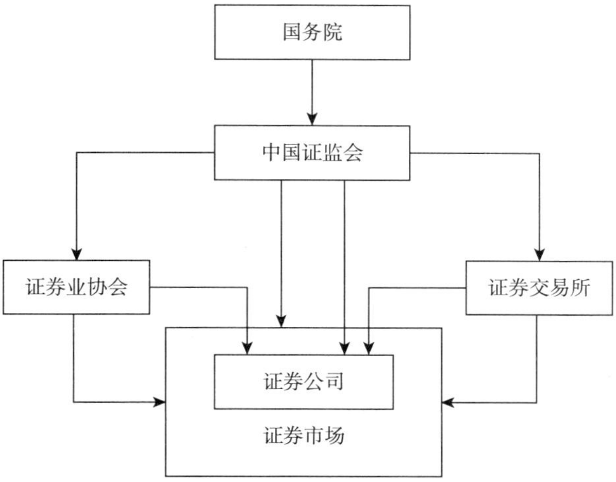

图 3-1　我国证券市场监管组织系统

第二节　证券监管法律体系

我国资本市场规范、稳定、健康的发展离不开健全的法律制度。2005 年 10 月 27 日，《中华人民共和国证券法》（以下简称《证券法》）、《公司法》修订案经第十届全国人民代表大会常务委员会第十八次会议审议通过，修订后的《证券法》《公司法》于2006年1月1日开始施行。这次《证券法》《公司法》的修订，系统总结了我国资本市场从建立之初发展到现在的改革和发展实践，在深入分析资本市场运行规律和发展阶段性特点的基础上，对《证券法》《公司法》做了较大幅度的修订，对资本市场的健康发展做出了一系列全局性、长远性的制度安排，标志着我国资本市场法制建设进入一个新的历史阶段。此后，《证券法》《公司法》分别在2013年6月和2013年12月进行了修正，《公司法》于2018年12月26日进行了第四次修正；2019年12月28日，经第十三届全国人民代表大会常务委员会第十五次会议审议通过，《证券法》进行了第二次修订。目前，我国资本市场已经形成了以《公司法》《证券法》《中华人民共和国证券投资基金法》（以下简称《证券投资基金法》）为核心，以《股票发行与交易管理暂行条例》《期货交易管理暂行条例》等13件主要行政法规和法规性文件为补充，300余件部门规章和规范性文件为主体的证券期货市场法律法规体系。

证券监管的法律体系包括：部门规章、国家颁布的一系列专门规范信息披露的文件、行政法律。证券市场法律法规分为四个层次：第一个层次，法律（以“法”结尾）；第二个层次，行政法规（以“条例”结尾）；第三个层次，部门规章（以“办法”或“规定”结尾）；第四个层次，由证券交易所、中国证券业协会及中国证券登记结算有限公司制定的自律性规则。

我国现行的证券监管法律体系具体包括证券发行上市及信息披露制度、证券期货交易制度、上市公司治理与并购制度、证券及期货经营机构和专业服务机构监管制度、证券投资基金业监管制度、证券期货市场监督管理和违法违规行为法律责任制度等主要内容。

一、证券发行

《证券法》第二章主要对证券发行做出了明确规定，主要包括公司公开发行新股及公司债券发行的条件、公开发行股票所募集资金用途、证券发行的核准、证券的承销等方面。《公司法》第五章对股份有限公司的股份发行做出了一些原则规定。《证券法》第二百二十四条规定，境内企业直接或者间接到境外发行证券或者将其证券在境外上市交易，应当符合国务院的有关规定。

此外，证券发行监管方面的法律规范还包括《股票发行与交易管理暂行条例》、《中国证券监督管理委员会关于企业申请境外上市有关问题的通知》、《国务院关于股份有限公司境外募集股份及上市的特别规定》、《证券发行上市保荐制度暂行办法》、《境内企业申请到香港创业板上市审批与监管指引》和《公开发行证券的公司信息披露内容与格式准则》等行政法规、规章和规范性文件。

二、证券交易

《证券法》第三章针对证券交易做出了原则规定，主要分四个部分：一是证券交易的一般规定，包括证券交易场所、证券交易方式、证券交易收费、上市公司高管持股等内容；二是证券上市，包括申请股票上市和可转换为股票的公司债券上市的条件、上市的暂停和终止等内容；三是禁止的交易行为，包括内幕交易及知情人的规定、操纵证券市场、编造和传播虚假信息、欺诈及赔偿等内容。

另外，关于证券期货交易的规章和规范性文件包括《证券交易所管理办法》和《期货交易所管理办法》等。

三、上市公司收购与公司治理

《证券法》第四章和第五章明确规定上市公司的收购方式和信息披露要求、收购报告书的内容、收购期限届满后上市公司股票的安排等内容。《公司法》第四章对股份有限公司的组织结构和上市公司的独立董事制度、关联交易等做出了规定。

另外，涉及上市公司收购与治理的法律规范还有《上市公司收购管理办法》、《上市公司股东持股变动信息披露管理办法》、《关于在上市公司建立独立董事制度的指导意见》、《上市公司治理准则》、《中国证券监督管理委员会、财政部、国家经济贸易委员会关于向外商转让上市公司国有股和法人股有关问题的通知》、《关于加强社会公众股股东权益保护的若干规定》、《关于提高上市公司质量的意见》、《外国投资者对上市公司战略投资管理办法》和《到境外上市公司章程必备条款》等。

四、证券及期货经营机构和专业服务机构监管

（一）有关证券公司监管的法律规范

《证券法》第八章对证券公司的设立条件及批准，经营业务，注册资本，审批程序，风险控制指标，董事、监事和高级管理人员的任职要求，内部控制，交易结算资金存放及证券公司违法违规行为的处罚措施进行了原则规定。此外，《证券公司管理办法》、《证券公司客户资产管理业务试行办法》、《证券公司高级管理人员管理办法》和《客户交易结算资金管理办法》等也对证券公司的管理进行了相关规定。

（二）有关期货经纪公司的法律规范

我国1999年9月施行的《期货交易管理暂行条例》对期货经纪公司的设立条件、批准程序、业务范围、解散等方面做出了具体规定。另外，有关期货经纪公司的规章和规范性文件包括《期货经纪公司管理办法》、《期货经纪公司治理准则》（试行）和《期货经纪公司高级管理人员任职资格管理办法》等，这些规章不仅对期货经纪公司的设立、变更和终止及期货经纪业务的基本规则、组织架构进行了规定，而且对期货经纪公司高级管理人员任职条件和日常管理、期货经纪公司的绩效评价与激励机制等提出了要求。

（三）有关专业服务机构的法律规范

《证券法》第九章对证券登记结算机构的性质、设立条件、职能、运营方式、业务保证措施、证券结算风险基金管理等进行了规定，《证券交易所管理办法》也对证券登记结算机构的设立、组织架构和职能做出了比较详尽的规定。同时，《证券法》第十章主要对证券服务机构进行了规定，包括对从事证券服务业务的投资咨询机构、财务顾问机构、资信评级机构、资产评估机构、会计师事务所等的审批、从业人员、行为、收费等方面做出了原则规定。另外，《证券、期货投资咨询管理暂行办法》及相关实施细则对管理证券、期货投资咨询活动也做出了规定。

五、证券投资基金业监管

2015年4月修订后的《证券投资基金法》对基金管理人、基金托管人、基金的运作方式和组织、基金的公开募集和交易、申购与赎回、投资与信息披露、基金合同的变更与终止、基金财产清算、基金份额持有人权利行使、非公开募集基金、基金服务机构与

行业协会、监督管理和法律责任做了明确规定。

此外，中国证监会还制定并发布了《证券投资基金信息披露管理办法》、《证券投资基金运作管理办法》、《证券投资基金销售管理办法》、《证券投资基金管理公司管理办法》、《证券投资基金行业高级管理人员任职管理办法》和《证券投资基金托管资格管理办法》等规章来规范证券投资基金的运行，加强证券投资基金业的管理，形成了比较完整的证券投资基金监督管理的法律规范体系。

六、证券期货市场监督管理和违法违规行为法律责任

《证券法》对国务院证券监督管理机构（即中国证监会）、证券交易所和证券业协会分别做出了专门规定，明确规定国务院证券监督管理机构依法对全国证券市场实行集中统一监督管理，证券、期货交易所除提供交易服务外，还依法组织和监督证券、期货交易，实行自律管理，证券业协会和期货业协会对证券公司、期货经纪公司履行提供服务、业务培训交流等职责，进行自律性监管。

2005年12月，中国证监会发布了《中国证券监督管理委员会冻结、查封实施办法》，对中国证监会依法履行职责，行使冻结、查封涉案当事人的违法资金、证券等涉案财产或者重要证据权力的相关程序做出了规定。

针对证券期货市场中欺诈、内幕交易和操纵市场等违法违规行为，《证券法》、《公司法》、《证券投资基金法》和《中华人民共和国刑法》（以下简称《刑法》）明确规定了当事人应当承担的民事、行政及刑事法律责任。同时，最高人民法院先后发布了《最高人民法院关于审理证券市场因虚假陈述引发的民事赔偿案件的若干规定》和《最高人民法院关于审理期货纠纷案件若干问题的规定》等司法解释，进一步完善了证券期货市场民事责任制度。

除此之外，随着证券、期货行业的发展，作为自律性组织的证券、期货交易所和证券业、期货业协会开始逐步履行相关的职能，对相关会员及其业务活动进行了规范，其自律规范也基本自成体系，成为证券、期货市场法律法规体系的重要补充。

第三节　证券市场监管的内容

证券市场监管主要针对证券发行市场、证券交易市场及各类参与者等，内容非常广泛，概括起来有以下几个方面。

一、对证券发行市场的监管

对证券发行市场的监管是指证券监管机构对证券发行进行审查、控制和监督的一系列活动。证券发行管理是加强证券市场管理的重要环节，而对证券发行的管理首要的就

是对证券发行资格的审核，因为要进入市场发行证券，必须具备证券发行条件。当前，除了与计划体制有密切联系，并为许多国家所抛弃的审批制，世界各国证券发行的审核制度主要有核准制和注册制两种。

（一）核准制

核准制是指发行人需要按照法律规定承担信息公开的义务，并且必须满足若干法定条件，而拟发行人能否最终取得发行资格，取决于证券监管机构的审核。核准制从总体上来看，证券发行权是由证券监管机构授予的，实质是政府干预证券市场发行的具体表现。证券监管机构不仅需审查企业所披露信息的真实性，还要对该信息所反映的包括企业投资价值在内的诸多实质性内容做出价值判断。

一般而言，核准制具有以下特点：①对拟发行企业的资质及所提交的材料进行形式和实质上的审查，通过行政审查的方式确保最终进入市场的证券具备一定的投资价值；②证券发行的实质性条件较高，某些具有潜力但风险性较高的企业特别是新兴产业往往被排斥在外，不利于相关产业发展；③审核程序较复杂，审核效率往往较低，而且存在一定的寻租空间。核准制适合新兴的证券市场。

我国《证券法》第十条确立了证券发行的核准制。从我国证券发行核准的规定来看，核准制主要包括以下两个部分。

第一，证券发行人向证券监管机构提交有关材料，主要包括：①发行人的一般情况，包括公司营业执照、公司章程摘录、高级管理人员等；②资产评估报告或验资报告；③经审计合格的财务会计资料；④发行申请书，包括发行的目的和用途、发行证券的数量和金额、发行的种类及方式、股利或利息分配政策和承销协议等；⑤发行说明书，用于向社会公众的公开说明，包括发行人的一般情况、财务状况、经营业绩、公司发展规划、风险因素与对策、募集资金的运用等。

第二，监管机构的核准审查包括以下几个环节：①证券监管机构对证券发行人提交的材料进行审核；②审查上述文件材料是否真实、准确、完整，符合条件之后，经过一定的程序正式批准证券发行；③证券发行人在获得发行批准后，应将发行说明书向社会公众披露，如果发现有违法情节，证券监管机构可暂停或取消证券发行或对证券发行人进行处罚。

（二）注册制

注册制又称登记备案制，是指证券发行人必须严格遵循信息公开原则，将依法公开的各种资料全面、真实、准确地向证券监管机构呈报并申请注册。在注册制下证券监管机构对申报资料仅做形式审查，其职责是从形式上和程序上提高证券发行的透明度，确保证券发行过程中申请企业的相关信息充分有效地被潜在投资者获取，而不对企业本身和拟发行证券做实质性审查和价值判断。申报资料提交后，经过法定公开期间，证券监管机构若无异议，则申请自动生效。

注册制的特点主要表现在：第一，注册制侧重于信息披露方面，而不以实质条件对证券发行人进行资格限制，法律仅保障投资者享有获取信息的权利，但不保证所发行证券是否确实具有投资价值，因此，在一定程度上可以提高投资者的投资判断力；第二，简化审核程序，减轻监管机构负担；第三，强调事后审查和处罚，实行严格的事后责任追究机制，以降低市场主体的道德风险。

注册制一般较适合成熟的证券市场。

具体来看，证券发行注册包括两个部分。

（1）证券发行人必须向证券监管机构提交有关材料。其主要包括：①发行说明书。其主要包括公司概况、发行证券的目的和条件、公司近年来的资产负债变化、产品销售及变化趋势、公司资本结构情况、公司股东权益及债券清偿情况等。②公司详细的财务报告和其他资料。其包括公司的资产负债表和损益表、发行证券的价格预计收益、公司经营管理报告等。③证明材料。即与证券发行有关的各种资格证明文件。

（2）监管机构的注册审查。其主要包括以下几个环节：①证券监管机构对注册申请书进行审核。证券发行人领取并填写证券注册申请书，按照法律规定提交有关材料，证券发行人必须对材料的真实性、准确性、完整性承担法律责任。注册批准采用自动生效制，即在证券发行申请送达一定时期内，证券监管机构如果没有异议，注册即自动生效，证券发行人即可以发行证券。②如果证券发行人在注册过程中发现失实、漏报等情况，证券监管机构要责令其改正，必要时可延长注册自动生效期，或取消其注册资格。③如果注册已经生效，但发现证券发行人的隐瞒、欺诈等情况，证券监管机构可以对证券发行人、证券承销公司及其他当事人提起诉讼，追究其民事责任。

许多国家一般倾向于综合运用这两种制度，以达到促进企业融资和保护投资者权益的目的。我国采取核准制，发行申请须由保荐人推荐和辅导，由中国证监会发行审核委员会进行审核，由中国证监会核准。保荐人制度明确了保荐机构和保荐代表人的责任，并建立了相应的责任追究机制。发行审核制度则规定发行审核委员会依法独立地审核新股发行申请，中国证监会根据发行审核委员会的审核意见依法做出核准或不予核准的决定。这样的制度安排形成了证券市场各参与主体各负其责、各担风险的权责关系。值得关注的是，2013年11月我国发布的《中共中央关于全面深化改革若干重大问题的决定》中提出，“健全多层次资本市场体系，推进股票发行注册制改革，多渠道推动股权融资，发展并规范债券市场，提高直接融资比重”，这是股票发行注册制首次被列入中央文件。2015年3月5日的《政府工作报告》指出，“加强多层次资本市场体系建设，实施股票发行注册制改革，发展服务中小企业的区域性股权市场，开展股权众筹融资试点，推进信贷资产证券化，扩大企业债券发行规模，发展金融衍生品市场”①，这是中央文件中首次对注册制使用“实施”一词。这些都标志着我国由证券发行核准制向证券发行注册制转变已提上议事日程，必将对我国资本市场产生重大影响。李克强总理在2019年《政府工作报告》中强调“改革完善金融支持机制，

① 李克强. 政府工作报告——2015年3月5日在第十二届全国人民代表大会第三次会议上. http://www.gov.cn/guowuyuan/2015-03/16/content_2835101.htm，2015-03-16.

设立科创板并试点注册制，鼓励发行双创金融债券，扩大知识产权质押融资，支持发展创业投资”①，可以看出我国资本市场改革的决心。

二、对证券流通市场的监管

（一）对证券交易所的监管

（1）对证券交易所设立的管理，一般有三种不同的管理方式。

一是特许制，即证券交易所的设立必须经监管机构的特许方可设立。特许制因为由监管机构进行许可，可以防止管理不善、缺乏竞争力的证券交易所开业及控制证券交易所数量。因此，大多数国家采取特许制。

二是登记制，即只要证券交易所的规章制度符合相关法规，就可登记成立。采取这种制度的主要是美国。登记制的主要缺点是把证券交易所完全置于市场竞争之中，如果出现证券交易所因经营不善或竞争过于激烈而倒闭的情况，会出现较大的社会问题。因此，实行这种制度的国家并不多。

三是承认制，即政府没有专门的审批证券交易所的机构，只要得到证券交易所协会的承认即可，但必须提供遵守证券交易规章制度的保证及证券交易所本身的规则。采取这种制度的国家主要以英国为代表，一般实行的国家较少。

（2）对证券交易所的日常管理。世界各国的证券交易法一般都规定，证券主管机关对证券交易所有检查、监督管理权，如美国的证券交易委员会、日本的金融厅等都对证券交易所派驻官员进行检查监督。检查监督的事项主要有：证券交易所的章程、细则及决议的内容是否合法，公开的文件资料是否属实，证券交易所有无违法行为，要求证券交易所定期提交规定的营业报告和财务报告，等等。检查的方法是定期或不定期地去证券交易所查阅账簿表册、核实财物和调查证券交易所市场动态，如果存在损害公共利益、扰乱公共秩序或其他的违法行为时，证券主管机关可以给予警告、令其停业甚至解散的处分。

（二）对场外交易市场的管理

场外交易市场没有固定交易场所和固定组织形式，因此场外交易市场的管理难度较大、问题较多。各国对场外交易市场的监管主要体现在两个方面：第一，组成证券商同业公会，以自律管理为主；第二，政府制定管理制度进行监督和管理。例如，美国证券交易法规定，证券商应组成协会进行自律管理，协会对其会员所经营业务的种类及地区应加以限制，并向证券交易管理委员会办理登记，此外，还规定在场外交易市场交易的公司达到一定标准时应向证券交易管理委员会注册；全国证券商协会主要管理证券场外交易，制定各种管理规则，防止操纵市场的行为；监督不正当手续费的收取，以保护投

---

① 李克强. 政府工作报告——2019 年 3 月 5 日在第十三届全国人民代表大会第二次会议上. http://www.gov.cn/zhuanti/2019qglh/2019lhzfgzbg/，2019-03-05.

资者的利益；等等。

（三）对证券上市的监管

对证券交易市场的监管主要通过证券上市制度来实施。证券上市制度是证券交易所和证券监管机构制定的有关证券上市规则的总称。政府债券一般可以不经过相关机构的审核直接上市交易，公司债券和股票上市必须由证券发行人申请，如果符合证券交易所规定的条件，经过证券交易所批准后，才可在证券交易所公开买卖。证券获准上市后，上市公司应与证券交易所签订上市契约，作为确定上市公司与证券交易所各自权利和义务的依据。依据契约，上市公司承诺接受证券交易所的管理，承担上市契约或证券交易所规章中规定的相应义务，而上市公司的证券有权在证券交易所挂牌进行交易，并享受证券交易所提供的服务。已上市公司证券如果不再满足上市条件或遇到特殊情况，将会被暂停上市（又称为“停牌”）或终止上市（又称为“摘牌”）。

三、对证券交易的监管

各国的证券管理法律法规中对证券交易的监管均有明确的规定，这也是各国对证券市场监管的重点内容，其主要包括以下几个方面。

（一）内幕交易

证券市场中的内幕交易，又称知内情者交易，一般是指公司董事、监事、高级管理人员、公司的主要股东及相关的市场人员，利用地位、职务等便利条件获取未公开的、可以影响证券价格的重要信息，进行证券交易或泄露相关信息来获取利益的行为。对内幕交易的监管包括界定内幕交易的行为主体、内幕信息、内幕交易的行为方式及内幕交易的法律责任等。

（二）操纵市场

证券市场中的操纵市场是指某一组织或个人以获取利益或者减少损失为目的，利用其资金、信息等优势，或者滥用职权，人为地控制证券价格，制造证券市场假象，诱导或者致使投资者在不了解事实真相的情况下做出证券投资决策，扰乱证券市场秩序的行为。

对操纵市场行为的监管主要有事前监管和事后监管。事前监管是指在发生操纵市场行为前，证券监管机构采取必要的经济、法律等手段以防止损害的发生。事后监管是指证券监管机构对操纵市场者给予必要的处理及对受损当事人进行赔偿，主要包括对市场操纵者的处罚，操纵市场行为导致的受损当事人可以通过民事诉讼获得损害赔偿，等等。

（三）欺诈行为

证券市场中的欺诈行为是指违反证券管理法律法规，以获取非法利益为目的，在证券发行、交易及相关活动中从事欺诈客户、虚假陈述等行为。证券管理机构对欺诈行为的监管主要包括禁止证券公司及其从业人员在证券发行、交易等活动中从事损害客户利益的欺诈行为；证券经营机构、证券登记或清算机构及其他各类从事证券行业的机构存在欺诈行为的，依据相应情况，限制或暂停其证券业务及其他处罚；因欺诈行为给客户利益造成损失的，行为人应当依法承担赔偿责任。

四、对上市公司的监管

加强对上市公司的监管是证券市场监管的重要内容，对上市公司的监管主要是贯彻执行国家证券法律法规，规范上市公司及其关联人在证券发行和交易中的行为，督促上市公司按照法律法规的要求，全面、及时、准确地履行信息披露业务。其中，上市公司信息披露是监管的重点之一。世界各国的证券法律法规均以强制方式要求上市公司进行信息披露，目的是通过这种充分公开的制度来解决信息不对称问题，保护公众投资者免受欺诈和不法操纵的损害，提高证券市场的运行效率。

1. 信息披露制度的内涵

信息披露制度是指证券市场上有关行为人在证券的发行、上市和交易等活动过程中必须依照相关规定，将与证券有关的一切真实信息全面、及时、准确地对外公布的制度。

2. 信息披露制度的特征

（1）有多方主体参与。这些参与人可分为信息披露主体和信息披露参加人。信息披露主体包括证券发行人和特定情况下的投资者。信息披露参加人是指信息披露主体以外的信息披露制度中不可或缺的主体，如证券监管机构及信息文件的制作者和审查者等中介机构。

（2）信息是定期性或临时性公开。定期性的信息披露主体主要是证券发行人，定期性报告有年度报告、中期报告和季度报告，主要内容包括报告期内上市公司的经营情况和财务会计资料。临时性报告包括常规公告、重大事件公告等，主要是上市公司在发生可能对公司股票价格产生重大影响的事件时，向公众投资者披露相关的信息。

（3）全面性。信息披露制度既包括发行人向特定情况下的投资者的披露义务和披露形式，也包括一般投资大众获得有关信息的权利，还包括信息披露参加人应尽的职责，更包括信息披露的有关当事人在违反义务或职责时应承担的法律责任。

3. 信息披露的基本要求

信息披露的基本要求首先体现在全面性上，这一要求是指当事人应当充分披露可能影响投资者投资判断的相关资料，不得有任何隐瞒或重大遗漏；其次是真实性，即要求当事人公开的信息资料应当准确、真实，不得有任何虚假记载、误导或欺骗；最后是时效性，即要求公开的信息应当具有最新性、及时性，公开资料反映的上市公司状态应为上市公司的现实状况，而且公开资料交付的时间不得超过法定期限。

五、对证券投资者的监管

对证券投资者的监管主要是监督证券市场的投资者必须依照法律法规和市场规则公平地进行投资活动，禁止内幕交易、操纵市场等违法、违规行为，从而维护市场的正常交易秩序，保护所有投资者的合法权益。证券投资者一般可分为个人投资者和机构投资者，目前，机构投资者已经逐渐成为我国主要的证券投资主体。机构投资者是指在金融市场从事证券投资的法人机构，主要有保险公司、养老基金和投资基金、证券公司、银行等。对机构投资者的监管主要体现在对机构投资者资金来源的监管、对机构投资者买卖证券的监管及对机构投资者买卖行为的监管等方面。对个人投资者的监管，大多数国家的证券监管机构为保护中小投资者的合法权益，一般实行适当性管理，即设定一定的市场准入条件来限制投资资格，从而对个人投资者买卖途径、买卖行为等进行管理。

六、对证券中介机构的监管

对证券中介机构的监管主要包括设立管理和行为管理两方面。

（一）对证券经营机构的设立监管

各国立法中对证券经营机构的设立监管主要有特许制和注册制。

（1）特许制。特许制是证券经营机构在经营业务前，必须向证券监管机构提出申请。证券监管机构根据不同的经营业务种类授予不同的经营特许。证券经营机构申请经营特许时，必须具备一定条件，如足够的资金、良好的信誉等。特许制以日本为代表。

（2）注册制。注册制是所有经营全国性证券业务的机构，如证券承销商、经纪商、自营商等都必须向管理机构登记注册，取得批准后，还得向证券交易所申请会员注册，只有同时取得以上两项资格后才可以经营证券业务。注册制以美国为代表。

（二）对证券经营机构行为的监管

对证券经营机构行为的监管主要包括对证券承销商、经纪商及自营商等的资格确认和监督检查制度；承销商、经纪商和自营商的行为规范与禁止制度；证券经营机构高级管理人员任职资格、内控制度、定期报告制度和财务保证制度。

（三）对其他证券服务机构的监管

对其他证券服务机构的监管主要包括对从事证券业务的会计师事务所、律师事务所、资信评估机构、资产评估机构等的资格管理和日常业务监督。我国对从事证券相关业务的会计师事务所实行许可证管理制度，对从事资产评估的机构及从事证券投资咨询和资信评级的机构也实行许可证管理制度，并由国务院证券监督管理机构和相关主管部门对其日常业务加以监督管理。

七、对证券从业人员的监管

证券从业人员是指在证券中介机构从事一些特定岗位的人员，可分为管理人员和专业人员两类。对证券从业人员的监管主要包括证券从业人员资格考试制度和注册认证制度，以及对证券从业人员的日常业务行为制定行为规范和禁止行为范围等。

✎ 复习思考题

1. 证券市场监管的原则和目标是什么?
2. 证券市场监管模式有几种？有什么区别?
3. 如何对证券交易所进行监管?

✎ 讨论分析题

1. 我国证券市场监管缺失什么?
2. 如何理解“公权力”？

第四章　证券市场交易

本章基本要求：了解股票开户手续；掌握股票交易竞价规则、股票交易基本流程。
本章重点：主要证券开户手续。
本章难点：证券交易基本流程。

第一节　证券交易概述

一、证券交易的概念、特征及原则

（一）证券交易的概念及特征

证券交易，是指证券持有人依照交易规则，将证券转让给其他投资者的行为。证券交易是一种已经依法发行并经投资者认购的证券的买卖，是一种具有财产价值的特定权利的买卖，也是一种标准化合同的买卖。证券交易与证券发行两者之间相互促进、相互制约。

证券交易一般分为两种形式。一种形式是上市交易，是指证券在证券交易所集中交易挂牌买卖。凡经批准在证券交易所内登记买卖的证券称为上市证券；其证券能在证券交易所上市交易的公司，称为上市公司。另一种形式是上柜交易，是指公开发行但未达上市标准的证券在证券柜台交易市场买卖。

证券交易的特征主要表现为：①证券交易是特殊的证券转让；②证券交易是反映证券流通性的基本形式；③证券转让必须借助证券交易场所完成；④证券交易必须遵守相应的交易规则。

证券交易是在证券交易市场进行的。证券交易市场包括证券交易所市场和场外交易市场，一般来说，股票交易集中在证券交易所进行，债券和达不到上市交易资格的股票在场外交易市场进行。

我国证券交易市场的建立以 1986 年 8 月沈阳开始试办企业债券转让业务为标志。1986 年 9 月，上海开办了股票柜台买卖业务。1990 年 12 月 19 日和 1991 年 7 月 3 日，上海证券交易所和深圳证券交易所先后正式开业。1992 年初，B 股在上海证券交易所上市，同一时期，证券投资基金的交易转让也逐步开展。1999 年 7 月 1 日，《证券法》正式实施，标志着我国证券交易市场运作的法律法规体系趋向完善。2004年5月，中国证监会批准了深圳证券交易所在主板市场内开设中小企业板块，并核准了中小企业板块的实施方案。2005年4月，我国开始启动股权分置改革试点工作。2009年10月30日，创业板在深圳证券交易所开市。2010年3月31日，上海证券交易所和深圳证券交易所开始接受融资融券交易的申报。2010年4月16日，我国股指期货开始上市交易。2015年2月9日我国推出上证50ETF期权交易。

由上述可见，我国证券交易市场是随着我国市场经济体制的建立和发展而逐渐成长起来的。

（二）证券交易的原则

证券交易遵循“公开、公平、公正”三个原则，它贯穿证券交易的全过程，目的是保障证券交易功能的发挥，维护证券交易的正常运行。

1. 公开原则

公开原则指证券交易是一种面向社会的、公开的交易活动，应实现市场信息的公开化。根据这一原则的要求，证券交易参与各方应依法及时、真实、准确、完整地向社会发布相关信息。在我国，公开原则体现在许多具体的内容上。例如，上市公司的财务报表、经营状况等资料必须依法及时向社会公开，上市公司的一些重大事项也必须及时向社会公布，等等。这样，投资者对于所买卖的证券，就可以进行较充分、真实、准确、完整的了解。

2. 公平原则

公平原则是指参与交易的各方应当获得平等的机会，即证券交易活动中的所有参与者都有平等的法律地位，各自的合法权益都能得到公平保护。在证券交易活动中，有各种各样的交易主体，这些交易主体的资金数量、交易能力等各不相同，而公平原则要求不应给予这些投资者不公平的待遇或者使其受到某些方面的歧视。

3. 公正原则

公正原则指证券相关部门应当公正地对待证券交易的参与各方，以及公正地处理证券交易事务。在实践中，公正原则也体现在很多方面。例如，公正地办理证券交易中的各项手续，公正地处理证券交易中的违法、违规行为，等等。

二、证券交易的种类

证券交易种类一般以交易对象来划分，证券交易的对象就是证券买卖的标的物。按照交易对象的品种划分，证券交易种类主要有股票交易、债券交易、证券投资基金交易及金融衍生工具交易四类。

（一）股票交易

股票是一种股份资本所有权证书，它是股份公司发行的，用以证明投资者的股东身份和权益，并据以取得收益的凭证。股票交易就是以股票为对象进行的流通转让活动。除了不够上市交易资格的股票在场外交易市场进行交易外，股票交易一般都在证券交易所进行。目前我国公开发行的股票均在证券交易所进行交易。股票上市交易后，如果发现不符合上市条件或存在其他原因，可以暂停上市交易直至终止上市交易。股票暂停上市交易后，在规定时间内重新具备了相关条件，也可以恢复上市交易。

（二）债券交易

债券交易是以债券为对象进行的流通转让活动。债券交易方式可以分为债券现货交易、债券回购交易和债券期货交易三类。

债券现货交易是交易双方买卖现货债券，并在较短时间内办理交割的一种交易方式。例如，我国投资者可直接通过证券账户在证券交易所或全国各证券经营网点买卖相应的债券品种。

债券回购交易是在债券现货交易的基础上派生出来的。它是指交易双方在买卖债券成交的同时，双方约定在未来某一时间以某一价格再进行反向交易的行为。在债券回购交易中，实质是债券持有人将持有的债券做抵押而融资，而资金供应者在相应的时期内让渡资金使用权从而得到一定的利息回报。债券回购的期限一般不超过一年，因此，从性质上看，它可以归属于货币市场。目前，我国上海证券交易所、深圳证券交易所均有债券回购交易，但个人投资者不能参与，只允许机构法人开户交易。

债券期货交易是指在期货交易所进行的，买卖双方以债券期货合约为交易标的，在合约到期前对冲平仓或在合约到期时进行交割的一种交易方式。与债券现货交易相比，债券期货交易的交易标的是标准化的债券期货合约，并且实行的是保证金制度，而且可以卖空、买空双向交易，因此交易风险较大。此外，现货商、中间商等还可以利用债券期货市场进行套期保值交易，以达到规避现货交易风险的目的。我国曾经在 1992 年 12 月 18 日至 1995 年 5 月 17 日开办了国债期货交易，但由于“327”国债期货事件影响，我国暂停了国债期货交易。2013 年 9 月 6 日，我国正式在中国金融期货交易所恢复国债期货交易。

（三）证券投资基金交易

证券投资基金是一种利益共享、风险共担的集合证券投资方式，即通过发行基金份额集中投资者的资金，形成独立财产，由基金托管人托管，基金管理人管理和运作，以组合投资方式进行证券投资，所得收益按出资比例由投资者分享的投资工具。

证券投资基金交易是指以证券投资基金为对象进行的流通转让活动。证券投资基金从运作方式看，可以分为封闭式基金与开放式基金两种。

封闭式基金有明确的存续期限，在此期间，已发行的基金份额不能赎回。发行结束后，封闭式基金一般在证券交易所挂牌交易，投资者可委托证券经纪商买卖，其竞价原则和买卖程序与股票一样。

开放式基金一般没有明确的期限，在首次发行结束一段时间后，投资者可以在柜台市场向基金管理人或其销售代理人提出申购或赎回，开放式基金一般不在证券交易所上市，交易在投资者和基金管理人之间进行。开放式基金的申购价格和赎回价格，是通过对某一时点上基金证券实际代表的价值（即基金资产净值）进行估值，在基金资产净值的基础上再加一定的手续费而确定的，不受供求关系的影响。

（四）金融衍生工具交易

1. 可转换债券交易

可转换债券是指在一定条件下，债券持有人将债券转换成债券发行人的普通股票的证券。可转换债券交易就是以该种债券为对象进行的流通转让活动。可转换债券在发行时往往就附有专门条款，规定债权人可选择对自己有利的时机，请求将债券兑换成公司的股票，也可在需要时进行出售或持有到偿还期满收回成本。可转换债券具有公司债券和股票的双重性质。在未转换前，公司债券是纯粹的债券，债权人到期领取本金和利息收入，其利息相对固定，不受公司经营状况的影响；在转换后，持有人变成公司股东，其收益受公司经营状况的影响。

2. 认股权证交易

认股权证是指允许其持有者在指定期限内购买或出售相关资产（如股票）的一种权利。认股权证一般包括公司认股权证和备兑认股权证。从内容上看，认股权具有期权的性质。认股权证的交易既可以在证券交易所进行，也可以在场外交易市场进行，它的具体交易方式与股票类似。

3. 金融期货交易

金融期货是指买卖双方在期货交易所以公开竞价的形式达成的，在将来某一特定时间交收一定标准数量特定金融工具的协议。金融期货主要包括外汇期货、利率期货和股指期货等。金融期货交易是指以金融期货合约为对象进行的流通转让活动。金融期货合约是在期货交易所达成的，约定在未来某一时间、某一地点按约定的价格交割一定数量的金融商品的标准化合约。

4. 金融期权交易

金融期权是指合约双方按约定价格，在约定时间内就是否买卖某种金融工具所达成的契约。金融期权主要包括股票期权、外汇期权、利率期权、股指期权。金融期权交易是指以金融期权合约为对象进行的流通转让活动。金融期权合约是由交易双方订立的、以金融期权为标的物的标准化合约。金融期权的买入者在支付了权利金以后，就有权在合约规定的某一特定时间，以事先确定的价格向期权卖方买入或者卖出一定数量的某种金融商品或者金融期货合约，如果金融标的价格对己不利，期权买方也可以放弃买卖权利。

三、证券投资者

证券投资者是证券市场的资金提供者，也是证券的需求者和购买者。证券投资者对证券市场有着非常重要的意义，不仅保证了证券发行和交易的连续性，还活跃了证券市场的交易。证券投资者包括在证券市场上进行证券买卖的个人投资者和机构投资者。

1. 个人投资者

个人投资者是指以个人的合法财产在证券市场进行证券投资活动的自然人。个人投资者一般资金量较小，投资能力有限，投资具有短期性、灵活性和逐利性，投资目的因人而异，主要是保证本金安全和收益稳定及投资多样化分散风险等目的。个人投资者是证券市场最广泛的投资者。在具有成熟资本市场的国家，个人投资者一般通过投资基金间接参与证券市场交易，这有利于集中分散资金、降低交易成本、防范交易风险。目前，我国的个人投资者大多以直接形式参与证券市场交易。

2. 机构投资者

机构投资者是指在证券市场从事证券投资的法人机构，主要有非金融企业、金融机构和政府部门等。与个人投资者相比，其资金实力雄厚，投资分析和决策能力强，有较好的抗风险能力，投资活动对证券交易市场的影响较大。

非金融企业既是证券的发行人，也是证券的投资者，其投资目的是资金的保值、增值，或参股、控股、兼并、收购等。

金融机构投资者包括商业银行、证券经营机构、保险公司等，是证券市场上主要的机构投资者。商业银行投资的主要目的是保持银行资产的流动性和分散风险，对象主要是政府债券和信用等级较高的企业债券；证券经营机构，如证券公司、信托投资公司等，具有一定规模和实力并且符合国家法律法规规定的，可以从事证券自营业务；保险公司的证券投资对证券的流动性要求不高，主要考虑安全性和收益性，其一般投资期限较长、收益较高的政府债券和公司债券。

中央银行是最大的政府机构投资者，它主要在国债市场上进行投资，目的是调节货币流通量、控制通货膨胀、稳定币值、实现货币政策目标。

四、证券公司

证券公司是依法设立的在证券市场上专营证券业务的金融机构。证券公司根据业务类型的不同通常又被称为承销商、经纪商、自营商、保荐人等。在国外，证券公司也有不同的名称，如美国称之为投资银行，英国称之为商人银行，其含义与证券公司基本相同。

我国的证券公司主要业务有证券经纪业务、证券投资咨询、与证券投资活动有关的财务顾问、证券承销与保荐、证券自营、证券资产管理、其他证券业务等。例如，代理证券还本付息和支付红利，经批准还可以经营有价证券的代保管及鉴证、接受委托办理证券的登记和过户等。《证券法》还特别规定，经国务院证券监督管理机构批准，证券公司可以为客户买卖证券提供融资融券服务。

证券公司是证券市场中最重要的中介机构，在证券市场的运作中发挥着重要作用。一方面，证券公司作为证券市场投融资服务的提供者，为证券发行人和投资者提供专业化的中介服务，包括发行和上市保荐、承销、代理证券买卖、提供投资咨询和财务顾问等，是证券发行人和投资者进入证券市场的桥梁；另一方面，证券公司也是证券市场上重要的机构投资者。此外，证券公司还通过资产管理方式，管理众多投资者委托的资产，为投资者提供证券及其他金融产品的投资管理服务。证券公司通过提供专业化的中介服务，满足企业的筹资需求和投资者的投资需求，促进资源优化配置，推动完善上市公司治理结构和现代企业制度建设，并成为证券市场投融资产品创新的重要推动力量。

五、证券交易所

证券交易所是证券买卖双方公开交易的场所，是一个有组织、有固定地点的、集中进行证券交易的市场，是证券市场的核心。根据《证券法》，证券交易所是为证券集中交易提供场所和设施，组织和监督证券交易，实行自律管理的法人。因此，证券交易所本身并不买卖证券，也不决定证券价格，而是为证券交易提供一定的场所和设施，配备必要的管理和服务人员，并对证券交易进行周密的组织和严格的管理，为保证证券交易顺利进行提供一个稳定、公开、高效的市场。目前我国有上海证券交易所和深圳证券交易所。

从组织形式上看，国际上的证券交易所可分为会员制证券交易所和公司制证券交易所。会员制证券交易所是以会员协会形式成立的不以营利为目的的组织，主要由会员公司组成。只有会员及享有特许权的经纪人，才有资格在会员制证券交易所进行交易。会员制证券交易所实行会员自治、自律、自我管理。会员制证券交易所的最高权力机构是会员大会，理事会是执行机构，理事会聘请经理人员负责日常事务。目前，我国的证券交易所本质上是会员制的事业法人。

公司制证券交易所是由各类出资人共同投资入股建立的公司法人。公司制证券交易所对在该所内的证券交易负有担保责任，必须设有赔偿基金。公司制证券交易所的证券公司及其股东，不得担任证券交易所的董事、监事或经理，以保证交易所经营者与交易参与者的分离。

公司制证券交易所和会员制证券交易所的差异主要表现在三个方面。

（1）在所有权结构上。会员制证券交易所由会员所有，而公司制证券交易所由股东所有，股东并不一定是会员。

（2）在治理结构上。会员制证券交易所属互助性组织，实行一人一票；公司制证券交易所则引入普通商事公司的治理结构，实行一股一票的资本多数决原则①。

（3）在经营目标上。会员制证券交易所通常是非营利性的，而公司制证券交易所以营利为目的，股东利益的最大化是公司制证券交易所运营的重要目标。

20 世纪 90 年代以来，境外证券交易所纷纷放弃传统的会员制组织形式，转而改组为公司制组织形式，公司制组织形式迅速成为一股势不可挡的浪潮。这主要表现在两个方面：第一，许多原来采取会员制的证券交易所已经或计划采取公司制；第二，新成立的交易服务机构都采取了营利性的股份公司结构，如“自营交易系统”（proprietary trading system，PTS）和“另类交易系统”（alternative trading system，ATS）。可以预见，今后将有更多的证券交易所进行公司制改造，以适应证券市场日益激烈的竞争环境。

六、证券登记结算机构

证券登记结算机构是专门为证券交易办理登记、存管、过户和资金结算服务的专业性服务机构。证券登记结算业务是保障证券交易连续进行必不可少的环节，证券登记结算机构管理的证券登记结算系统是证券市场的重要基础设施，是支撑和保障证券市场安全、高效运行的后台中枢。

证券登记结算机构的基本职能包括：证券账户的开立和管理；证券的存管；证券的登记；证券和资金的集中清算交收；受证券发行人委托，派发证券权益并为投资者行使股东权利提供相关服务；提供与证券登记结算业务有关的信息、咨询和培训服务；证券监管部门批准的其他业务。我国证券登记结算业务实行集中统一的运营方式，中国证券登记结算有限责任公司承担证券市场的登记结算业务。

第二节 开　　户

投资者在证券交易所买卖股票，需要先向证券登记结算机构申请开立账户，同时，需要选定一家证券公司办理开户手续。开户包括开设证券账户和开设资金账户。

一、开户手续

（一）个人投资者开户

个人投资者亲自办理的，提供本人的有效身份证件、证券账户卡原件及复印件；由

① 资本多数决原则指股东具有的表决力与其出资额或所持股份成正比，法律将股东大会中出资或持股占多数股东的意思推定为公司的意思。

代理人办理的，还需与委托人同时临柜签署《授权委托书》，并提供代理人的有效身份证件原件和复印件。

证券账户相当于投资者的证券存折，用于记录投资者所持有的证券种类和数量。符合法律规定的任何自然人和法人均可持有效证件，到证券登记结算机构填写证券账户申请表，经审核后可领取证券账户卡。资金账户是投资者在证券公司开设的资金专用账户，用于存放投资者买入股票所需资金和卖出股票所得的价款。已开设证券账户的投资者可以持证券账户卡、银行存折和有效身份证件到选定的证券公司开设资金账户。

股票免费开户，可办三方存管的银行有中国工商银行、中国银行、中国建设银行、中国农业银行、交通银行、招商银行、上海浦东发展银行、广发银行、深圳发展银行、中国民生银行、兴业银行、中国光大银行、华夏银行等。

（二）办理深圳、上海证券账户卡

1. 深圳证券账户卡

投资者：可以通过所在地的证券营业部或证券登记结算机构办理，需提供本人的有效身份证件原件及复印件，委托他人代办的，还需提供代办人的有效身份证件原件及复印件。

法人机构：持营业执照原件及复印件、法人委托书、法人代表证明书和经办人的有效身份证件办理。

证券投资基金、保险公司：开设证券账户卡需到深圳证券交易所直接办理。

开户费用：个人 50 元/账户；机构 500 元/账户。

2. 上海证券账户卡

投资者：可以到上海证券中央登记结算公司在各地的开户代理机构处办理有关申请开立证券账户手续，需提供有效身份证件原件和复印件。

法人：需提供法人营业执照副本原件或复印件，或民政部门、其他主管部门颁发的法人注册登记证书原件和复印件，以及法定代表人授权委托书和经办人的有效身份证件原件及复印件。

委托他人代办：需提供代办人有效身份证件原件及复印件，以及委托人的授权委托书。

开户费用：个人纸卡 40 元，个人磁卡本地 40 元/账户，异地 70 元/账户；机构 400 元/账户。

（三）在证券营业部开户

投资者办理深圳、上海证券账户卡后，到证券营业部买卖证券前，需先在证券营业部开户，主要在证券公司营业部营业柜台或指定银行代开户网点开户，然后才可以买卖证券。

在证券营业部开户程序如下。

（1）个人开户需提供有效身份证件原件及复印件、深圳或上海证券账户卡原件及复印件。

代理人办理的，还需与委托人同时临柜签署《授权委托书》，并提供代理人的有效身份证件原件及复印件。

法人机构开户：应提供法人营业执照原件及复印件、法定代表人证明书、证券账户卡原件及复印件、法人授权委托书和被授权人的有效身份证件原件及复印件、单位预留印鉴。B 股开户还需提供境外商业登记证书及董事证明文件。

（2）填写开户资料并与证券营业部签订《证券买卖委托合同》（或《证券委托交易协议书》），同时签订《上交所指定交易协议书》。

（3）证券营业部为投资者开设资金账户。

（4）需开通证券营业部银证转账业务功能的投资者，应注意查阅证券营业部有关该类业务功能的使用说明。

（四）选择交易方式

投资者在开户的同时，需要对自己今后采用的交易手段、资金存取方式进行选择，并与证券营业部签订相应的开通手续及协议。例如，电话委托、网上交易、手机炒股、银证转账等。

（五）银证通开户

开通“银证通”需要到银行办理相关手续。

开户步骤如下。

（1）到银行网点办理开户手续：持本人有效身份证件、银行同名储蓄存折（若无，可当场开立）及深沪股东代码卡（深圳、上海证券账户卡）到已开通“银证通”业务的银行网点办理开户手续。

（2）填写表格：填写《证券委托交易协议书》和《银券委托协议书》。

（3）设置密码：表格经过校验无误后，当场输入交易密码，并领取协议书客户联，即可查询和委托交易。

二、证券指定交易和转托管

上海证券交易所实施全面指定交易制度，因此开立资金账户后，还应办理指定交易，否则不能进行上海证券交易所挂牌证券的买卖。

1. 指定交易

上海证券交易所规定，在上海证券交易所上市的证券实行集中托管，即不论在任何证券公司购买的股票，均由上海证券交易所的结算中心托管。指定交易是特别针对上海证券市场的交易制度而言的，是上海证券交易所为了明确客户与证券公司关系及保护投资者权益，维护证券交易秩序所采取的一项交易措施。指定交易制度，是指凡在证券交易所市场进行证券交易的投资者，必须事先指定证券交易所市场交易参与人，作为其证券交易的受托人，并由该交易参与人通过其特定的参与者交易业务单元参与证券交易所市场证券交易的制度。每一个证券账户只能指定一个交易参与人。投资者在办理指定交易时，必须通过其委托的交易参与人向证券交易所交易系统申报证券账户的指定交易指令。申报经证券交易所交易系统确认后即时生效。对拥有两个或两个以上交易单元的交易参与人，可以办理所属交易单元的联通手续。

在该制度下，投资者如不办理指定交易，上海证券交易所交易系统将自动拒绝其发出的交易申报指令，这意味着上海证券交易所所有的证券交易都必须在指定交易的方式下进行。

投资者一旦采用指定交易方式，便只能在指定的证券公司处办理有关的委托交易，而不能再在其他地方进行证券的买卖。此外，通过指定交易，投资者还可以及时得到各类查询服务（开户资料、持有人姓名、成交日期、编号、席位号、成交数量、余额、成交时间、价格等），可以享受指定证券公司为其提供的服务，如股票现金红利、到期记账式债券本息兑付的自动划拨等；投资者还可以随时查询证券余额情况。

投资者办完指定交易后如果对所指定的证券经营机构不满意或由于其他原因需改换证券经营机构时，可办理指定交易变更手续。办理指定交易变更手续时，投资者必须向其原指定交易的交易参与人提出撤销指定交易的申请，并由原指定交易的交易参与人完成向该证券交易所交易系统撤销指定交易的指令申报。申报一经确认，其撤销即刻生效。如果投资者证券账户具有撤销当日有交易行为、撤销当日有申报、新股申购未到期、因回购或其他事项未了结、相关机构未允许撤销等情形之一的，交易参与人不得为其申报撤销指定交易。

2. 转托管

深圳证券交易所采用托管券商制度，在该制度下，深圳证券市场的投资者需要将持有的股份托管在自己选定的一个或几个证券营业部，由该证券营业部管理其名下的明细证券资料。投资者可以利用自己的深圳证券交易所证券账户在国内任何一个证券营业部买入证券，该证券将自动托管在该证券营业部，如想卖出该证券，则必须在买入的那个营业部才能卖出。投资者所选定的这些证券公司为投资者提供证券买卖、分红派息自动到账、证券与资金的查询、转托管等各项业务服务。

在托管券商制度下，投资者若要将其托管股份从一个证券公司处转移到另一个证券公司处托管，就必须办理相关手续，实现股份委托管理的转移，即转托管。投资者在转托管时，可以是一只证券或多只证券，也可以是同一只证券的部分或全部。投资者在原托管券商处办理转托管手续，证券交易所当日（T 日）收市后即处理到账，同时将处理结果传送给转出、转入证券公司，投资者第二个交易日［（T+1）日］就可以在转入证券公司处（新的托管券商）卖出证券。

深圳证券交易所的托管券商制度与上海证券交易所的指定交易制度相比，其主要特点表现在以下几个方面。

（1）托管券商制度下，投资者可以在多家证券公司处委托买卖。而指定交易制度下，投资者只能指定唯一一家证券公司委托买卖证券。

在托管券商制度下，投资者可以将每只证券托管在不同的证券公司处，也可以将同一只证券分量托管在多个证券公司处，而不受已有托管券商的限制。显然，这对投资者来说是很方便的。有的投资者为了方便就近操作，将自己的股份分别托管在工作地与住宿地的证券公司处。

（2）无论是托管券商制度还是指定交易制度，实际都有一个“证券托管”到某一个证券公司处的概念。但在托管的具体实现上，两者有本质的不同。目前，托管券商制度的“股份托管”是自动实现的，投资者在任一证券公司处认购新股或买入证券，这些股份或证券也就自动托管在该证券公司处，并不需要同证券公司签订什么协议。从这个意义上来讲，托管券商制度对于证券的买入是“通买”的，投资者可以利用同一个证券账户在国内任何一个证券营业部买入证券。在指定交易制度下，投资者必须与证券公司签署指定协议。

（3）托管券商制度下同一投资者的同一只证券或多只证券可以在多家证券公司处托管，与指定交易制度下同一投资者的所有证券都必须指定在同一证券公司处相比较，股份管理相对复杂。

第三节　委托与竞价成交

一、委托

投资者开立资金账户后，就可以在证券营业部办理委托买卖。委托买卖是证券公司接受投资者委托，代理投资者买卖证券，从中收取交易佣金的交易行为。

（一）委托方式

委托方式指投资者向证券公司发出委托指令进行证券交易的行为，主要包括以下几个方面。

1. 柜台委托

柜台委托指投资者或其代理人到证券公司的营业柜台填写委托买卖书，向证券公司下达交易指令以进行交易的方式。采用柜台委托方式，投资者需携带有效身份证件、证券账户卡等相关资料，并按要求填写委托单据，包括身份证号、证券账号、资金账号、买入或卖出股票名称、代码、数量、价格及委托期限和填报单据的时间等。证券营业部审核确认后，将委托指令电话下达给证券公司派驻在证券交易所的证券经纪人，然后证券经纪人以会员公司营业部的名义代理投资者买卖证券。

2. 自助委托

自助委托是投资者通过证券营业部的专用自助委托电脑终端，进入电脑交易系统自行将委托内容输入交易系统以完成交易的委托方式。投资者选择自助委托方式时，应到证券营业部办理一个磁卡并设置密码，以后投资者就可凭借磁卡和设置的密码进行操作。在操作时，计算机的屏幕上有菜单提示，投资者可据此将自己的委托内容一步一步地键入自动委托系统。自助委托的特点是持有磁卡并掌握了密码的任何人都可利用投资者的证券账户和资金账户进行股票交易，而只要输入的密码正确，证券公司就默认其具有委托交易的权利。因此，办有自助委托的投资者一定要妥善保管好磁卡，谨防磁卡丢失和密码泄露。

3. 电话委托

电话委托是投资者通过电话方式将其交易意向呈报证券营业部，以完成证券买卖的一种委托方式。采取电话委托的投资者应事先和证券公司签订电话委托买卖协议并设置委托密码，履行了这些手续后，投资者就可借助电话，通过设定的密码进入电话委托系统，根据语音提示直接在电话机上下达交易指令。投资者的委托是否成交也可通过电话系统来查询。

4. 网上委托

网上委托是指投资者利用任何可上网的电脑终端或移动工具，凭借交易密码进入证券公司的网上交易系统下达交易指令，并完成证券交易的一种委托方式。进行网上委托的投资者，需携带本人有效身份证件、证券账户卡原件及复印件以书面方式向证券公司提出开通网上委托的申请，证券营业部受理当日或次日为投资者开通网上委托，然后，投资者在其开户的证券公司指定的网站上下载并安装进行证券网上委托所使用的软件后，就可以进行网上委托交易。

网上委托交易的主要优点表现为：第一，快捷性。网上委托交易彻底突破了时空限制，使投资者在任何地方都可以方便地通过互联网进行交易。第二，直观性。网上委托交易可以为客户提供全面、直观的交易界面，使投资者可以随时查询证券市场行情，获取最新投资建议，并能及时有效地查阅和筛选出有用的相关资料，以此做出理性判断。

网上委托交易主要的缺点表现为：与其他委托方式相比存在较大的风险，如网上委托交易指令和行情信息等必须通过互联网进行传输，因此发出的交易指令和收到的行情信息可能会被篡改、窃听、伪冒，从而造成投资者损失；在互联网上的数据传输可能由于通信繁忙原因出现延迟，或由于其他原因出现中断、停顿或数据不完全，从而使得网上委托出现延迟、停顿或中断，影响投资者的正常操作；自然灾害、火灾、电力故障等意外事件及不可抗力因素导致网上委托不能正常进行；等等。

（二）委托指令

1. 市价委托

市价委托指投资者发出委托指令时只需申报委托数量而不指定申报价格，交易系统根据市场行情以可执行的最优报价自动进行撮合。投资者采用市价委托将无法控制成交价格，最终成交价格将由市场确定，存在一定的不确定性。特别是在行情波动较大的情况下，成交价格尤其不确定。深圳证券交易所从2006年7月3日起接受本方最优价格、对方最优价格两类市价申报；上海证券交易所从2006年8月7日起开始支持市价委托，其市价委托的类型有两种，即最优五档即时成交剩余撤销、最优五档即时成交剩余转限价。

2. 限价委托

限价委托指投资者要求按其限定的价格买卖证券，证券经纪商必须按限价或低于限价买入证券，按限价或高于限价卖出证券的一种交易指令。如果投资者提出的限定价格与当时的市场价格不一致，证券经纪商必须等待指定的价格激活才能执行委托。

（三）委托数量

1. 整数委托

整数委托指委托的数量是以证券交易所规定的交易单位或交易单位的整数倍计算的。证券交易中常用“手”作为标准交易单位。通常股票以100股为一手，债券则以1 000元面值为一手，证券投资基金以100份基金单位为一手。

2. 零数委托

零数委托指投资者交易证券时，买进或卖出的证券不足证券交易所规定的一个交易单位的委托，即低于100股的数量委托。目前，我国只在卖出证券时才有零数委托。

我国证券市场常用股票代码一览表如表4-1所示。

表4-1　我国证券市场常用股票代码一览表

股票代码	含义
“002”开头	深圳中小板股票
“000”开头	深圳主板股票
“300”开头	深圳创业板股票
“600”开头	上海主板股票
“83”开头	新三板股票

续表

股票代码		含义
上海 B 股	“900”开头	沪市 B 股
	“730”开头	新股申购
	“700”开头	沪市配股代码
深圳 B 股	“200”开头	深市 B 股
	“000”开头	新股申购
	“080”开头	深市配股代码

（四）其他方面委托要求

有效、合理的委托对是否能取得满意的交易结果非常重要，是能够顺利成交的先决条件。在我国上海、深圳两个证券交易所进行委托时还有以下几个方面的委托要求。

（1）按规定的申报价格最小变动单位和申报数量进行委托。不同的证券交易采用不同的申报价格最小变动单位和申报数量。目前，我国证券市场A股和债券的申报价格最小变动单位为 0.01 元；基金为 0.001 元；上海证券交易所 B 股为 0.001 美元、深圳证券交易所B股为0.01港元。以股票为例，按规定A股票的申报价格最小变动单位是0.01元，投资者只能按“分”进行委托，如委托价格为“厘”，则委托无效；买入股票必须以 100 股或其整数倍进行委托，如买入股票委托存在不足 100 股的，委托也同样无效。

（2）在涨跌幅限制内进行委托。对于非首日上市股票、基金的交易，证券交易所实行价格涨跌幅限制，涨跌幅比例为10%，其中ST（special treatment，特别处理）等股票的价格涨跌幅比例为5%。即每只证券涨跌幅价格=前收盘价×（1±涨跌幅比例）。投资者买卖有价格涨跌幅限制的证券，应当在证券的价格涨跌幅限制以内委托，如某只股票前一日收盘价为 10 元，那么投资者应当在 9~11 元进行委托，超出该范围的委托都为无效委托。

（3）在中小板股票的有效竞价范围内进行委托。为防止中小板股票价格大幅波动，在涨跌幅限制的基础上，证券交易所还对非上市首日的中小板股票的连续竞价期间设置了 3% 的有效竞价范围。投资者买卖中小板股票，为了保证委托及时成交，应当在有效竞价范围内进行委托，如某只中小板股票最近成交价为 10 元，那么投资者应当在 9.7~10.3 元委托，才能保证委托及时进入竞价。投资者超出有效竞价范围的委托，将被暂存于交易主机中，只有当交易价格波动使其进入有效竞价范围时，交易主机才会允许其参与竞价。

（4）合理运用不同的委托方式。不同的委托方式具有不同的交易效率和成交效果。采用限价委托，委托成交价格明确，但委托需要根据当时市场情况确定能否成交；与限价委托相比，市价委托可以保证委托及时成交，有利于提高委托成交效率，但其成交价格无法事前预知，存在一定的不确定性，尤其在证券价格波动剧烈时，市价委托成交价格的不确定风险较大。

二、证券交易的竞价原则

竞价成交环节集中体现了证券市场的市场属性，特别是在高度组织化的证券交易所，证券经纪商代表众多的卖方和买方按照一定规则和程序公开竞价，达成交易。正是这种竞价成交机制使得证券市场成为公开、公平、公正的市场，也使市场成交价成为合理、公正的价格。证券交易所的证券交易按“价格优先、时间优先”原则竞价成交。

（1）价格优先。价格优先原则是指价格较高的买入申报价格优先于价格较低的买入申报价格；价格较低的卖出申报价格优先于价格较高的卖出申报价格；市价委托优先于限价委托。

（2）时间优先。时间优先原则是指同价位申报时，依照申报时序决定优先顺序，即相同买卖方向、相同价格申报的，优先满足先提出申报者，即按证券交易所交易电脑主机接受申报的时间确定先后顺序。

三、集合竞价与成交

集合竞价是指在规定的一段时间内，由电脑交易处理系统对投资者按照自己所能接受的心理价格进行的全部买卖申报按照“价格优先、时间优先”的原则排序，并一次性集中撮合竞价的过程。

（一）集合竞价需要满足的条件

集合竞价由电脑交易处理系统对全部申报按照“价格优先、时间优先”的原则排序，并在此基础上，找出一个基准价格，使它同时能满足以下三个条件。

（1）成交量最大。

（2）高于基准价格的买入申报价格和低于基准价格的卖出申报价格全部满足（成交）。

（3）与基准价格相同的买卖双方中有一方申报全部满足（成交）。

该基准价格被确定为成交价格，集合竞价方式产生成交价格的全部过程，完全由电脑交易处理系统进行程序化处理，并将处理后所产生的成交价格显示出来。

这里需要说明的是：第一，集合竞价方式下“价格优先、时间优先”原则体现为电脑主机将所有的买入和卖出申报按价格由高到低排序，同一价格下的申报原则按电脑主机接受的先后顺序排序；第二，集合竞价过程中，若产生一个以上的基准价格，即有一个以上的价格同时满足集合竞价的三个条件时，上海证券交易所选取这几个基准价格的中间价格为成交价格，深圳证券交易所则选取离前一天收盘价最近的价格为成交价格。

（二）集合竞价的相关规定

1. 集合竞价时间

上海证券交易所为 9：15~9：25；深圳证券交易所为 9：15~9：25（开盘集合竞价时间），14：57~15：00（收盘集合竞价时间）。

2. 集合竞价申报规定

每个交易日 9：15~9：25（深圳证券交易所包括 14：57~15：00），证券交易所交易主机接受参与竞价交易的申报。

每个交易日 9：25~9：30，交易主机只接受申报，但不对买卖申报或撤销申报做处理。证券交易所认为必要时，可以调整接受申报时间。

3. 集合竞价阶段撤单规定

上海证券交易所、深圳证券交易所每个交易日 9：25~9：30 的开盘集合竞价阶段，两个证券交易所交易主机都不接受撤单申报。

在接受交易申报的其他时间内，两个证券交易所的规定有所不同。上海证券交易所未成交申报在其接受交易申报的时间内可以撤销，具体为每个交易日 9：15~9：25、9：30~11：30、13：00~15：00；而深圳证券交易所规定，14：57~15：00 交易主机不接受参与竞价交易的撤销申报，在它接受交易申报的其他时间里，未成交申报可以撤销。

【例 4-1】 假设 A 股票 2015 年 5 月 8 日在开盘前 9：15~9：25 分别有 5 笔买入委托和 6 笔卖出委托，证券交易所交易主机将所有的买入和卖出申报按价格由高到低排序，如表 4-2 所示。

表 4-2　2015 年 5 月 8 日 A 股票集合竞价的电脑撮合

累计买入申报/手	买入申报手数/手	价格/元	卖出申报手数/手	累计卖出申报/手	成交量/手
—	—	8.18	330	880	—
—	—	8.07	170	550	—
160	160	8.05	120	380	160
260	100	8.00	110	260	260
450	190	7.99	70	150	150
520	70	7.98	80	80	80
840	320	7.95	—	—	—

表 4-2 中，买入申报按照申报价格由高到低求和得出累计买入申报，卖出申报按照申报价格由低到高求和得出累计卖出申报，在同一价格下，累计买入申报和累计卖出申报两者中较少者即成交量。从表 4-2 中可以看出，8.00 元价位上成交量最大，为 260

手；高于 8.00 元的买入委托和低于 8.00 元的卖出委托全部满足，且 8.00 元价位上的买入委托也全部满足，卖出委托仅满足 110 手，符合上面所说的 3 个条件，因此 8.00 元即该股当日的开盘价，开盘的成交量为 260 手，集合竞价开盘后的盘面情况如表 4-3 所示。

表 4-3 A 股票集合竞价后开盘的盘面情况

盘面情况		
卖一 8.00 元 110 手	卖二 8.05 元 120 手	卖三 8.07 元 170 手
买一 7.99 元 190 手	买二 7.98 元 70 手	买三 7.95 元 320 手

【例 4-2】 假设 B 股票 2015 年 5 月 8 日在开盘前 9：15~9：25 分别有 3 笔买入委托和 3 笔卖出委托，证券交易所交易主机将所有的买入和卖出申报按价格由高到低排序，如表 4-4 所示。

表 4-4 B 股票集合竞价的电脑撮合

累计买入申报/手	买入申报手数/手	价格/元	卖出申报手数/手	累计卖出申报/手	成交量/手
80	80	8.27	—	260	80
160	80	8.22	100	260	160
260	100	8.20	80	160	160
260	—	8.00	80	80	80

表 4-4 中出现了 8.20 元和 8.22 元两个价位同时满足 3 个条件的情况，如果这是上海证券交易所股票，则开盘价为（8.20+8.22）/2=8.21 元，如果是深圳证券交易所股票则接近前收盘的价格，假设前收盘价为 8.00 元，则 8.20 元为开盘价，成交量都是 160 手。

4. 集合竞价中需要注意的几点

（1）所有在集合竞价成交的委托，无论委托价格高低，其成交价均为开盘价，所有高于开盘价的买入委托和低于开盘价的卖出委托均可成交，与开盘价相同的部分委托也可成交。

（2）上海、深圳证券交易所股票的开盘价是由集合竞价产生的，如果集合竞价未能找出符合上述 3 个条件的成交价格，则开盘价将在其后进行的连续竞价中产生，连续竞价的第一笔成交价格为该股票当日的开盘价，如果某只股票因刊登公告等原因于上午停牌，则下午于 13：00 点起直接进入连续竞价，其第一笔成交价格则为该股票当日的开盘价。

（3）上海、深圳证券交易所每日集合竞价时间为上午 9：15~9：25，在这段时间内证券交易所只接受申报，不进行撮合，但可以撤单。9：25~9：30 的 5 分钟内既不能报单也不能撤单，9：27 由集合竞价产生开盘价，9：30 开始进入连续竞价阶段。

（4）配股、债券（包括国债、企业债等）及新股申购都没有集合竞价，只有在正常交易时间进行的连续竞价。可转换债券上市首日的开盘价由集合竞价产生，之后的交易与债券相同。

四、连续竞价与成交

连续竞价是指对买卖申报逐笔连续撮合的竞价方式。集合竞价结束后，就进入连续竞价时间，即9：30~11：30和13：00~15：00。投资者的买卖指令进入证券交易所主机后，撮合系统将按“价格优先、时间优先”的原则进行自动撮合，当出现同一价位时，以时间先后顺序依次撮合。

上海证券交易所在正常交易时间，即周一至周五的上午9：30~11：30及下午13：00~15：00，深圳证券交易所在上午9：30~11：30及下午13：00~14：57为连续竞价时间，14：57~15：00为收盘集合竞价时间，大宗交易时间延长至15：30。

（一）操作方法

电脑撮合系统在每个交易日的9：15~9：25对接受的全部有效委托进行集合竞价处理。

1. 竞价原则

（1）买进申报：较高价格者优先。

（2）卖出申报：较低价格者优先。

（3）成交时间优先。买卖方向、价格相同的，先申报者优先于后申报者。先后顺序按交易主机接受申报的时间确定。

2. 成交价格的确定原则

连续竞价时，成交价格的确定原则如下。

（1）最高买入申报价格与最低卖出申报价格相同，以该价格为成交价。

（2）买入申报价格高于即时揭示的最低卖出申报价格时，以即时揭示的最低卖出申报价格为成交价。

（3）卖出申报价格低于即时揭示的最高买入申报价格时，以即时揭示的最高买入申报价格为成交价。

凡不能成交者，将等待机会成交；部分成交者，剩余部分将处于等待成交状态。投资者的委托如未能全部成交，证券公司在委托有效期内可继续执行，直到有效期满。

3. 成交方案

系统按顺序将排在前面的买单与卖单配对成交，即按“价格优先、时间优先”的原则依次成交，直到不能成交为止，未成交的委托排队等待成交。9：30开盘之后，按连续竞价撮合成交。所有超过限价（即涨跌停限制范围）的买单和卖单均被视为无效委托。

（二）处理原则

（1）买入申报价格高于即时揭示的最低卖出申报价格时，以最低卖出申报价格成交；卖出申报价格低于即时揭示的最高买入申报价格时，以最高买入申报价格成交。两个委托如果不能全部成交，剩余的委托继续留在单上，等待下次成交。

（2）价格优先和时间优先两个原则。例如，挂出的最高买价是 9.96 元，最低卖价是 9.98 元，这时同时（分毫不差）出现了一个愿意出 10 元买的和一个愿意出 9.90 元卖的两个新下单者，则结果是愿意 10 元买的，会 9.98 元成交；愿意 9.90 元卖的，会 9.96 元成交。

【例 4-3】 例 4-1 中 A 股票于 2015 年 5 月 8 日在 9：30 开盘时，集合竞价未成交的 3 笔买入委托和 3 笔卖出委托自动进入连续竞价，按照买入申报价格由高到低、卖出申报价格由低到高的原则排序，如表 4-3 所示。假设此时证券交易所交易主机连续收到如表 4-5 所示的 4 笔委托申报（a，b，c，d），4 笔委托申报的情况见表 4-5。

表 4-5 连续竞价期间交易系统先后收到的 A 股票委托申报

委托申报		
a. 买入	8.00 元	90 手
b. 卖出	7.99 元	60 手
c. 买入	8.16 元	220 手
d. 卖出	7.96 元	300 手

买入委托 a 的撮合成交如表 4-6 所示。买入委托 a 的价格 8.00 元在撮合交易系统中出价最高，排序为买 1，与卖 1（8.00 元，110 手）撮合，买 1 和卖 1 委托价格相同，成交价格即 8.00 元，成交数量为 90 手，其中，买入委托 a 全部成交，卖出委托价格 8.00 元的还剩下 20 手未成交。

表 4-6 买入委托 a 的撮合成交

序号	委托买入价/元	数量/手	未成交量/手	序号	委托卖出价/元	数量/手	未成交量/手
买 1	8.00	90	0	卖 1	8.00	110	110−90=20
买 2	7.99	190	190	卖 2	8.05	120	120
买 3	7.98	70	70	卖 3	8.07	170	170
买 4	7.95	320	320	卖 4	8.18	330	330

卖出委托 b 的撮合成交如表 4-7 所示。卖出委托 b 的价格为 7.99 元，数量为 60 手，在未成交的卖出委托中按照价格从低到高的原则排第一位，与买 1（7.99 元，190 手）撮合，因委托价格相同，所以成交价格为 7.99 元，成交 60 手。其中，卖出委托 b 全部成交，买入委托价格 7.99 元的还剩下 130 手未成交，在交易系统中等待撮合。

表 4-7　卖出委托 b 的撮合成交

序号	委托买入价/元	数量/手	未成交量/手	序号	委托卖出价/元	数量/手	未成交量/手
买 1	7.99	190	190−60=130	卖 1	7.99	60	0
买 2	7.98	70	70	卖 2	8.00	20	20
买 3	7.95	320	320	卖 3	8.05	120	120
买 4				卖 4	8.07	170	170

买入委托 c 的撮合成交如表 4-8 所示。买入委托 c 的价格为 8.16 元，数量为 220 手，在未成交的买入委托中排序为买 1，与卖 1（8.00 元，20 手）撮合，因为买入申报价格高于卖出申报价格，卖 1 申报在先，所以成交价格为 8.00 元，成交量 20 手。其中卖 1 全部成交，买入委托 c 剩下 200 手继续进行撮合。

表 4-8　买入委托 c 的撮合成交

序号	委托买入价/元	数量/手	未成交量/手	序号	委托卖出价/元	数量/手	未成交量/手
买 1	8.16	220	0	卖 1	8.00	20	220−20=200
买 2	7.99	130	130	卖 2	8.05	120	200−120=80
买 3	7.98	70	70	卖 3	8.07	170	170−80=90
买 4	7.95	320	320	卖 4	8.18	330	330

交易系统中未成交的最低卖出申报是卖 2（8.05 元，120 手），此时买入申报仍然高于卖出申报，卖 2 申报在先，因此成交价为 8.05 元，成交量为 120 手，其中卖 2 委托全部成交，买入委托 c（8.16 元）仍剩下 80 手继续进行撮合。

由于此时交易系统中未成交的最低卖出申报是以前的卖 3（8.07 元，170 手），还剩 80 手的买入申报 c 的报价高于卖出申报，可继续成交，成交价格 8.07 元，成交量 80 手，至此买入委托 c 全部成交，卖出委托价格 8.07 元的还剩下 90 手未成交。

卖出委托 d 的撮合成交如表 4-9 所示。卖出委托 d 的价格为 7.96 元，数量为 300 手，在未成交的卖出委托中价格最低，排序第一位，和买 1（7.99 元，130 手）撮合。卖出申报价格低于买入申报价格，买 1 申报在先，成交价格即 7.99 元，成交 130 手。其中，买 1 全部成交，卖出委托 d 剩下 170 手继续撮合。此时交易系统中未成交的最高买入申报价格是 7.98 元，数量为 70 手，因为卖出申报价格低于买入申报价格，申报在先的价格为买入价 7.98 元，所以成交价为 7.98 元，成交量为 70 手，其中 7.98 元的买入委托全部成交，卖出委托 d（7.96 元）仍剩下 100 手继续进行撮合。交易系统中此时最高的买入申报价格是 7.95 元，数量为 320 手，卖出申报价格高于买入申报价格，不能成交。

表 4-9　卖出委托 d 的撮合成交

序号	委托买入价/元	数量/手	未成交量/手	序号	委托卖出价/元	数量/手	未成交量/手
买 1	7.99	130	0	卖 1	7.96	300	300−130−70=100
买 2	7.98	70	0	卖 2	8.07	90	90

续表

序号	委托买入价/元	数量/手	未成交量/手	序号	委托卖出价/元	数量/手	未成交量/手
买 3	7.95	320	320	卖 3	8.18	330	330
买 4				卖 4			

从以上连续竞价撮合成交的过程可以看出，投资者的一笔委托申报，在成交时可能是以不同的几个价格成交的（如买入委托 c、卖出委托 d）。将 A 股票 4 笔委托申报（a，b，c，d）连续竞价的成交情况汇总，得到表 4-10。

表 4-10　A 股票 4 笔委托申报（a，b，c，d）连续竞价的成交情况

委托申报			成交情况	
			成交价格/元	成交量/手
a. 买入	8.00 元	90 手	8.00	90
b. 卖出	7.99 元	60 手	7.99	60
c. 买入	8.16 元	220 手	8.00	20
			8.05	120
			8.07	80
d. 卖出	7.96 元	300 手	7.99	130
			7.98	70

A 股票 4 笔委托申报经撮合后的盘面情况如表 4-11 所示。

表 4-11　A 股票 4 笔委托申报撮合后的盘面情况

盘面情况		
卖一　7.96 元 100 手	卖二　8.07 元 90 手	卖三　8.16 元 330 手
买一　7.95 元 320 手	买二　0	买三　0

五、证券自营业务

证券公司除了从事上述证券经纪业务外，在取得证券自营业务资格后还可从事证券自营业务。

1. 定义

证券自营业务是指证券公司使用自有资金或者合法筹集的资金，通过专用自营席位自己买卖证券获取利润并承担相应风险的证券业务，是证券公司的主要业务之一。证券自营业务按交易场所可分为场外（如柜台）自营买卖和场内（证券交易所）自营买卖业务。场外自营买卖是指证券公司通过柜台交易等方式，与客户直接洽谈成交的证券交易；场内自营买卖是证券公司通过集中交易场所（证券交易所）买卖证券的行为。我国的证券自营业务，一般是指场内自营买卖业务。

国际上对场内自营买卖业务的规定较为复杂。例如，美国纽约证券交易所经营证券自营业务的机构或者个人，分为交易厅自营商和自营经纪人。交易厅自营商只进行证券的自营买卖业务，不办理委托业务。自营经纪人在自营证券买卖业务的同时，兼营代理买卖证券业务，其代理的客户仅限于交易厅的经纪人与自营商。自营经纪人自营证券的目的不像自营商那样追逐利润，而是对其专业经营的证券维持连续市场交易，防止证券价格的暴跌与暴涨。

证券自营业务不仅是证券公司业务收入来源之一，而且对证券市场的稳定和发展具有积极作用，表现在两方面：一方面，证券公司在做出买卖决策前，要对市场情况等进行调查分析，有利于发现证券的内在价值；另一方面，有利于活跃证券交易，维持证券市场交易的连续性。

在我国，证券自营业务专指证券公司为自己买卖证券产品的行为。买卖的证券产品包括在证券交易所挂牌交易的 A 股、基金、认股权证、国债、企业债券等。

2. 规定

证券公司从事证券自营业务，应当遵守以下规定。

（1）真实、合法的资金和账户。证券公司从事证券自营业务必须以自己的名义进行，不得假借他人名义或者以个人名义进行。证券自营业务必须使用自有资金和依法筹集的资金，不得通过“保本保底”的委托理财、发行柜台债券等非法方式融资，不得以他人名义开立多个账户。证券公司不得将其自营账户转借给他人使用。

（2）业务隔离。证券公司必须将证券自营业务与证券经纪业务、资产管理业务、承销保荐业务及其他业务分开操作，建立“防火墙”制度，确保证券自营业务与其他业务在人员、信息、账户、资金、会计核算方面严格分离。

（3）明确授权。建立健全相对集中、权责统一的投资决策与授权机制。自营业务决策机构应当按照董事会、投资决策机构、自营业务部门三级体制设立。证券公司要建立健全证券自营业务授权制度，明确授权权限、时效和责任，建立层次分明、职责明确的业务管理体系，制定标准的业务操作流程，明确证券自营业务相关部门、相关岗位的职责，保证授权制度的有效执行。证券自营业务的管理和操作由证券公司自营业务部门专职负责，非自营业务部门和分支机构不得以任何形式开展证券自营业务。证券自营业务的投资决策、投资操作、风险监控的机构和职能应当相互独立。证券自营业务的账户管理、资金清算、会计核算等后台职能应当由独立的部门或岗位负责，形成有效的前台、中台、后台相互制衡的监督机制。

（4）风险监控。证券公司要根据公司经营管理特点和业务运作状况，建立完备的证券自营业务管理制度、投资决策机制、操作流程和风险监控体系，在风险可测、可控、可承受的前提下从事证券自营业务。证券公司应当建立证券自营业务的逐日盯市制度，健全证券自营业务风险敞口和公司整体损益情况的联动分析与监控机制，完善风险监控量化指标体系，定期对证券自营业务投资组合的市值变化，以及公司以净资本为核心的风险监控指标的潜在影响进行敏感性分析和压力测试。根据证券监管机构的规定，证券公司的证券自营账户上持有的权益类证券按成本价计算的总金额不得超过其净资产的 80%。

（5）报告制度。证券公司应当按照证券监管部门和证券交易所的要求，报告证券自营业务信息。信息的内容包括：证券自营业务账户、席位情况，涉及证券自营业务规模、风险限额、资产配置、业务授权等方面的重大决策，自营风险监控报告，等等。

第四节　清算交割与过户

一、清算交割

清算交割是指证券买卖双方在证券交易所进行证券买卖成交以后，通过证券交易所将证券公司之间的证券买卖数量和金额分别予以轧抵，其差额由证券公司确认后，在事先约定的时间内进行证券和价款的收付了结行为。它反映了投资者证券买卖的最终结果，是维护证券买卖双方正当权益，确保证券交易顺利进行的必要手段。

我们一般所说的清算交割包括两个部分：一部分是指证券公司与证券交易所之间的清算交割；另一部分是指证券公司与投资者之间的清算交割，双方在规定的时间内进行价款与证券的交收确认过程，即买入方付出价款得到证券，卖出方付出证券获得价款。

目前，上海、深圳证券交易所 A 股股票、基金、债券及其回购，实行 $T+1$ 交割制度，即在委托买卖的次日（第二个交易日）进行交割，投资者委托买卖证券成交与否应以第二天的交割单为准，当日的成交回报仅作为参考。B 股股票实行 $T+3$ 交割制度，即在委托买卖后（含委托日）的第四个交易日进行交割。证券如未成交，则不能办理交割手续。

值得注意的是，投资者应妥善保管交割单，如有疑义，投资者应及时（一般为成交后 3 日之内）向证券公司进行查询。如果在证券成交后的一定期限内（该期限由各证券公司与客户自行约定），投资者不向证券公司进行交割，则视为投资者对成交结果的默认。另外，投资者可以要求证券公司为其提供一定时期内的历史对账单。

二、过户

过户是指办理变更证券持有人的登记过程。随着过户手续的完成，原证券持有人的证券和相应权利转移到新持有人名下。

上海证券交易所的过户手续采用电脑自动过户，买卖双方一旦成交，过户手续就已经完成。深圳证券交易所也采用先进的过户手续，买卖双方成交后，通过网络把成交情况上传到证券登记结算公司，将买卖情况记录在股东开设的资金账户上。

（1）原有股东在交割后，应填写股票过户通知书一份，加盖印章后连同股票一起送证券发行公司的登记结算公司。

证券发行公司的过户机构可以自行设置，也可以委托金融机构代办。一般证券发行公司在其注册住所自行设置过户机构，而在其他区域则委托金融机构代为办理。目前我国一般均为金融机构代为办理，深圳由证券公司负责，上海则由证券交易所办理。

如果股票的受让人不止一个，则转让人（卖方）应分别填写过户通知书。如果转让人的账户不止一个，则转让人也应分别填写过户通知书。

（2）新股东在交割后，应向证券发行公司索取印章卡两张并加盖印章后，送证券发行公司的过户机构。印章卡主要记载新股东的姓名、住址，新股东持股股数和号码，以及股票转让日期。

（3）过户机构收到旧股东的过户通知书、旧股票与新股东的印签卡后，进行审核，若手续齐全就立即注销旧股票发放新股票，然后将新旧股票一起送签证机构，并变更股东名簿上相应内容。签证机构的作用是检查证券发行公司有无超额发行及伪造股票等。证券发行公司一般不得自行设置签证机构，必须委托金融机构，并且，负责该证券发行公司过户手续的金融机构不得充当签证机构。

（4）签证机构收到过户机构送去的新旧股票及有关材料后，进行审检，若手续齐全，则在新旧股票正面签证，再送回过户机构。

（5）过户机构收到经签证的新旧股票后，将新股票送达新股东，旧股票则由过户机构存档备案。

三、证券交易费用

证券交易费用，是指投资者在委托买卖证券时应支付的各种税收和费用的总和。交易费用通常包括印花税、佣金、过户费、其他费用等几个方面的内容。

1. 印花税

印花税是根据国家税法规定，在股票（包括A股和B股）成交后对买卖双方投资者按照规定的税率分别征收的税金。印花税的缴纳由证券经营机构在同投资者交割中代为扣收，在证券经营机构同证券交易所或证券登记结算机构的清算交割中集中结算，最后由证券登记结算机构统一向征税机关缴纳。其收费标准是按A股成交金额的1‰进行单项收取，基金、债券等均无该项费用。2012年8月2日，中国证监会宣布上海证券交易所、深圳证券交易所、中国证券登记结算有限公司、四家期货交易所再次大幅降低A股交易经手费、过户费、期货交易手续费，调整后的收费标准从2012年9月1日起施行。

2. 佣金

佣金是指投资者在委托买卖证券成交之后按成交金额的一定比例支付给证券公司的费用。该项费用一般由证券公司的经纪佣金、证券交易所交易经手费及管理机构的监管费等构成。

佣金的收费标准如下。

（1）上海证券交易所的收费标准。A股的佣金为成交金额的0.3‰，起点为5元；债券的佣金为成交金额的0.1‰，起点为5元；基金的佣金为成交金额的0.3‰，起点为

5元；证券投资基金的佣金为成交金额的0.3‰，起点为5元；回购业务的佣金标准为：3天、7天、14天、28天和28天以上回购品种，分别按成交金额的0.15‰、0.25‰、0.5‰、1‰和1.5‰以下浮动。

（2）深圳证券交易所的收费标准。A股的佣金为成交金额的0.3‰，起点为5元；债券的佣金为成交金额的1‰（上限），起点为5元；基金的佣金为成交金额的3‰，起点为5元；证券投资基金的佣金为成交金额的3‰，起点为5元；回购业务的佣金标准为：3天、4天、7天、14天、28天、63天、91天、182天、273天回购品种，分别按成交金额的0.1‰、0.12‰、0.2‰、0.4‰、0.8‰、1‰、1.2‰、1.4‰、1.4‰以下浮动。

3. 过户费

过户费是指投资者委托买卖的股票、基金成交后，买卖双方为变更股权登记所支付的费用。该笔收入属于证券登记结算机构的收入，由证券经营机构在同投资者清算交割时代为扣收。根据中国证券登记结算有限责任公司2012年的《关于进一步调整A股交易过户费收费标准有关事项的通知》，2012年9月1日起，最新过户费的收费标准为：上海证券交易所A股交易的过户费为成交面额的0.3‰，无最低收费标准；深圳证券交易所A股交易的过户费按交易额的0.025 5‰收取，维持不变。

根据中国证券登记结算有限责任公司2015年7月9日发布的《关于调整A股交易过户费收费标准有关事项的通知》，A股交易过户费由沪市按照成交面值0.3‰、深市按照成交金额0.025 5‰向买卖双方投资者分别收取，统一调整为按照成交金额0.02‰向买卖双方投资者分别收取。交易过户费为中国证券登记结算有限责任公司收费，证券经营机构不予留存。

2015年7月30日，中国证券登记结算有限责任公司发布的《关于调整沪股通交易过户费收费标准的通知》指出，根据《关于调整A股交易过户费收费标准有关事项的通知》（中国结算发字〔2015〕72号），自2015年8月1日起，沪股通交易过户费收费标准由原“按成交股份面值的0.6‰元人民币计收（双向收取）”修改为“按成交金额0.02‰元人民币计收（双向收取）”。调整后的沪股通交易过户费收费标准如表4-12所示。

表4-12 沪股通交易过户费收费标准

收费项目	收费标准	收费对象	收取单位
交易过户费	按成交金额0.02‰元人民币计收（双向收取）	买卖双方投资者	中国证券登记结算有限责任公司

4. 其他费用

其他费用是指投资者在委托买卖证券时，向证券营业部缴纳的委托费（通信费）、撤单费、查询费、开户费、磁卡费及电话委托、自助委托的刷卡费、超时费等。这些费用主要用于通信、设备、单证制作等方面，其中，一般情况下，投资者在上海、深圳当地买卖上海、深圳证券交易所的证券时，向证券营业部缴纳1元委托费，异地缴纳5元委托费。其他费用由证券公司根据需要酌情收取，一般没有明确的收费标准，只要其收费得到当地物价部门批准即可，目前有相当多的证券经营机构出于竞争考虑而减免部分或全部该类费用。

✎ 复习思考题

一、计算题

1. 假设 A 股票 2015 年 8 月 8 日在开盘前 9：15~9：25 分别有 6 笔买入委托和 5 笔卖出委托，买卖委托的价格和数量如表 4-13 所示。在这次集合竞价中，证券交易所发布的 A 股票的开盘价和成交量是多少？

表 4-13　A 股票集合竞价的委托情况

买入申报手数/手	价格/元	卖出申报手数/手
300	6.78	—
500	6.72	—
—	6.70	700
480	6.68	660
700	6.63	260
—	5.58	200
500	5.56	—
600	5.51	360

2. 假设 B 股票 2015 年 5 月 18 日在开盘 9：30 时，集合竞价未成交的 3 笔买入委托和 3 笔卖出委托自动进入连续竞价，按照买入申报价格由高到低、卖出申报价格由低到高的原则排序，如表 4-14 所示。如果此时证券交易所交易系统连续收到 4 笔委托申报（a，b，c，d），4 笔委托申报的情况如表 4-15 所示。请计算 B 股票连续竞价期间的每笔成交价和相应的成交量。

表 4-14　B 股票集合竞价后开盘的盘面情况

卖一 5.96 元 40 手	卖二 6.02 元 90 手	卖三 6.05 元 300 手
买一 5.95 元 40 手	买二 5.92 元 120 手	买三 5.91 元 150 手

表 4-15　连续竞价期间交易系统先后收到的 B 股票的委托申报

委托申报		
a. 买入	5.98 元	50 手
b. 卖出	5.94 元	50 手
c. 买入	6.02 元	60 手
d. 卖出	5.92 元	70 手

二、简答题

1. 证券交易的种类有哪些？
2. 证券交易的竞价原则是什么？
3. 集合竞价和连续竞价的区别是什么？
4. 证券交易的程序包括哪些？

✎ 讨论分析题

1. 如何正确买卖股票？
2. 收盘价=当日涨跌额+当日开盘价？或收盘价=前一天收盘价？

第五章 股票投资

本章基本要求：了解股份公司制度；掌握股票发行程序、股票上市规则及程序；掌握股票承销相关内容。

本章难点：股票上市规则及程序。

本章重点：股票投资收益。

第一节 股份公司

《公司法》规定的公司是指有限责任公司和股份有限公司。

一、有限责任公司

有限责任公司，简称有限公司，我国的有限责任公司是指根据《中华人民共和国公司登记管理条例》登记注册，由 50 个以下的股东出资设立，每个股东以其所认缴的出资额为限对公司承担有限责任，公司法人以其全部资产对公司债务承担全部责任的经济组织。有限责任公司包括国有独资公司及其他有限责任公司。

有限责任公司是我国企业实行公司制最重要的一种组织形式。其优点是：设立程序比较简单，不必发布公告，也不必公布账目，尤其是公司的资产负债表一般不予公开，公司内部机构设置灵活。其缺点是：由于不能公开发行股票，筹集资金范围和规模一般都比较小，难以适应大规模生产经营活动的需要。因此，有限责任公司这种形式一般适用于中小型非股份制公司。

二、股份有限公司

股份有限公司是指公司资本为股份所组成的公司，股东以其认购的股份为限对公司承担责任的企业法人。《公司法》规定，设立股份有限公司，应当有 2 人以上 200 人以下为发起人，其中须有半数以上的发起人在中国境内有住所。注册资本为在公司登记机关登记的全体发起人认购的股本总额。由于所有股份公司均必须是负担有限责任的有限公司（但并非所有有限公司都是股份公司），所以一般合称“股份有限公司”。股份有限公司产生于 18 世纪的欧洲，19 世纪后半期广泛流行于世界资本主义各国，目前，股份有限公司在资本主义国家的经济中占据统治地位。

股份有限公司具有以下基本特征。

（1）股份有限公司是独立的经济法人。

（2）股份有限公司的股东人数不得少于法律规定的数目，我国规定应当有 2 人以上 200 人以下为发起人，其中必须有半数以上的发起人在中国境内有住所。

（3）股份有限公司的股东对公司债务负有限责任，其限度是股东应交付的股金额。

（4）股份有限公司的全部资本划分为等额的股份，通过向社会公开发行的办法筹集资金，任何人在缴纳股款之后，都可以成为公司股东，没有资格限制。

（5）公司股份可以自由转让，但不能退股。

（6）公司账目必须向社会公开，以便投资者了解公司情况，进行选择。

（7）公司设立和解散有严格的法律程序，手续复杂。

三、股份有限公司的设立条件

（一）发起人符合法定的资格，达到法定的人数

发起人的资格，是指发起人依法取得的创立股份有限公司的资格。股份有限公司的发起人可以是自然人，也可以是法人，但发起人中必须有过半数在中国境内有住所。

设立股份有限公司，必须达到法定的人数，应有 2 人以上 200 人以下的发起人。国有企业改制为股份有限公司的，发起人可以少于 5 人，但应当采取募集设立方式。规定发起人的最低限额，是设立股份有限公司的国际惯例。如果发起人的最低限额没有规定，可能会出现以下情况：一是发起人太少难以履行发起人的义务，二是少数发起人损害其他股东的合法权益。对发起人的最高限额则无规定的必要。

（二）发起人认缴和向社会公开募集的股本达到法定的最低限额

股份有限公司必须具备基本的责任能力，为保护投资人的利益，设立股份有限公司必须要达到法定资本额。我国股份有限公司的资本最低限额不得低于 500 万元。对有特定要求的股份有限公司的注册资本最低限额需要高于上述最低限额的，由法律、行政法规另行规定。

发起人可以用货币出资，也可以用实物、工业产权、非专利技术、土地使用权作价出资。发起人以货币出资时，应当缴付现金。发起人以货币以外的其他财产权出资时，必须进行评估作价，核实财产，并折合为股份，且应当依法办理财产权的转移手续，将财产权从发起人转归公司所有。

（三）股份发行、筹办事项符合法律规定

股份发行、筹办事项符合法律规定，是设立股份有限公司必须遵循的原则。股份发行是指股份有限公司在设立时为了筹集公司资本，出售和募集股份的法律行为。这里讲的股份发行是设立发行，是在设立公司的过程中，为了组建股份有限公司，筹集组建公司所需资本而发行股份的行为。设立阶段的发行分为发起设立发行和募集设立发行两种。发起设立发行即所有股份均由发起人认购，不得向社会公开招募。募集设立发行即发起人只认购股份的一部分，其余部分向社会公开募集。

股份有限公司的资本划分为股份，每一股的金额相等。公司的股份采取股票的形式。股份的发行实行公开、公平、公正的原则，且必须同股同权、同股同利。同次发行的股份、每股的发行条件、发行价格应当相同。

以发起设立发行方式设立股份有限公司的，发起人以书面认定公司章程规定及发行的股份后，应即缴纳全部股款。

以募集设立发行方式设立股份有限公司的，发起人认购的股份不得少于公司股份总数的 35%，其余股份应当向社会公开募集。发起人向社会公开募集股份时，必须依法经国务院证券管理部门批准，并公告招股说明书、制作认股书，由依法批准设立的证券经营机构承销，并签订承销协议，同银行签订代收股款协议，由银行代收和保存股款，向认股人出具收款单据。

招股说明书应载明下列事项：①发起人认购的股份数；②每股的票面金额和发行价格；③无记名股票的发行总数；④认股人的权利、义务；⑤募股的起止期限及逾期募足时认股人可以撤回所认股份的说明。

（四）发起人制定公司章程，并经创立大会通过

股份有限公司的章程，是股份有限公司的重要文件，规定了公司最重要的事项，它不仅是设立公司的基础，也是公司及其股东的行为准则。因此，公司章程虽然由发起人制定，但以募集设立发行方式设立股份有限公司的，必须召开由认股人组成的创立大会，并经创立大会决议通过。

（五）有公司名称，建立符合公司要求的组织机构

名称是股份有限公司作为法人必须具备的条件。公司名称必须符合企业名称登记管理的有关规定，股份有限公司的名称还应标明“股份有限公司”字样。股份有限公司必须有一定的组织机构，对公司实行内部管理和对外代表公司。股份有限公司的组织机构是股东大会、董事会、监事会和经理。股东大会做出决议；董事会是执行公司股东大会决议的执行机构；监事会是公司的监督机构，依法对董事、经理和公司的活动实行监督；经理由董事会聘任，主持公司的日常生产经营管理工作，组织实施董事会决议。

（六）有固定的生产经营场所和必要的生产经营条件

股份有限公司的设立，是指公司发起人依照《公司法》规定的程序和要求，向有关机构提交相关文件，筹组创办公司的过程。

按照《公司法》的规定，公司有两种基本类型——有限责任公司和股份有限公司，无论何种类型，公司设立应完成以下内容：第一，确定公司发起人，完成公司设立的可行性研究工作；第二，选择公司设立的方式（发起或募集）；第三，拟定公司设立的相关文件，向有关部门提交设立申请；第四，股份认购；第五，申报职能部门核准备案；第六，办理公司登记手续，取得法人资格。

1. 确定公司发起人

股份有限公司的设立，首先应明确行为主体，即发起人。发起人，是指符合《公司法》规定资格，组织申办设立公司，并对公司设立承担责任的主体，可以是自然人，也可以是法人。

（1）发起人资格的认定，按照国际惯例，法人、自然人、本国人和外国人，都可以作为公司的发起人。

（2）发起人人数的确定，通常只限定最低限额，并不对上限做限定，是基于以下考虑：一是足以使发起人履行相关义务；二是防止少数发起人损害其他股东的利益。

股份有限公司的发起人应在 2~200 人，严格意义上讲有限责任公司没有发起人，而是由 2~50 个股东共同出资设立的。

（3）发起人的责任：公司不能设立时，发起人对设立行为产生的债务和费用负连带责任，对已经收到的投资者的股款负连带责任，应返还股款并支付银行同期储蓄存款利息；在公司设立过程中，对发起人过失导致的公司设立失败而给投资者造成的损失承担责任。

（4）发起人的权利：在公司设立过程中，发起人有权代表公司筹备组对外进行一切属于公司设立所必需的经济、法律交往，对内有权召集创立大会，制定并通过公司章程，选任董事或监事；发起人出资形式灵活，对于高新技术产业的企业，发起人以专利技术入股的，可占总股本的 50%以上，其他的不能超过 20%；公司设立成功后，发起人有权获得设立报酬或特别利益。

2. 选择公司设立的方式

（1）发起设立。发起设立是指由发起人认购公司应发行的全部股份而设立股份公司的方式，也称一次性认购设立。采用发起设立方式，公司不得向发起人之外的任何人募集股份，发起人就是公司的全体股东。

发起设立方式的代表国家主要是日本和美国，发起设立方式也是我国法定的公司设立方式。

发起设立的程序：①确定发起人；②订立公司章程，发起人全体或委托其中代表起草公司章程，并经全体股东（发起人）同意；③认购股份；④选举董事会和监事会成员，聘任高管人员；⑤申请登记设立。

（2）募集设立。募集设立，是指由发起人认购公司应发行股份的一部分，其余股份向社会公开募集或者向特定对象募集而设立公司。股份有限公司采取募集方式设立的，注册资本为在公司登记机关登记的实收股本总额。募集设立招股范围广泛，因筹资次序的差异，这种方式又称逐次设立。

在我国的股份制试点中，曾有两种基本形式：一种是定向募集，即股份有限公司发行的股份除由发起人认购一部分外，其余的向其他法人定向募集或向公司内部职工募集，也可以既向其他法人也向公司内部职工募集；另一种是社会募集，即股份有限公司发行的股份由发起人认购一部分，其余股份向社会公众公开发行，公司也可以公开认购一定比例的股份。

发起设立与募集设立相比较，前者是由发起人认购公司的全部股份，后者除了由发起人认购一部分股份外，其他法人和社会公众都可以认购。一般而言，后者股东人数比前者多，这样发起人承担的风险相应比较分散。

3. 公司设立的程序及内容

在确定公司的类型和设立方式之后，开始进行公司的设立工作。无论选择哪一种设立方式，在设立程序上都没有多大差别，只不过是设立内容有多有少。

（1）设立公司筹备组。公司筹备组负责清理公司的债权与债务，进行产权界定和资产评估，明确公司的产权关系，并将公司的财务状况和资本额报会计师事务所等中介机构认证。

（2）拟定公司设立的主要文件。公司设立时应该起草和拟定的主要文件包括：设立公司的申请书、设立公司的可行性研究报告、公司章程等。如果是募集设立的，还需向国务院证券管理部门递交募股申请，同时还要报送一些相关文件，如批准设立公司的文件、公司章程、经营估算书、发起人情况说明和招股说明书等。

（3）向政府职能部门报批。报批工作主要是报请行业主管部门和政府体制改革部门的批准。对于有限责任公司的报批没有严格的限定，而股份有限公司的设立必须经过国务院授权的部门或者省级人民政府的批准。在申报批准时，发起人应向政府有关部门提交设立公司的主要文件，如果涉及国有资产、中外合资、高新科技等领域，还必须报经国有资产管理部门、经贸部门和科学技术委员会的批准。

4. 募集股份

募集股份即股票的发行工作。股票是公司发给股东的入股凭证，是股东拥有公司财产所有权的法律证书，也是股东据以取得股息和红利的一种有价证券。股票可以依法进行买卖，价格随行就市。股票的种类有记名股票和无记名股票、普通股票和优先股票、有票面值股票和无票面值股票、单一股票和复数股票等。我们将在第二节做详细说明。

5. 召开创立大会

在公司应募股份募足后，经法定验资机构验资并出具证明后，发起人应在 30 日内主持召开公司创立大会。创立大会由认股人组成。发起人应在创立大会召开前 15 日将会议日期通知各认股人或予以公告。创立大会应由代表股份总数的 1/2 以上的认股人出席方可举行。

创立大会实际是公司的成立大会。创立大会行使以下职权：审议发起人关于公司筹办情况的报告；通过公司章程；选举董（监）事会成员；对公司设立费用进行审核；对发起人用于抵作股款的财产的作价进行审核；发生不可抗力或者经营条件发生重大变化直接影响公司设立的，可做出不设立公司的决议。创立大会对上述内容做出决议，必须经出席会议的认股人所持表决权的半数以上通过。

6. 办理公司登记手续

对于股份有限公司和有限责任公司的公司登记要求有所不同。对于股份有限公司登记的要求是：董事会应于创立大会结束后 30 日内，向公司登记机关报送有关文件，包括有关部门的批准文件、创立大会的会议记录、公司章程、筹办公司的财务审计报告、验资证明、董（监）事会成员姓名及住所、法定代表人姓名及住所等，申请设立登记。公司登记机关自接到股份有限公司设立登记申请之日起 30 日内做出是否予以登记的决定。对符合《公司法》规定条件的予以登记，发给公司营业执照；对于不符合《公司法》规定条件的，不予登记。公司营业执照的签发日期，为公司成立日期。公司成立后，应当进行公告。如果公司是采取募集方式设立的，应当将募股情况报国务院证券管理部门备案。

对于有限责任公司，当股东的全部出资经法定验资机构验资后，由全体股东指定的代表或者共同委托的代理人向公司登记机关申请设立登记，同时提交公司设立申请书、公司章程、验资证明及有关部门的批准文件等。公司登记机关对符合《公司法》规定条件的予以登记，发给公司营业执照；对于不符合《公司法》规定条件的，不予登记。公司营业执照的签发日期为有限责任公司的成立日期。

四、公司章程

在股份有限公司设立的所有必须拟定的文件中，公司章程最为重要，它对公司的有关内容做了全面的确定，是规范公司组织和经营活动的基本准则。

（一）公司章程的拟定与审批

无论是股份有限公司还是有限责任公司都必须具备公司章程，但公司章程的拟定存在较大差异。

就有限责任公司来说，全体股东共同制定公司章程，并且在公司章程上签名、盖章。而股份有限公司的公司章程则由发起人共同制定，或是由发起人共同委托其中一个人起草，经全体发起人同意，并经创立大会通过。公司章程的起草必须依照国家有关法律法规，按国家对公司章程内容的规定，结合公司的实际做出，仅经全体股东同意或经创立大会批准的公司章程尚不具备法律效力，还要提请政府授权部门审查批准。经政府授权部门审查批准的公司章程方具法律效力，才能生效。

（二）公司章程的内容

各国公司法一般都明确规定了应写进公司章程的内容。公司章程的具体内容一般分三类：第一类是绝对必要记载事项；第二类是相对必要记载事项；第三类是任意记载事项。《公司法》虽未对公司章程具体内容做出三类分别，但对于有限责任公司章程和股份有限公司章程的具体内容做了要求。

（三）公司章程的修改

由于社会经济发展，原来制定的公司章程可能会出现一些不适应的条款，公司应该做出相应修改。修改公司章程必须经代表 2/3 以上有表决权的股东或出席股东大会的股东所持表决权的 2/3 以上同意方可通过，并报有关部门审批后，方可生效。

五、股份有限公司的组织机构

股份有限公司的组织机构主要包括以下几个方面。

1. 决策机构

决策机构是由两个以上的董事组成的集体机构，即董事会。它是公司对内执行业务、对外代表公司的常设理事机构，向股东大会负责。董事会的职权主要有：代表公司对各种业务事项做出意见表示或决策，以及组织实施和执行这些决策；除股东大会决议的事项外，公司日常业务活动中的具体事项，均由董事会决定。

2. 执行机构

执行机构由总经理及其助理组成，负责公司的日常经营。

3. 监督机构

监督机构是指对董事会执行的业务活动实行监督的机构，即监事会。它是公司的常设机构，成员由股东大会从股东中选任，不得由董事或经理兼任。监事会的职权主要有：列席董事会会议，监督董事会的活动，定期和随时听取董事会的报告，阻止董事会违反法律和公司章程的行为；随时调查公司的业务和财务情况，查阅账簿和其他文件；审核公司的结算表册和清算时的清算表册；召集股东大会；代表公司与董事交涉或对董事起诉。

第二节 股　票

一、股票的定义与特点

（一）股票的概念

股票是股份有限公司发行的所有权凭证，是股份有限公司为筹集资金而发行的各个股东作为持股凭证并借以取得股息和红利的一种有价证券。每股股票代表股东对企业拥有一个基本单位的所有权。每只股票的背后都有一家上市公司，同时，每家上市公司都会发行股票。

同一类别的每一份股票所代表的公司所有权是相等的。每个股东所拥有的公司所有权份额的大小，取决于其持有的股票数量占公司总股本的比重。

股票是股份有限公司资本的构成部分，可以转让、买卖，是资本市场的主要长期信用工具，但股东不能要求公司返还其出资。

股票是一种有价证券，是股份有限公司在筹集资本时向出资人发行的股份凭证，代表持有人（即股东）对股份有限公司的所有权，购买股票也是购买公司生意的一部分，可与公司共同成长发展。

股票作为一种所有权证书，它的形态也随着科技的发展发生了很大的变化，从最初的纸质形式发展到现在的电子形式。

（二）股票的性质

股票作为一种所有权凭证，具有有价证券最为明显的特征：第一，它代表一定的财产所有权；第二，财产所有权与股票本身是相互依存的，行使这种权利是以持有股票为前提的，股东权利的转移也与股票的转移同时进行。整体而言，股票具有如下特征。

1. 不可偿还性

股票是一种无偿还期限的有价证券，投资者认购股票后，就不能再要求退股，只能到二级市场卖给第三者。股票的转让只意味着公司股东的改变，并不减少公司资本。从期限上看，只要公司存在，它所发行的股票就存在，股票的期限等于公司的存续期限。

2. 参与性

根据《公司法》，股票的持有人就是股份有限公司的股东，其有权出席股东大会、参加公司董事机构的选举及公司的经营决策。也正因如此，股东的投资意志和经济利益才能通过其行使的股东参与权得到强化。

3. 收益性

股票的收益性主要表现在股票的持有人都可按股份有限公司的章程从公司领取股息和红利，从而获取购买股票的经济利益，这也是股票购买者向股份有限公司投资的基本目的，也是股份有限公司发行股票的必备条件。以美国可口可乐公司股票为例，如果在1983年底投资1 000美元买入该公司股票，到1994年7月便能以11 554美元的市场价格卖出，能赚取10倍多的利润。在通货膨胀时，股票价格会随着公司原有资产重置价格的上升而上涨，从而避免资产贬值。股票通常被视为在高通货膨胀期间可优先选择的投资对象。

4. 风险性

任何一项投资都有风险存在，股票投资也不例外。股票的风险性主要表现为影响股份有限公司经营的因素繁多且变化不定，股票的股息和红利是根据公司具体盈利水平确定的。盈利多，股息红利就可多发；经营不佳盈利少，股东的收益就少甚至无利可分；若公司破产，股票持有人就可能血本无归；在购买股票时，股票价格也是随行就市的，具有很大的波动性。

5. 流通性

经国家证券管理部门或证券交易所同意后，股票可以在证券交易所流通或进行柜台交易，股票持有人就可将股票按照相应的市场价格转让给第三者，将股票所代表的股东身份及各种权益出让给受让者。当持有的股票是可流通股票时，其持有人可在任何一个交易日到市场上将其兑现。

二、股票的分类

在股票市场上，发行股票的股份有限公司，根据自身经营活动的需要和为了满足投资者不同的投资心理，发行各种不同的股票。这些种类的股票，各自所代表的股东地位和股东权利也不尽相同。下面介绍几种最常见的分类方式。

（一）按照股东拥有的权利分类

按照股东拥有权利的不同，可以将股票分为普通股股票和优先股股票。

1. 普通股股票

普通股股票是最为基本的、最常见的股票形式，它是指股东享有平等权利，并随着股份有限公司的利润大小而取得相应收益的股票。这些权利包括了经营决策的参与权、分配公司利润与剩余资产及优先认股权等。

2. 优先股股票

优先股股票是指股份有限公司发行的、在分配公司收益和剩余资产方面比普通股股票具有优先权的股票。优先段股票是相对于普通股股票而言的。优先股股票一般情况下没有表决权。一般来讲，优先股股票有股息固定、派息优先、剩余资产分配权优先等特征。

（二）按照股票是否记名分类

按照股票是否记名，可以将股票分为记名股票和无记名股票。

1. 记名股票

记名股票是指票面上记载股东姓名，并将股东姓名记载于公司的股东名册上的股票。记名股票只有记名的股东可以行使股权，其他人不得享受股东权利。因此，记名股票的买卖必须办理过户手续，这在很大程度上保护了股东的权利。证券交易所流通的大都是记名股票。

2. 无记名股票

持有人可直接享受股东资格，行使股东权利。股票不记名，因此可以自由流通，不需要过户。相对而言，无记名股票更具有市场流动性。但当持有人遗失股票时也就等于遗失股东地位和获利的权利。

（三）按照有无标明票面金额分类

按照有无标明票面金额，可以将股票分为面额股票和无面额股票。

1. 面额股票

面额股票是指有票面金额的股票，它可以明确表示每一股所代表的股权比例，同时为股票发行价格的确定提供依据。

2. 无面额股票

无面额股票是指股票票面上不记载金额的股票，是只注明其在公司总股本中所占比例的股票。它发行或转让时价格较灵活，由于没有票面金额，故不受“不得低于票面金额发行”的限制，转让时也如此，同时也便于股票分割。

第三节　股票发行程序

股票发行是指政府、金融机构、工商企业等以筹集资金为目的，依照法律程序向投资者出售代表一定股东权利的股票的行为。

一、股票发行目的

股票是一种所有权凭证，因此，在一定情况下，公司会出于与所有权和经营权有关的原因发行股票。总的来看，公司发行股票大致有以下几种目的。

（一）筹措资金

以筹措资金为目的的股票发行一般是因公司经营资金不足，需要以股票形式筹措资金，以保证生产和经营活动的正常进行，或扩大生产经营规模，可以分为设立性发行和经营性发行。设立性发行，即设立新公司而发行股票；经营性发行，即已成立的股份有限公司为增资而发行股票。

（二）维护公司的经营权

以维护公司的经营权为目的的股票发行包括协作性发行和控股性发行。协作性发行是指为谋求与其他公司和个人的联合协作而对这些公司和个人发行股票；控股性发行是指为维护公司的经营支配权，通过发行新股扩大公司资本规模，防止其他公司收购股票而兼并本公司。

（三）增强公司信誉

以增强公司信誉为目的的股票发行一般采取无偿增资的形式发行，主要是将公司的公积金或盈余结存以新股的形式按比例无偿交付给原股东，以调整公司的资本结构，增强公司信誉，提高股东信心；还可以将可转换债券转换为股票，或将可转换优先股股票转换为普通股股票。

（四）其他目的

有些股票发行的目的比较复杂，往往具有间接性和策略性，主要包括：为转换公司经营机制发行股票；为增发公司债券发行股票；为提高公司信用发行股票；为收购其他公司发行股票；为满足上市条件发行股票；等等。

二、股票发行条件

（一）股票发行的一般条件

股份有限公司不论出于何种目的、采取何种发行方式，在发行股票前都必须先向证券主管部门和有关银行或金融机构呈交申请文件，主要包括以下方面。

（1）股份有限公司章程。主要内容包括：公司名称、地址、法定代表人、业务经营范围、资本总额、单位股金额、股权结构，公司管理体制和体系，公司经济效益、收益分配，以及其他需要说明的问题。

（2）发行股票申请书。除股份有限公司章程的基本内容以外，还应包括：拟发行股票的名称、种类、数量、总额、单位股金额、发行对象及其范围，工商注册登记情况，发行股票的目的及其所筹资金的用途、经济效益、分配方式及预计分配比例，上级主管部门和有关金融机构的初审意见等。

（3）发行股票说明书。具体包括：公司名称、地址、法定代表人、业务经营范围、资本构成，现有公司近三年来经营和负债情况，发行股票的目的、用途及经济效益预测、公司的发展前景，发行股票的种类、数量、价格及面额，公司的董事会构成及其成员情况，大股东（拥有10%以上股份）的基本情况，股东的权利和义务，股票发售的起止日期及其他需说明的问题。

（4）股票承销合同。公开向社会发行股票需由发行人与承揽承销业务的证券公司或其他有权承销证券业务的金融机构签订承销合同。内容包括：股票承销当事人的名称、地址、法定代表人，承销金额、承销机构及组织系统，承销方式及当事人的权利和义务，承销费用，承销起止日期，承销股票剩余部分的处理，承销款项的划付日期及方式，违约的责任及赔偿及其他约定内容，等等。

（5）会计师事务所或审计师事务所、律师事务所、公证处审核的财务报表及经营状况的有关文件。

（二）在不同层次的市场上首次公开发行股票的条件

1. 在主板市场首次公开发行股票且上市的条件

《证券法》规定，公司公开发行新股，应当具备健全且运行良好的组织机构，具有持续营利能力，财务状况良好，最近 3 年财务会计文件无虚假记载，无其他重大违法行为，以及经国务院批准的证券监督管理机构规定的其他条件。

首次公开发行（initial public offerings，IPO）的发行人应当是依法设立并合法存续的股份有限公司；持续经营时间应当在 3 年以上；注册资本已足额缴纳；生产经营合法；最近 3 年内主营业务、高级管理人员、实际控制人没有重大变化；股权清晰。发行人应具备资产完整、人员独立、财务独立、机构独立、业务独立的独立性。发行人应规范运行。

发行人的财务指标应满足以下要求：第一，最近 3 个会计年度净利润均为正值且累计超过 3 000 万元，净利润以扣除非经常性损益后较低者为计算依据；第二，最近 3 个会计年度经营活动产生的现金流量净额累计超过 5 000 万元，或者最近 3 个会计年度营业收入累计超过 3 亿元；第三，发行前股本总额不少于 3 000 万元；第四，最近一期末无形资产（扣除土地使用权、水面养殖权和采矿权等后）占净资产的比例不高于 20%；第五，最近一期末不存在未弥补亏损。

2. 首次公开发行股票的条件

为了满足中小企业快速发展需要和解决直接融资问题，我国特意对在创业板上市的中小企业首次公开发行股票与上市做出了如下的一些规定。

第一，发行人应当具备一定的营利能力。为适应不同类型企业的融资需要，创业板对发行人设置了两项定量业绩指标，以便发行人选择：第一项指标要求发行人最近两年连续盈利，最近两年净利润累计不少于 1 000 万元，且持续增长；第二项指标要求发行人最近 1 年盈利，且净利润不少于 500 万元，最近 1 年营业收入不少于 5 000 万元，最近两年营业收入增长率均不低于 30%。

第二，发行人应当具有一定的规模和存续时间。申请上市的公司股本总额应满足不少于 3 000 万元的规定，最近一期末净资产不少于 2 000 万元，发行后股本不少于 3 000 万元。规定发行人应当具备一定的净资产和股本规模，有利于控制市场风险。

第三，发行人应当主营业务突出。创业企业规模小，且处于成长发展阶段，如果业务范围分散，缺乏核心业务，既不利于有效控制风险，也不利于形成核心竞争力。要求发行人集中有限的资源主要经营一种业务，并强调应符合国家产业政策和环境保护政策，同时，要求募集资金只能用于发展主营业务。

第四，对发行人的公司治理提出从严要求。根据创业板公司特点，对发行人在公司治理方面参照主板上市公司从严要求，要求董事会下设审计委员会，强化独立董事职责，并明确控股股东责任。

（三）增资发行股票的特殊条件

股份有限公司成立以后，为了增加资本而再次发行股票的条件有：①经营状况和财务状况必须良好；②经有关部门许可，并在上次发行两年后方可增资发行股票；③发行人在提出申请增资发行时，还需向有关部门和金融机构提供公司股东大会关于增资的决议及公司营业执照。

三、股票发行方式

股票发行方式是指发行人采用什么方法、通过何种渠道或者途径将自己的股票投入市场，并为广大投资者所接受。股票发行方式主要有以下几种。

（一）有偿增资发行股票方式

有偿增资是指投资者必须按股票面额或市价，用现金或实物购买股票。有偿增资发行又可分为公募发行、股东配股发行和第三者配股发行三种。

1. 公募发行

公募发行又称公开招股发行，指以非特定的多数投资者为发行对象，向社会公众公开招募认股人认购股票。公募发行又可分为直接公募发行和间接公募发行两种。

（1）直接公募发行，是指发行人通过证券公司等中介机构，向社会公众发售股票。发行人承担责任与风险，而证券公司不承担风险，只收取一定的手续费。

（2）间接公募发行，是指发行人通过投资银行发行、包销股票，由投资银行先将股票购入再出售给社会公众，投资银行承担责任与风险。这种做法在西方广为流行，美国 90%以上的新股票都是这样发售出去的。

2. 股东配股发行

股东配股发行，指发行人按一定比例赋予现有股东认购新股票的权利，准许其优先认购新股。发行新股时，在股东名册上记载的股东均有优先配股的权利。股东可以优先认购的新股股数比例与现持有旧股股数的比例相同。例如，某股东现持有公司 3.5%的旧股，则其有权认购新股的 3.5%，股东若不想认购，可转让其认购权。这种办法既有利于维护股东在公司的既有地位，也不会引起股权结构发生大的变化。

3. 第三者配股发行

第三者配股发行指股份有限公司在发行新股时，给予与公司有特殊关系的第三者常规认购权。这种办法很少使用，只有在公司经营不景气、筹资困难时才予采用。

（二）无偿增资发行股票方式

无偿增资是指公司不向股东收取现金或实物资产，无代价地将公司发行的股票配予股东。采取这种办法不在于增资，而是为了调整资本结构，提高公司的社会地位，增强股东的信心。无偿增资又可分为无偿交付、股票分红和股票分割三种具体做法。

1. 无偿交付

无偿交付指股份有限公司用资本公积金转增股本，按股东现有股份比例无偿地交付新股票。

2. 股票分红

股票分红指股份有限公司以股票形式对股东进行股利分配，而不支付现金股利。这种做法是为了给公司保留更多的现金，防止资本外流，扩大股本规模。

3. 股票分割

股票分割指股份有限公司将原来的大面额股票实行细分化，使之成为小面额股票。这种做法只增加股份总数，不改变股本总额。

（三）有偿、无偿并行增资方式

采用有偿、无偿并行增资方式时，股东只需交付一部分股款，其余部分由公司公积金抵充，即可获得一定量的新股。例如，新股每股面额 50 元，规定其中 25 元为有偿部分，由股东交付股款，其余 25 元为无偿部分，由公司公积金抵充转入。这样，股东只需交付25元现金即可获取面额为50元的一股新股票。这种做法既可以增加资本，又可以调整资本结构。

四、股票发行程序

世界各国对股票发行都有严格的法律程序，任何未经法定程序发行的股票都无效。由于各国对股票发行的审核制度不同，股票发行程序也有所差异，一般分为注册制和核准制两种。

（一）注册制下的股票发行程序

注册制是指以美国为代表的一种证券发行审核制度。注册制实行公开管理的原则。在注册制下，发行人在准备发行股票时，必须将依法公开的各种资料完全、准确地向证券主管部门呈报并申请注册。证券主管部门依据信息公开原则，对申报文件的全面性、真实性、准确性和及时性做形式审查。而发行人的营业性质、发行人的财力、发展前景、发行数量、价格等实质条件不作为审核要件。证券主管部门并不对发行行为和股票做价值判断，申报文件提交后，若法定期限内证券主管部门无异议，申请自动生效。发行人的发行权无须国家授予。注册制比较适用于发达的证券市场。注册制下股票发行程序包括以下几个方面。

（1）股票发行的准备阶段。在发行股票前就股票的目标、时机、条件，发行股票的种类、价格、市场状况和适宜的发行方式等进行咨询、研究和分析，设计发行方案。

（2）做出股票发行的决定。由董事会形成发行决议，包括发行股票的种类、发行数量、发行目的、发行价格等。

（3）股票发行的申请与审查。包括确认股份有限公司的股票发行资格、编制并提交申请文件、填写股票发行说明书、主管机关对股票发行申请文件进行形式审查。

（4）制作招股说明书及确定委托代理方。

（5）招募股份。

（二）核准制下的股票发行程序

核准制是指以欧洲各国为代表的一种证券发行审核制度。核准制实行的是实质管理原则，即发行人在发行股票时，除公司公开的真实情况外，证券主管部门还要对发行人的营业性质、财力和素质、公司发展前景、发行数量和发行价格等条件进行实质审核，并以此做出发行人是否符合发行实质条件的价值判断。证券主管部门有权否决不符合条件的股票发行申请。在核准制下，发行人的发行权由审核机构以法定方式授予。一般而言，核准制适用于发育不成熟的证券市场。目前我国股票发行实行的是核准制，须由中国证监会审核、批准。但从发展趋势来看，我国已把注册制发行作为最终目标。核准制下股票发行程序与注册制下股票发行程序最大的区别在股票发行的申请和审查阶段。

我国的股票发行程序包括以下几个方面。

（1）股票发行的准备。

（2）做出股票发行的决定。

（3）制作申请文件并申报。

（4）中国证监会受理申请文件。

（5）中国证监会和发行审核委员会进行文件审核。审核内容包括发行条件的审核、申报材料的完备性、文件内容及其他方面的审核。

（6）中国证监会核准发行。

（7）股票发行的实施。其包括刊登招股说明书中的发行公告、披露招股说明书并备案、通过承销机构发行股票、收缴股款、由验资机构进行验资并出具证明、股票托管，发行结果报中国证监会登记。

五、股票的销售方式

股票的销售方式，是指股份有限公司向社会公开发行股票时所采取的股票销售方式，一般可分为两种，即自销方式和承销方式。

1. 自销方式

自销方式亦称直接销售方式，是指发行人直接将股票推销给认购者，而排除银行、证券公司等金融、资本市场专业中介机构。自销方式的最大问题是，发行人无法了解股票发行是否能按预定的情况进行，全部发行风险必须由自己承担。同时，由于发行人需要自己制作发行申请书、招股说明书等有关文件，并开展征募活动、征收认缴款，负担相当重。

2. 承销方式

承销方式是指发行人借助专门的证券发行中介机构销售股票，而不是直接向投资者销售股票，这是发行股票普遍采用的一种方式。承销又有代销和包销两种方式。

（1）代销。代销又叫委托发行或代理发行，是指由股票发行人委托承销者按协议规定的条件，在约定的期限内代其向社会发售股票，发售结束时，承销者将收入的股金与未销完的股票全部交还给发行人。在该种承销方式中，股票发行风险由发行人承担，承销者不承担任何风险，只尽一些代理销售的责任，并收取少量的手续费。

（2）包销。包销是指根据协议规定的价格，由承销者将发行人公开发行的全部或部分股票认购下来，然后以较高的价格向社会公众推销。包销又可分为余额包销和全额包销两种方式。其中，余额包销是由承销者按协议规定的发行条件，在约定的期限内向社会公众推销股票，至销售截止日期为止。未售出的股票余额由承销者负责认购，承销者必须按规定时间向发行人承担部分发行风险。全额包销则是由承销者将全部股票认购下来，并向发行人支付股金款项，然后再向社会公众推销。承销者采用该种方式要承担全部发行风险，同时会收取较高的承销手续费，并可获股票买卖的价差。

包销是股票发行推销方式中最为重要的一种。它的作用在于：有利于发行股票的顺利销售；保证发行股票的每股价格达到包销合同的水平；有利于发行人及时筹足资本，免于承担发行风险。

六、股票上市

股票上市是指股份有限公司将发行的股票到证券交易所挂牌，进行公开交易的过程。

（一）股票上市的目的与条件

1. 股票上市的目的

首先，股票上市可以提高公司的信誉和知名度，因为股票上市需要经过严格审批，只有业绩非常好，达到上市条件的公司才可以被批准股票上市。同时，股票在上市过程中要经过报刊、网络等媒体进行广泛的介绍与宣传，这对公司是极为有利的。

其次，上市公司可以溢价发行股票或溢价配股，这可以使公司获得大量集资。特别是在较紧缩的金融政策下，从银行贷款困难时，上市公司可以获得集资的好处。

最后，公司经营业绩的优劣不仅要经常地被公开披露，也会反映到股票的市场价格之中，这对公司的经营者会形成一种外在制约，促使公司经营水平不断提高。

2. 股票上市的条件

我国对于不同的上市板块有着不同的上市条件，主板、中小板及创业板的上市条件是不一样的。

（1）国内主板首次公开发行上市的主要条件。

根据《证券法》、《股票发行与交易管理暂行条例》和《首次公开发行股票并上市管理办法》的有关规定，首次公开发行股票并上市的有关条件与具体要求如下。

第一，主体资格。A 股发行人应是依法设立且合法存续的股份有限公司；经国务院批准，有限责任公司在依法变更为股份有限公司时，可以采取募集设立方式公开发行股票。

第二，公司治理。发行人已经依法建立健全股东大会、董事会、监事会、独立董事、董事会秘书制度，相关机构和人员能够依法履行职责；发行人的董事、监事和高级管理人员符合法律、行政法规和规章规定的任职资格；发行人的董事、监事和高级管理人员已经了解与股票发行上市有关的法律法规，知悉上市公司及其董事、监事和高级管理人员的法定义务和责任；内部控制制度健全且被有效执行，能够合理保证财务报告的可靠性、生产经营的合法性、营运的效率与效果。

第三，独立性。企业应具有完整的业务体系和直接面向市场独立经营的能力；资产应当完整；人员、财务、机构及业务必须独立。

第四，同业竞争。与控股股东、实际控制人及其控制的其他企业间不得有同业竞争；募集资金投资项目实施后，也不会产生同业竞争。

第五，关联交易。与控股股东、实际控制人及其控制的其他企业间不得有显失公平的关联交易；应完整披露关联方关系并按重要性原则恰当披露关联交易，关联交易价格公允，不存在通过关联交易操纵利润的情形。

第六，财务要求。发行前 3 年的累计净利润超过 3 000 万元；发行前 3 年累计净经营性现金流超过 5 000 万元或累计营业收入超过 3 亿元；无形资产与净资产比例不超过 20%；过去 3 年的财务报告中无虚假记载。

第七，股本及公众持股。发行前不少于 3 000 万股；上市股份有限公司股本总额不低于人民币 5 000 万元；公众持股至少为 25%；如果发行时股份总数超过 4 亿股，发行比例可以降低，但不得低于 10%；发行人的股权清晰，控股股东和受控股股东、实际控制人支配的股东持有的发行人股份不存在重大权属纠纷。

第八，其他要求。发行人最近 3 年内主营业务和董事、高级管理人员没有发生重大变化，实际控制人没有发生变更；发行人的注册资本已足额缴纳，发起人或者股东用作出资的资产的财产权转移手续已办理完毕，发行人的主要资产不存在重大权属纠纷；发行人的生产经营符合法律、行政法规和公司章程的规定，符合国家产业政策；最近 3 年内不得有重大违法行为。

（2）中小板首次公开发行上市的财务与股本条件（其他条件参见主板要求，下同）。

第一，股本条件。发行前股本总额不少于 3 000 万元；发行后股本总额不少于 5 000 万元。

第二，财务条件。最近 3 个会计年度净利润均为正值且累计超过 3 000 万元；最近 3 个会计年度经营活动产生的现金流量净额累计超过 5 000 万元，或者最近 3 个会计年度营业收入累计超过 3 亿元；最近一期末无形资产占净资产的比例不高于 20%；最近一期末不存在未弥补亏损。

（3）创业板上市的财务及股本条件。

第一，股本条件。首次公开发行后总股本不得少于 3 000 万元。

第二，财务条件。发行人应当主要经营一种业务；最近 2 年连续盈利，最近 2 年净利润累计不少于 1 000 万元，且持续增长，或者最近一年盈利，且净利润不少于 500 万元，最近 1 年营业收入不少于 5 000 万元，最近 2 年营业收入增长率均不低于 30%；发行前净资产不少于 2 000 万元。

（二）股票上市的程序

股份有限公司申请股票上市，要经过一定的程序。按照《股票发行与交易管理暂行条例》与《公司法》的规定，股票上市的程序如下。

1. 上市申请与审批

根据《股票发行与交易管理暂行条例》，公开发行股票符合条件的股份有限公司，申请其股票在证券交易所交易，应当向证券交易所的上市委员会提出申请；上市委员会应当自收到申请之日起 20 个工作日内做出审批，确定具体上市时间，审批文件报中国证监会备案，并抄报国务院证券委员会。

根据《公司法》，股份有限公司申请其股票上市交易，应当报经国务院或者国务院授权证券管理部门批准，依照有关法律、行政法规的规定报送有关文件。

根据《公司法》，国务院或者国务院授权证券管理部门对符合《公司法》规定条件的股票上市交易申请，予以批准；对不符合《公司法》规定条件的，不予批准。

现实中，中国证监会并未完全按照有关法律法规的规定来审批股票上市。目前，股票上市审批主要由国家发展和改革委员会确定全年上市额度，然后将上市额度分配至各省（区、市），各省（区、市）政府再根据本地股份有限公司的情况进行分配。符合上市条件的股份有限公司要经过当地政府批准，并经中国证监会复审通过，由证券交易所审核批准。

2. 申请股票上市应当报送的文件

股份有限公司向证券交易所的上市委员会提出上市申请。申请时应报送下列文件：①申请书；②公司登记文件；③股票公开发行的批准文件；④经会计师事务所审计的公司近 3 年或成立以来的财务报告和由 2 名以上的注册会计师及所在会计师事务所签字、盖章的审计报告；⑤证券交易所会员的推荐书；⑥最近一次招股说明书；⑦其他要求提交的文件。

3. 订立上市契约

股份有限公司被批准股票上市后，即成为上市公司。上市公司在股票上市前，还要与证券交易所订立上市契约，确定上市的具体日期，并向证券交易所缴纳上市费。

4. 发表上市公告

根据《公司法》，股票上市交易申请经批准后，被批准的上市公司必须公告其股票上市报告，并将其申请文件存放在指定地点供公众查阅。

上市公司的上市公告一般要刊登在中国证监会指定的全国性的证券报刊上。

上市公告的内容，除了应当包括招股说明书的主要内容外，还应当包括下列事项：①股票获准在证券交易所交易的日期和批准文号；②股票发行情况，股权结构和最大的 10 名股东的名单及持股数；③公司创立大会或股东大会同意公司股票在证券交易所交易的决议；④董事、监事、高级管理人员简历及持有公司证券的情况；⑤公司近 3 年或者开业以来的经营业绩和财务状况及下一年的盈利预测文件；⑥证券交易所要求载明的其他情况。

（三）暂停上市与终止上市

公司股票上市之后，并不是一劳永逸的。如果公司的情况发生变化或经营不善，有可能被暂停上市，甚至终止上市。

根据《公司法》，上市公司有下列情形之一的，由国务院证券管理部门决定暂停其股票上市：①公司股本总额、股权分配等发生变化，不再具备上市条件；②公司不按规定公开其财务状况，或对财务会计报告做虚假记载；③公司有重大违法行为；④公司最近3年连续亏损。

《公司法》对终止上市也做出了规定：①上市公司对暂停上市规定的第②项、第③项所列情形之一经查实后果严重的，或者第①项、第④项所列情形之一在限期内未能消除，不具备上市条件的，由国务院证券管理部门决定终止其股票上市；②公司决议解散，被行政主管部门依法责令关闭或者被宣告破产的，由国务院证券管理部门决定终止其股票上市。

《公司法》对暂停上市与终止上市的规定，对促使上市公司不断提高经营管理水平，保证上市公司的质量，起到了很大的促进作用。

第四节　股票投资实务

一、股票投资基本策略

1. 买行情看涨的股票

投资者并非单凭个人的直觉就能决定一种股票是否会上涨，必须根据大多数投资者的意愿做出判断。因此，投资者在投资股票时，应留意哪些股票受投资大众的青睐，培养留意大众好恶的习惯。在选择股票的时候，投资者千万不要以自己的成见为依据选股，必须掌握他人的看法，将多数人的意见作为自己判断的依据。

2. 停止损失委托策略

投资者依据股票市场的变化情况调整买卖立场，当股市显示出上涨的苗头时，买进股票；当股市显示出下跌的苗头时，卖出股票。

在股市中，停止损失委托又可分为停止损失买进委托与停止损失卖出委托两种。停止损失买进委托是指投资者在股价上涨至某一水平或以上时就买进股票，这种委托规定的买价必然高于当时的市价；停止损失卖出委托指的是投资者在某种股票的价格下跌到某一水平或以下时就卖掉股票，这种委托规定的卖价必然低于当前的市价。

停止损失委托策略的优点是十分明显的，它的思想符合技术分析中关于顺势而为的原则，它能保障投资者的既得利益，有效防止可能出现的损失。但由于它与追涨杀跌有某些相似之处，停止损失委托也有明显的不足，如果投资者的指令价格与市场已成交价格价差过小，这样一来，市场稍有变化，停止损失委托就会生效，但生效后，若市价又恢复到原来状态时，则加大了投资者重新进入市场的成本，使投资者承受经济上的损失。

3. 投机股的操作策略

投机股是指人为的因素造成价格大幅度涨跌的股票。目前，中国股市总的发展趋势是鼓励投资、抑制投机。但如果没有投机者的存在，市场就很难繁荣起来。投机行为在股市虽然合法，但具体操作起来风险也非常大，在操作过程中，总的原则是讲求速战速决，不打持久战。

另外，由于投机股通常是内行的投机者进行买卖的主要对象，这种股票易涨易跌，投机者通过经营和操纵这种股票可以在短时间内赚取相当可观的利润。投机股的买卖策略：选择公司资本额较少的股票作为进攻的目标；选择优缺点并存的股票；选择新上市或新技术公司发行的股票；选择改组和重建公司的股票。

4. 发展缓慢型公司股票选择策略

发展缓慢型公司股票，是指其公司的业绩增长速度一般在 10%以下的公司股票。一般来说，大型公司的增长速度都不是很高，大多属于发展缓慢型公司。

一般来说，发展缓慢型公司总是定期慷慨地支付股息。对敢于冒风险的短期投资者来说，一旦发现持有发展缓慢型公司股票时，应立即抛出，从而进行风险较大的发展迅速型公司股票的投资。而对保守型长期投资者来说，因该类股票可避免投资风险，而且还可以从股息中获得收益，所以并不一定急于抛售该类股票。

5. 稳健适中型公司股票选择策略

稳健适中型公司的业绩增长速度一般在 10%~12%，多是一些大型公司。该类型公司的增长速度远比不上发展迅速型公司，但比发展缓慢型公司的增长速度要快。

如果投资者想购买稳健适中型公司股票，那么就不能指望该类型公司的股票在短时期有 10 倍或更多倍的收益。但是，稳健适中型公司大多是大型公司，其资产比较丰厚，可以在经济衰退和不景气的时候保护投资者的投资利益。因为该类公司一般不会破产，有能力度过危机。投资者选择该种类型的股票往往有一种安全感，但不能指望该类公司像发展迅速型公司的股票那样，挣到几十倍的收益。

6. 可能复苏型公司股票选择策略

如果投资者想要选择可能复苏型公司股票，首先就要考虑该类型公司是否有改进局势的计划，改进的计划是否切实可行。其次，注意观察财务收支情况有没有显著改变。如果注意到这些问题，就能从可能复苏型公司股票中得到一般人意想不到的收益。投资者在选择可能复苏型公司股票投资时，最有利的一点是，在所有种类的股票中，可能复苏型公司股票的涨跌和一般股市行情关联最小。这是因为这种股票和公司一样，被人们认为是无力“东山再起”而被逐渐淡忘了。在选择可能复苏型公司股票时要注意的根本点是，必须看到可能复苏的迹象，在情况不明时，不要做该类型公司的股票投资。

一些上市公司在开发新产品、促使产品更新换代时，会把大量的资金、人力都投入新产品开发中去，反而使这个公司在一段时间里的经济效益下降，利润减少。同时，开发的新产品还没有开拓出销售市场，这时公司往往处于低潮，股息发放减少，股息也偏低。在上市公司完成产品更新换代之后，公司的生产经营将进入正常轨道，这是购买股票的最佳时机。

7. 成长型公司股票

成长型公司股票是指处于迅速发展中的公司的股票，由于股价具有跟着业绩走的特点，所以，其成长性越大，股价上扬的可能性也就越大。该类型公司事业如日中天，公司盈利迅速增长，股本扩张性极强。投资这类股票可获得超额利润。

选择成长型公司的股票，关键是要详细了解该公司在哪些方面能持续发展，是否能保持迅速发展的势头，要注意公司的资产负债情况是否良好，并进行科学的前景预测。投资成长型公司股票要注意股票的选择和时机的选择等方面的问题。同时，值得特别指出的是，成长型公司股票也不是一成不变的，投资者应时刻把握国家经济脉搏，适时更换手中已过了高成长期的股票，选择能带来丰厚回报的高成长型公司股票。

8. 新股上市时的投资策略

任何事物都需要通过不断输送新鲜血液来维持自身的健康发展，股票市场也是如此。发行新股一方面是因为国家对国有企业进行股份制改造需要从股市筹集资金；另一方面也是活跃市场的行为。在不同的时期，由于市场环境不同，新股上市后的表现就会迥异。

在牛市的环境中上市新股，由于股价总体处于上升阶段，投资者对股票有较大的热情，市场交易热络，新股上市往往能受到市场欢迎，会使股价节节攀升，并带动股票的大势进一步上扬。新股在大势较好时上市，容易激起投资者的投资欲望，使资金进一步聚拢股市，刺激股票需求。

与此相反，在熊市的环境中上市新股，由于股价总体处于下降阶段，投资者对股票的热情骤减，不少投资者被套牢，市场交易冷清，新股上市常常激不起市场的热情。新股定价一般不高，股价往往还会呈现较弱的走势，有时还会出现进一步下跌的态势。新股上市时，投资者还应密切关注新上市股票的价位调整，并掌握其调整规律。

9. 股票除息期的投资策略

除息就是指当发行股票的上市公司把现金股利分配给股东时，股票的市价扣除派发给股东的股息。

除息的过程一般如下：每家上市公司每年都要召开年度股东大会，讨论公司的生产经营发展方针，其中包括派息方案。一家上市公司的股票在发放上年度现金股利前，是含息股票，要办理除息手续的发行人要先公布除息日期，让投资者有充分的时间考虑是否参加除息。凡在除息基准日持有该公司股票的，就享有领取股息的权利，除息日前一天又称除息基准日。

对于广大投资者来说，充分了解除息日前后股价的变化，以及准确把握每次分红派息的机会，是较为重要的。除息后，股价往往有较大的波动。若除息后股价上涨，把除息的价差补足，称为填息；相反，除息后股价下跌，不但除息的价差不能补回，而且价差继续拉大，称为贴息。除息后，无论股价涨跌，除权往往都起着加速的作用。一般来说，除息后股价的走势和大势密切相关。对中小投资者来说，在分红派息期，投资者应选择绩优股，这样才能使除息后的股票填息有望，使投资者获得较高的回报率。

10. 股票除权期的投资策略

上市公司给股东的回报一般表现为两种，即现金股利和股票股利。当上市公司发放股票股利时，即对股东无偿送股时就是除权。除权就是指当上市公司把股票股利发放给股东时，股票的市价扣除该股票送给股东的股票权值。

股票的除权较股票的除息更为重要，给价格造成的波动更大。股票的除权是每年股市非常重要的一个环节，每当股票进入除权的高峰期，市场都要经历较大的起伏。根据一般情况，在股票除权前，发放股票使股价在除权前升高，在除权后下降。因此，许多短线投资者根据除权前后股价变化较大且导致变化的因素较多的情况，便投入市场炒作。一般的投资者因为在除权期已持有了一段时间股票，不愿意在除权前放弃权利，在除权后再卖出股票就容易产生一种心理上的满足感，为此，在除权后往往能以较低的价格买入股票。因为此时股票刚刚除权，出售的人较多，价格较低，是较理想的入市时机。此时买进股票，以后获利的机会较多。当然，除权后股价的表现，还要结合当时市场的总体状况，因为任何一只股票的走向都离不开大势的影响。

11. 频频失利者的投资策略

股市即战场，是追逐收益的战场。弱肉强食、适者生存，不适者自然淘汰，这就是股市的法则。

股市风云变幻，甚至风高浪急，投资者稍有不慎就会“呛水”。因为股市是进行财富的再分配过程，在股市搏击的投资者，如果越战越败，屡炒屡赔，就应该进行深刻的反省，必要的时候应该迷途知返，如果一意孤行，总想捞点“稻草”再退出股市，或者认为只有挣回本钱才能退出股市，这种想法是有害无益的，其结果很可能是越赔越多。

俗话说，“苦海无边，回头是岸”。对于在股市屡屡失手的投资者，应果断痛下决心，及早撤离股市。投资股票不仅是为了收益，也是为了给生活增加一点乐趣，如果把投资股票当成一种负担，心理上会承受超常的压力，影响了正常的工作和生活，因此还是尽早脱离“苦海”为好。

12. 天灾时的投资策略

这里所说的天灾，是指某一上市公司遇到飓风、地震、水灾、火灾等自然灾害，公司的生产经营受到一定程度的影响，带来相应的经济损失。因此，当某公司遇到自然灾害后，其股价常常会急剧下降，甚至暴跌。

一般人往往把天灾造成的损失无限夸大，好像遇到天灾的公司从此就再也不复存在似的。其实损失往往并不像人们想象得那么大，公司还可以得到保险公司的赔偿。但恐惧心理会使股价大幅下跌，从而给有些投资者带来机会，他们往往在此时大量买进股票，当天灾过后，一切恢复正常，股价自然也就回升了。

13. 交易淡季入市的投资策略

对于短期投资者来讲，只有在交易热络时入市，才有希望获得短期的价差收益。若要着眼于长期投资，则不宜在交易热络时期入市，因为在交易热络时期，多为股价走势的高峰阶段，这时入市购买股票，成本可能偏高。即使所购的股票为业绩优良的投资股，能够获得不错的股利收益，但由于购买股票的成本较高，相对的投资报酬率也就下降。

从事长期投资的投资者在交易冷清时入市购买股票，或许在短期内不能获得价差收益，但从长期的观点来衡量，由于投资的成本较低，与将来得到的股利收益相比，相对的投资报酬率也就高得多。因此，在交易冷清时期，短期投资者应该袖手旁观，而对于长期投资者来说，则是入市的大好时机。

长期投资者应该在交易冷清时进场购股，然而这并不是说在交易开始冷清的时候，就可以立即买进。根据经验，淡季的末期往往才是最佳的买进时机，但是，问题在于没有人能够确切地知道到底什么时候才是淡季的末期。也许投资者认为已经到了淡季末期从而入市，行情却继续疲软相当长的一段时期；也许投资者认为应该再等一两个月再入市，行情却突然上升。一般是当市场进入相对低点时投资者应逐渐分期、分批地建仓，这里要处理好的一个重要问题是，不能太贪心，总希望在最低点买进的投资者往往连次低价的股票都买不上，从而错失买入时机。

二、不同类型股票的投资策略

1. 大盘股票投资策略

大盘股票是指股本额在 50 亿元以上的公司所发行的股票。这类股票的特性是，其盈余收入大多呈稳步而缓慢的增长趋势。炒作这类股票需要较为雄厚的资金，因此，一般炒家都不轻易介入这类股票的炒买或炒卖。

大盘股票的买卖策略如下。

（1）可在不景气的低价区域买进股票，在业绩明显好转、股价大幅升高时予以卖出。同时，由于炒作该类股票所需的资金庞大，故较少有主力大户介入拉升，因此，可选择在经济景气时期入市投资。

（2）大盘股票在过去的最高价位和最低价位上具有较强支撑阻力作用，因此，其过去的高价价位是投资者现实投资的重要参考依据。

2. 中小盘股票投资策略

1）中小盘股票的特性

由于中小盘股票炒作资金较大盘股票要少，较易吸引主力大户介入，股价的涨跌幅度较大，其受利多或利空消息影响，股价涨跌的程度也较大盘股票敏感得多，经常成为多头或空头主力大户之间互打消息战的争执目标。

2）投资中小盘股票的策略

耐心等待股价走出低谷，在股价开始转为上涨趋势，且环境可望好转时予以买进；其卖出时机可根据环境因素和业绩情况，在过去的高价区域附近获利了结。一般来讲，中小盘股票在 1~2 年内大多有几次涨跌循环出现，只要能够有效把握行情和方法得当，投资中小盘股票可能会获得一定收益。

3. 成长股投资策略

成长股是指迅速发展中的公司所发行的具有报酬成长率的股票。成长率越高，股价上扬的可能性也就越大。投资成长股的策略如下。

（1）在众多的股票中准确地选择出适合投资的成长股。一是要注意选择属于成长型的行业；二是要选择资本额较小的股票，资本额较小的公司，其成长的期望也就较大。

（2）恰当地确定买卖时机。在牛市阶段，投资成长股的策略应是在牛市的第一阶段投资于热门股票，在中期阶段购买较小的成长股，而当股市狂热蔓延时，则应不失时机地卖掉持有的股票。由于成长股在熊市时跌幅较大，而在牛市时股价较高，对于成长股的投资，一般较适合积极地投入。

4. 投机股买卖策略

投机股是指那些易被投机者操纵而使价格暴涨或暴跌的股票。投机股通常是投机者进行买卖的主要对象，由于这类股票易涨易跌，投机者通过经营和操纵投机股可以在短时间内赚取相当可观的利润。

投机股的买卖策略：①选择公司资本额较少的股票作为进攻目标；②选择优缺点并存的股票；③选择新上市或新技术公司发行的股票；④选择改组或重建公司的股票。

需要特别指出的是，由于投机股极易被投机者操纵而人为地引起股价的暴涨或暴跌，一般的投资者需采取审慎的态度，不要轻易介入，若盲目跟风，极易被高价套牢，成为大额投机者的牺牲品。

5. 蓝筹股投资策略

蓝筹股是指长期稳定增长的、大型的、传统工业股及金融股。

（1）蓝筹股的特点。投资报酬率相当优厚稳定，股价波幅变动不大。当多头市场来临时，它不会一马当先而使股价上涨。经常的情况是，其他股票已经连续上涨后，蓝筹股才会缓慢攀升；当空头市场来临时，投机股率先崩溃，其他股票大幅滑落，蓝筹股往往仍能坚守阵地，不至于在原来的价位上过分下降。

（2）对应蓝筹股的投资策略。投资者一旦在较适合的价位上购进蓝筹股后，不宜再频繁出入股市，而应将其作为中长期投资的较好对象。虽然持有蓝筹股在短期内可能在股票价差上获利不丰，但以该类股票作为投资目标，不论市场状况如何，都无须为股市涨落提心吊胆。而且，一旦机遇来临，也能收益颇丰。长期投资这类股票，即使不考虑股价变化，单就分红配股，往往也能获得可观的收益。

对于缺乏股票投资手段且愿做长线投资的投资者来讲，投资蓝筹股不失为一种理想的选择。

6. 循环股买卖策略

循环股是指股价涨跌幅度很明显，且一直在某一范围内徘徊的股票。

（1）循环股买卖策略。循环股的价格经常固定地在一定范围内涨跌，因此，应趁价跌时买进，价涨时卖出。实施该项策略的关键是有效地发现循环股。

（2）寻找循环股的方法。从公司的财务报表中，或者根据公司有关的资信情况了解最近三四年来股价涨跌的幅度，进而编制出一份循环股一览表。

（3）采取循环股买卖策略时，应避开以下三种股票：①股价变动幅度较小的股票。因为波幅较小的股票，即使能在最低价时买进和最高价时卖出，但扣除股票交易的税费后，利润所剩无几，因而不是理想的投资对象。②股价循环间隔时间太长的股票。间隔时间越长，资金占用的成本越大，宜把股价循环的时间限定在一年以内。③成交量小的股票。成交量小的股票常会遇到买不到或卖不出的情形，因此，宜尽量避免。

7. 新股炒作技巧

（1）仔细阅读招股说明书，了解上市公司募集资金的投向、收益期、可能产生的效益等，这是我们必做的功课。在新股上市之日前，就应对上市公司的主营业务、流通股数、发行价格、净资产、净资产收益率、历年的每股税后利润及本年每股收益预测、新股东可享受的权益、主承销商等进行分析，笔录备忘，以避免在该股上市当日，因不了解基本面，盲目介入造成损失。

（2）开盘价的估算（难点）。根据招股说明书提供的数据，可按下列公式，预估新股上市首日大致的开盘价范围：当年预测每股收益×（平均市盈率的5~10倍）+（未分配利润/总股本）。

由此得出两个结果，即预期价格的最高值和最低值。假如新股上市的首日开盘价超出预测值，即可判断为定位过高，那就放弃不做。

（3）开盘价位的高低判断是形态分析的关键。

（4）从价格形态看走势。新股上市首日的价格走势常见有以下形态：高开低走，多为出货行情，不宜介入；高开平走，多形成振荡出货行情，早期可用少量资金低吸高抛做短线；低开高走、平开高走或偏高开高走，后市常有一段较好行情。

（5）从开盘成交量看走势。新股开盘成交量的大小是观察二级市场主力是否介入的最早信号。经验统计，开盘竞价成交量达到上市新股流通总股本的 5% 以上，并且开盘价偏高时（过高或偏低均不利于支持判断），可认为有主力参与接盘，后市应看好。新股开盘价并不偏低，但开盘成交量明显偏小，则为一级市场持股人严重惜售，如果新股为中小盘股，很可能有主力在其中操盘，后市亦应看好。

（6）首日换手率。新股上市首日流通股换手率在 70%以上，表明接盘蜂拥，后市看涨。

第一天。首日均价为一只新股上市当天成交金额与成交股数的比值，一般可以看作主力的持仓成本。首日均价非常重要，很多新股上市拉高后往往围绕均价振荡换手。

第二天。买入新股后的第二天，如果股价跌破上市首日均价就卖出。因为炒作新股往往具有很大的风险，第二天不能持续上涨的话走势就会变得非常复杂，如果股价跌破首日均价，那么不是市场短线投机资金开始卖出，就是介入的主力资金开始洗盘，普通人很难准确判断之后的走势。而如果是首日开盘 1 分钟后就介入的，即使第二天跌破首日均价往往也能获利出局，这时候一定要把防范风险放在第一位。

第三天。第三天及以后短线的卖出点都要以是否跌破均价为标准。因为新股的主力资金介入成本是比较清晰的，也是比较容易判断的，主力资金的成本就是均价，新股均价的计算方法很简单，即第四天时新股的均价就是前四天这只新股的成交金额之和除以前四天这只新股总的成交量，如果一只新股的走势轻易跌破均价，则投资者要万分小心。

新股上市当天的全天换手率也非常重要，一般的经验是，新股全天换手率在 70%左右是最理想的，表明主力资金介入很深，后市看涨。如果换手率特别高，如超过 75%，说明大批散户包括一批几十万元到一百万元水平的小机构也在大量参与，其炒作动机无一例外地属于短线投机，一有价差就会趁势抛出，因此后市涨幅不会太大，持续时间也较短；如果换手率超过 80%，说明新股筹码完全松动，有很多“热钱”进入与主力资金争夺筹码，但“三个和尚没水吃”，主力资金一定会进行比较迅速和彻底的洗盘，股价短期也许会跌得面目全非。

新股首日换手率偏低，后市价格可能下跌，但也可能有一定可观的升幅。有人认为，首日换手率低表明原始股东“惜售”，未来上市公司基本面会有大的利好；也有人认为，首日换手率低，买入后即使被套，上市也没有套牢盘很重的“铁帽子”，后市解套也比较容易。

（7）炒作上市新股的择股思路：①流通盘略小。7 000 万元以下为宜。②独立板块。因无横向比价，空间较大。③有高科技含量。国家倡导科技兴国，科技股想象空间大。④题材丰富。高含权的新股，庄家易借题发挥。

（8）因市、因势制宜。不同市场、不同市况炒作新股应有不同的策略。

三、对个人投资者建议

在证券市场上，凡是出资购买股票、债券等有价证券的个人即个人投资者，其主要是相对于机构投资者而言的。个人投资者（无论资金多少）都可以被称为散户。

一是正确处理好证券投资与日常生活的关系。对于从事个人证券的大多数人来说，均是依靠工薪收入来维持日常开支，结余资金并不充裕。这就要求个人投资者在从事证券投资时，应先安排和保证家庭生活所必需的开支，再将结余资金投资于证券，切不能因做出不恰当的投资决策影响家庭正常的生活支出。

二是合理地筹措资金。用于证券投资的资金，一般情况下主要利用家庭的结余资金；如果取用暂时闲置留待未来有特定用途的资金，则应考虑投资于风险相对较小的证券，如国库券、公司债券等。切莫负债投资，除非所投资的证券限期较短、可靠性极强、收益较好。

三是合理确定投资证券的期限。一般来说，投资期限越长，收益也越高，但风险也越大。这时，应以个人投资者可支配资金的期限为投资依据，防止资金周转困难。

四是尽量投资于变现能力强的证券。这样，在投资者需要资金时，或者需要调整投资证券的种类时，能够及时“脱手”变现。为此，个人投资者在选择投资证券时，应优先考虑投资上市证券，因为上市证券的流通性与变现性最强，但其收益率可能较非上市证券相对低些。这就需要根据个人投资者的客观情况进行选择。

五是权衡证券投资收益与风险的利弊得失。个人投资者特别要分析自身对风险的承受能力，做好承担风险的心理准备和物质准备，然后再进行投资。

四、巴菲特股市不败的六大要素

1. 赚钱而不要赔钱

巴菲特经常被引用的一句话是，“投资的第一条准则是不要赔钱；第二条准则是永远不要忘记第一条”。因为如果投资1美元，赔了50美分，手上只剩一半的钱，除非有百分之百的收益，才能回到起点。

巴菲特最大的成就莫过于在1965~2006年，虽然历经3个熊市，但他的伯克希尔哈撒韦公司只有一年（2001年）出现亏损。

2. 别被收益蒙骗

巴菲特更喜欢用股本收益率来衡量企业的盈利状况。股本收益率是用公司净收入除以股东的股本，它衡量的是公司利润占股东资本的百分比，能够更有效地反映公司的盈利增长状况。

根据巴菲特的价值投资原则，公司的股本收益率不应该低于15%。在巴菲特持有的上市公司股票中，可口可乐公司的股本收益率超过 30%，美国运通公司达到 37%。

3. 要看未来

人们把巴菲特称为“奥马哈的先知”，因为他总是有意识地去辨别公司是否有好的发展前途，能不能在今后 25 年里继续保持成功。巴菲特常说，要透过窗户向前看，不能看后视镜。

预测公司未来发展的一个办法，是计算公司未来的预期现金收入在今天值多少钱。这是巴菲特评估公司内在价值的办法，他会寻找那些严重偏离这一价值、低价出售的公司进行投资。

4. 坚持投资能对竞争者构成巨大“经济屏障”的公司

预测未来必定会有风险，因此巴菲特偏爱那些能对竞争者构成巨大“经济屏障”的公司。这不一定意味着他所投资的公司一定独占某种产品或某个市场。例如，可口可乐公司从来就不缺竞争对手。但巴菲特总是寻找那些具有长期竞争优势、他对公司价值的预测更安全的公司。

20 世纪 90 年代末，巴菲特不愿投资科技股的一个原因就是，他看不出哪个公司具有足够的长期竞争优势。

5. 要赌就赌大的

绝大多数价值投资者天性保守，但巴菲特不是，他投资股市的620亿美元集中在45只股票上。他的投资战略甚至比这个数字更激进。在他的投资组合中，前 10 只股票占投资总量的 90%。美国晨星公司的高级股票分析师贾斯廷·富勒说：“这符合巴菲特的投资理念。不要犹豫不定，为什么不把钱投资到你最看好的投资对象上呢？”

6. 要有耐心等待

如果在股市里换手，那么可能错失良机。巴菲特的原则如下：不要频频换手，直到有好的投资对象才出手。

巴菲特常引用传奇棒球击球手泰德·威廉斯的话：“要做一个好的击球手，你必须有好球可打。”如果没有好的投资对象，那么他宁可持有现金。美国晨星公司统计，现金投资在伯克希尔哈撒韦公司的投资配比中占 18%以上，而大多数基金管理公司只有 4%的现金投资。

✎ 复习思考题

1. 简述股份有限公司的组织机构。
2. 股票发行方式有几种？
3. 普通股主要有哪几种类型？它与优先股主要有哪些不同点？
4. 简述几种不同类型股票的投资策略。

✎ 讨论分析题

1. 中国股市中的“一板”、“二板”和“三板”分别指的是什么？
2. 你了解沪深股市交易时间吗？与其他国家有什么不同？

第六章　债 券 投 资

本章基本要求：了解和熟悉各种债券特点；掌握债券审核发行程序、债券承销方式及其条件；熟悉我国国债基本类型。

本章难点：债券信用评级主要内容。

本章重点：债券投资收益。

第一节　债 券 市 场

一、债券概述

（一）债券的定义

债券是一种金融契约，是政府、金融机构、工商企业等直接向社会借债筹借资金时，向投资者发行的，同时承诺按一定利率支付利息并按约定条件偿还本金的债权债务凭证。

债券包含以下四层含义。

（1）债券的发行人（政府、金融机构、工商企业等机构）是资金的借入者。

（2）购买债券的投资者是资金的借出者。

（3）发行人（借入者）需要在一定时期内还本付息。

（4）债券是债的证明书，具有法律效力。投资者（或债券购买者）与发行人之间是一种债权债务关系，债券发行人即债务人，投资者（或债券购买者）即债权人。

（二）债券的票面要素

债券作为证明债权债务关系的凭证，一般用具有一定格式的票面形式来表现。通常，债券票面上基本标明的内容要素包括以下几个方面。

（1）债券的票面价值，包括币种、票面金额。

（2）债券的还本期限，即债券从发行之日起至偿清本息之日止的时间。

（3）债券的利率，即债券利息与债券票面价值的比率，通常为年利率，用百分比表示。

（4）债券发行人名称，指明债券的债务主体，为债权人到期追回本金和利息提供依据。

（三）债券的特征

债券作为一种重要的融资手段和金融工具，具有如下特征。

（1）偿还性。债券具有规定的偿还期限，债务人必须按期向债权人支付利息和偿还本金。

（2）流通性。在到期日之前，债券一般都可在流通市场自由转让变现，具有较强的流动性。

（3）安全性。与股票等其他有价证券相比较，债券的投资风险相对较小，安全性较高。

（4）收益性。债券能够为投资者带来一定的收益，这种收益主要包括获得的利息收益、一级转让出售获得的价差收益。

（四）债券与股票的比较

1. 二者的相同点

（1）股票与债券都是有价证券，是证券市场上的两大主要金融工具。

（2）二者都是筹措资金的手段，同在一级市场上发行，又同在二级市场上转让流通，对投资者来说，两者都是可以通过公开发行募集资本的融资手段。

（3）二者收益率相互影响，股票的收益率和价格与债券的利率和价格互相影响，往往在证券市场上发生同向运动，即一个上升另一个也上升，反之亦然，但升降幅度不一定相同。

2. 二者的区别

（1）二者权利不同。股票所表示的是对公司的所有权，而债券所表示的只是对公司的一种债权，权属关系不同，决定了股票持有人有权直接或间接地参与公司的经营管理，而债券持有人对公司的经营管理无权过问。

（2）二者目的不同。国债发行的目的是平衡财政收支、扩大政府的公共投资、解决临时资金需要；金融债券发行的目的是增强负债市场的稳定、获得长期资金来源、扩大资产业务；公司债券发行的目的是筹集资金、灵活运用筹资手段、维持对企业的控制。相比之下，股票发行的目的一般是募集资金做自有资本，用于公司的经营发展。

（3）二者期限不同。股票无到期之说，股票本金一旦交给公司，就不能再收回，只要公司存在，就永远归公司支配。债券到期可回收本金，也就是说，连本带利一般都能得到。

（4）二者收益不同。从收益方面看，债券在购买之前，利率已定，到期就可以获得固定利息，而不管发行债券的公司经营获利与否。股票一般在购买之前不定股息率，股息收入随股份有限公司的盈利情况变动而变动，盈利多就多得，盈利少就少得，无盈利就不得。

（5）二者风险不同。股票不仅是投资对象，更是金融市场上的主要投资对象，其交易转让的周转率高，市场价格变动幅度大，可以暴涨或暴跌，安全性低，风险大，却又能获得很高的预期收入，因而能够吸引不少投资者投进股票交易中来。而债券只是一般的投资对象，其交易转让的周转率比股票低，市场价格变动幅度小。

二、债券的分类

（一）债券的分类

按不同的标准，债券有多种划分方式。

1. 按发行主体分

详见表 6-1。

表 6-1　债券按发行主体分类表

名称	内容
政府债券	是政府为筹集资金而发行的债券。主要包括国债、财政债券等，其中最主要的是国债。国债，又称国家公债，是国家以其信用为基础，按照债的一般原则，通过向社会筹集资金所形成的债权债务关系。国债是由国家发行的债券，是中央政府为筹集财政资金而发行的一种政府债券，是中央政府向投资者出具的、承诺在一定时期支付利息和到期偿还本金的债权债务凭证，由于国债的发行主体是国家，所以它具有最高的信用度，被公认为是最安全的投资工具。国债因其信誉好、利率优、风险小又被称为“金边债券”
金融债券	是由银行和非银行金融机构发行的债券。目前我国金融债券主要由国家开发银行、中国进出口银行等政策性银行发行
公司（企业）债券	是企业依照法定程序发行，约定在一定期限内还本付息的债券。公司债券的发行主体是股份有限公司，但也可以是非股份有限公司的企业，一般归类时，可将公司债券和企业发行的债券合在一起，直接称为公司（企业）债券

2. 按计息方式分

详见表 6-2。

表 6-2　债券按计息方式分类表

名称	内容
贴现债券	指债券券面上不附有息票，发行时按规定的折扣率，以低于债券面值的价格发行，到期按面值支付本息的债券。贴现债券的发行价格与其面值的差额为债券的利息
零息债券	指债券到期时和本金一起一次性付息、利随本清，也可称为到期付息债券。付息特点：一是利息一次性支付；二是债券到期时支付

续表

名称	内容
附息债券	指债券券面上附有息票，按照债券票面载明的利率及支付方式支付利息的债券。息票上标有利息额、支付利息的期限和债券号码等内容。持有人可从债券上剪下息票，并据此领取利息。附息国债的利息支付方式一般是在偿还期内按期付息，如每半年或一年付息一次
单利债券	指在计息时，不论期限长短，仅按本金计息，所生利息不再加入本金计算下期利息的债券
复利债券	与单利债券相对应，指计算利息时，按一定期限将所生利息加入本金再计算利息，逐期滚算的债券
累进利率债券	指年利率以利率逐年累进方法计息的债券。累进利率债券的利率随着时间的推移，后期利率比前期利率更高，呈累进状态

3. 按利率确定方式分

详见表 6-3。

表 6-3 债券按利率确定方式分类表

名称	内容
固定利率债券	指发行时规定的利率在整个偿还期内不变的债券
浮动利率债券	是与固定利率债券相对应的一种债券，它是指发行时规定债券利率随市场利率定期浮动的债券，其利率通常根据市场基准利率加上一定的利差来确定。浮动利率债券往往是中长期债券。由于利率可以随市场利率浮动，采取浮动利率债券形式可以有效地规避利率风险

4. 按偿还期限分

详见表 6-4。

表 6-4 债券按偿还期限分类表

名称	内容
长期债券	一般说来，偿还期限在 10 年以上的为长期债券
中期债券	期限在 1 年或 1 年以上、10 年以下（包括 10 年）的为中期债券
短期债券	偿还期限在 1 年以下的为短期债券

注：我国企业债券的期限划分与上述标准有所不同。短期企业债券的偿还期限在 1 年以内，偿还期限在 1 年以上、5 年以下的为中期企业债券，偿还期限在 5 年以上的为长期企业债券

5. 按债券形态分

详见表 6-5。

表 6-5 债券按债券形态分类表

名称	内容
实物债券（无记名债券）	是以实物债券的形式记录债权，券面标有发行年度和不同金额，可上市流通的债券。实物债券由于其发行成本较高，将会被逐步取消
凭证式债券	是一种储蓄债券，通过银行发行，采用“凭证式国债收款凭证”的形式，从购买之日起计息，但不能上市流通
记账式债券	指没有实物形态的票券，以记账方式记录债权，通过证券交易所的交易系统发行和交易的债券。记账式国债发行和交易均无纸化，因此交易效率高，成本低，是未来债券的发展趋势

6. 按募集方式分

详见表 6-6。

表 6-6 债券按募集方式分类表

名称	内容
公募债券	指按法定手续，经证券主管部门批准在市场上公开发行的债券。这种债券的认购者可以是社会上的任何人。发行人一般有较高的信誉。除政府机构、地方公共团体外，一般企业必须符合规定的条件才能发行公募债券，并且要求发行人必须遵守信息公开制度，向证券主管部门提交有价证券申报书，以保护投资者的利益
私募债券	指以特定的少数投资者为对象发行的债券，发行手续简单，一般不能公开上市交易

根据债券的可流通与否，还可以将债券分为可流通债券和不可流通债券，或者上市债券或非上市债券，等等。

（二）特殊类型债券

1. 可转换债券

可转换债券是一种可以在特定时间，按特定条件转换为普通股股票的特殊企业债券。可转换债券兼具债券和股票的特性，具体体现在以下几个方面。

（1）债权性。与其他债券一样，可转换债券也有规定的利率和期限，投资者可以选择持有债券到期，收取本息。

（2）股权性。可转换债券在转换成股票之前是纯粹的债券，但转换成股票之后，原债券持有人就由债券人变成公司股东，可参与公司的经营决策和红利分配，这也在一定程度上会影响公司的股本结构。

（3）可转换性。可转换性是可转换债券的重要标志，债券持有人可以按约定的条件将债券转换成股票。转股权是投资者享有的、一般债券所没有的选择权。可转换债券在发行时就明确约定，债券持有人可按照发行时约定的价格将债券转换成公司的普通股票。如果债券持有人不想转换，则可以继续持有债券，直到偿还期满时收取本金和利息，或者在流通市场出售变现。如果持有人看好发行债券的公司的股票增值潜力，在宽限期之后可以行使转换权，按照约定转换价格将债券转换为股票，发行债券的公司不得拒绝。正因为具有可转换性，可转换债券利率一般低于普通公司债券利率，公司发行可转换债券可以降低筹资成本。

（4）回售性。可转换债券持有人还享有在一定条件下将债券回售给发行人的权利，发行人在一定条件下拥有强制赎回债券的权利。

2. 国际债券

国际债券是一种跨国发行的债券，涉及两个或两个以上国家，同国内债券相比，具有一定的特殊性。国际债券市场是专门从事国际债券发行买卖的场所。

外国债券是指甲国发行人或国际机构在乙国债券市场上以乙国货币面值发行的债券。外国债券是传统的国际金融市场的业务，已存在几个世纪，它的发行必须经发行地所在国政府的批准，并受该国金融法令的管辖。在美国发行的外国债券（美元）称为扬基债券；在日本发行的外国债券（日元）称为武士债券；在中国发行的外国债券（人民币）称为熊猫债券。

欧洲债券是指一国发行人或国际机构，同时在两个或两个以上的外国债券市场上，以发行国货币以外的一种可自由兑换货币、特别提款权或欧洲货币单位而发行的债券。欧洲债券是欧洲货币市场三种主要业务之一，因此它的发行无须任何国家金融法令的管辖。

3. 垃圾债券

垃圾债券一词译自英文junk bond，junk意指旧货、假货、废品、哄骗等，垃圾债券亦称“高息债券”，是美国公司发行的一种非投资级的债券。

通常，垃圾债券的月利率比美国政府债券的月利率高 2‰~4‰。

三、债券市场的功能

1. 融资功能

债券市场作为金融市场的一个重要组成部分，具有使资金从资金剩余者流向资金需求者、为资金不足者筹集资金的功能。与股票市场一样，债券市场为资金需求者提供了一个直接融资的渠道。我国政府和企业先后发行多批债券，为弥补国家财政赤字和支持国家的重点建设项目筹集了大量资金。

2. 资金流动导向的功能

效益好的企业发行的债券通常较受投资者的欢迎，因而发行时利率低、筹资成本小；相反，效益差的企业发行的债券风险相对较大，受投资者欢迎的程度较低，筹资成本较大。因此，通过债券市场，资金得以向优势企业集中，从而有利于资源的优化配置。

3. 宏观调控功能

一国中央银行作为国家货币政策的制定与实施部门，主要依靠存款准备金、公开市场业务、再贴现和利率等政策工具进行宏观经济调控。其中，公开市场业务就是中央银行通过在证券市场上买卖国债等有价证券或发行央行票据，从而调节货币的供应量，实现间接宏观调控的重要手段。在经济过热、需要减少货币供应量时，中央银行卖出债券或发行央行票据收回金融机构和公众持有的一部分货币，从而控制经济过热运行；当经济萧条需要增加货币供应量时，中央银行便买入债券，增加货币的投放。

4. 提供市场基准利率

从国际金融市场的一般运行规律来看，在比较健全的金融市场上，有资格成为基准利率的只能是那些信誉高、流通性强的金融产品的利率，而国债利率一般被视为无风险资产的利率，被用来作为其他资产和衍生工具计算净价的基准。而只有一个高流动性的、开放的、价格发现机制成熟的国债市场才能提供一个有意义的市场基准利率。

5. 防范金融风险

一个较为完备的债券市场可以有效地降低一国金融系统的风险。

四、债券的发行市场与流通市场

债券市场是发行和买卖债券的场所，是金融市场的一个重要组成部分。债券市场由债券的发行市场与流通市场构成。通过发行市场将新发行的债券从发行人的手中转移到初始投资者的手中，再通过流通市场进行债券的买卖、转让和流通。债券的发行市场和流通市场不仅为政府、企业、金融机构等提供了稳定的资金来源，为投资者提供了具有良好流动性和营利性的金融商品，还成为中央银行实现对市场间接调控的重要手段和工具。

（一）债券发行市场

债券发行市场亦称债券的一级市场，它是将新发行的债券从发行人的手中转移到初始投资者手中的市场。债券发行市场增加了债券市场的容量，为筹资者和投资者提供了资金流通的场所。在债券发行过程中，主要考虑的因素有以下几个方面。

1. 债券的发行方式

（1）按照债券的发行对象，可分为私募发行和公募发行两种方式。

私募发行是指面向少数特定的投资者发行债券，一般以少数关系密切的单位和个人为发行对象，不对所有的投资者公开出售。具体发行对象有两类：一类是机构投资者，如大的金融机构或是与发行人有密切业务往来的企业等；另一类是个人投资者，如发行人自己的职工，或是使用发行人产品的用户等。私募发行一般多采取直接销售的方式，不经过证券发行中介机构，不必向证券管理部门办理发行注册手续，可以节省承销费用和注册费用，手续比较简便。但是，私募债券不能公开上市，流动性差，利率比公募债券高，发行数额一般不大。

公募发行是指公开向广泛的、不特定的投资者发行债券。公募债券发行人必须向证券管理部门办理发行注册手续。由于发行数额一般较大，通常需要委托证券公司等中介机构承销。公募债券信用度高，可以上市转让，因而发行利率一般比私募债券低。公募发行的优点：可以通过了解金融知识的专业人员，使债券发行迅速而稳定，可以保证按期有效地完成发行任务。在现代的国债发行中，大部分采用间接发行的方式。

（2）按照债券的实际发行价格和票面价格的异同，债券的发行还可分为平价发行、溢价发行和折价发行。

平价发行，指债券的发行价格和票面金额相等，因而发行收入的数额和将来还本数额也相等。前提是债券发行利率和市场利率相同，这在西方国家比较少见。

溢价发行，指债券的发行价格高于票面金额，以后偿还本金时仍按票面金额偿还。只有在债券票面利率高于市场利率的条件下才能采用这种方式发行。

折价发行，指债券发行价格低于票面金额，但偿还时要按票面金额偿还本金。折价发行规定的票面利率低于市场利率。

2. 公开发行债券条件

公开发行证券，必须符合法律、行政法规规定的条件，并依法报经国务院证券监督管理机构或者国务院授权的部门核准；未经依法核准，任何单位和个人不得公开发行证券。有下列情形之一的，为公开发行：①向不特定对象发行证券的；②向特定对象发行证券累计超过 200 人的；③法律、行政法规规定的其他发行行为。

非公开发行证券，不得采用广告、公开劝诱和变相公开方式。公开发行公司债券，应当符合下列条件：①股份有限公司的净资产不低于 3 000 万元，有限责任公司的净资产不低于 6 000 万元；②累计债券余额不超过公司净资产的 40%；③最近 3 年平均可分配利润足以支付公司债券 1 年的利息；④筹集的资金投向符合国家产业政策；⑤债券的利率不超过国务院限定的利率水平；⑥国务院规定的其他条件。

公开发行公司债券筹集的资金，必须用于核准的用途，不得用于弥补亏损和非生产性支出。

3. 债券的承销过程

当债券的发行人选择公募发行方式时，就需要委托承销商等中介机构对其发行的债券进行承销。债券的承销过程主要包括三个不同的要素：债券发行定价、债券的承销和相关承销成本的分配。

（1）债券发行定价。当首次进行债券发行时，如何对其进行定价是第一个必须要解决的问题。因为承销商知道如果债券发行的息票利率过高，发行人可能会取消发行；而如果发行的息票利率过低，则很少有承销商愿意参与这种承销，因为在出售债券时，过低的利率将使债券很难被推销出去。因此，承销商必须把息票利率设定为发行人愿意出售而投资者愿意购买的水平。承销商有时采取“预先销售”来确定投资者对所发行债券的兴趣，并确定债券被售出的可能价格。

承销商对债券价格的估计并不是抽象的，往往采取以下两种形式。

一是，当一个特定的发行人在没有以前发行并公开交易的债券作为新发行债券的定价基础时，承销商在可比性的基础上制定新发行债券的承诺价格。这一方法是使用具有可比风险和期限的公司作为选择对象，如果没有这样一个可比的经济实体，可以寻找一组经济实体，或现有经济实体的组成部分，经过若干指标的筛选后，可以看作与发行人具有可比性，比照其债券的价格对新发行债券定价。

二是，当无法获得该种可比性时，可以选择直接计算法。使用这种方法可以对任何债券的定价进行合理性的检验，用对现金流量的估计，通过一定的公式计算得出。

（2）债券的承销。债券的承销过程是通过主办承销商来完成的。公募债券采取间接销售的具体方式又可分为三种：①代销。发行人和承销者签订协议，由承销商代为向社会销售债券。承销商按规定的发行条件尽力推销，如果在约定期限内未能按照原定发行数额全部销售出去，债券剩余部分可退还给发行人，承销商不承担发行风险。采用代销方式发行债券，手续费一般较低。②余额包销。承销商按照规定的发行数额和发行条件，代为向社会推销债券，在约定期限内推销债券。如果有剩余，需由承销商负责认购。采用这种方式销售债券，承销商承担部分发行风险，能够保证发行人筹资计划的实现，但承销费用高于代销费用。③全额包销。首先，由承销商按照约定条件将债券全部承购下来，并且立即向发行人支付全部债券价款；其次，由承销商向投资者分次推销。采用全额包销方式销售债券，承销商承担全部发行风险，可以保证发行人及时筹集到所需要的资金，因而包销费用也较余额包销费用高。

（3）相关承销成本的分配。如果发行的债券被完全售出，总的承销利差，即给发行人的担保价格与商定零售价格之间的价差，在参与者之间进行分配（承销商的收入就是发行人在发行债券时所支付的承销成本）。每个参与者根据在承销中所起的作用和所承担的风险，对发行人的承销成本进行分配。具体而言，主办承销商为发行做准备而获得收益；承销的成员用其资本承担风险获得收益；销售集团成员为销售债券而获得收益。由于各参与者的作用和所承担的风险各不相同，其报酬也不尽相同。

对于发行人而言，支付给承销商的费用就是发行人的发行成本，其中主要包括：①债券印刷费；②发行手续费；③宣传广告费；④律师费；⑤担保抵押费；⑥信用评级和资产重估费用；⑦其他发行费用。

（二）债券流通市场

债券流通市场是指已发债券买卖、转让、流通的场所。与债券发行市场相比，债券流通市场只代表债券债权的转移，并不创造新的实际资产或金融资产，也不代表社会总资本存量的增加。

1. 债券流通市场的构成

债券流通市场主要由证券交易所和柜台交易市场两部分组成。证券交易所又称为场内交易或上市交易，柜台交易又称为场外交易。

债券持有人通过证券交易所进行债券的买卖交易形成了债券的交易所市场。证券交易所是集中进行证券买卖的固定场所。债券上市是指已经依法发行的债券经证券交易所批准后，在证券交易所公开挂牌交易的法律行为。债券上市是连接债券发行和债券交易的桥梁。凡是在证券交易所买卖的债券就称为上市债券；相应地，债券发行人称为上市公司。根据《证券法》，依法公开发行的股票、公司债券及其他证券，应当在依法设立的证券交易所上市交易或者在国务院批准的其他证券交易场所转让。发行人申请证券上市交易，应向证券交易所提出申请并经其依法审核同意。

申请公司债券上市交易的，应当符合下列条件：公司设立达到一定年限和资产净值达到一定金额；债券按面值计算的发行额达到一定金额并且期限通常在1年以上；债券必须是公开发行并且信用等级通常在A级以上；等等。已上市的债券若不再满足上述条件，交易所有权令其停止上市交易。可转换债券的上市，除必须符合上述条件外，还应当符合公开发行股票的条件。

2. 我国申请上市的债券必须符合的条件

公司申请公司债券上市交易，应当符合下列条件：①公司债券的期限为一年以上；②公司债券实际发行额不少于5 000万元；③公司申请债券上市时仍符合法定的公司债券发行条件。

申请公司债券上市交易，应当向证券交易所报送下列文件：①上市报告书；②申请公司债券上市的董事会决议；③公司章程；④公司营业执照；⑤公司债券募集办法；⑥公司债券的实际发行数额；⑦证券交易所上市规则规定的其他文件。

3. 上市债券种类及交易方式

1）上市债券种类

发行结束后可在上海、深圳证券交易所，即在二级市场上市流通转让的债券为上市债券，包括上市国债、上市企业债券和上市可转换债券等。上市债券的流通性好，变现容易，适合需随时变现的闲置资金的投资需要。

国债，也叫国债券，是中央政府根据信用原则，以承担还本付息责任为前提而筹措资金的债务凭证。

企业债券，是公司依照法定程序发行、约定在一定期限还本付息的有价证券。企业债券通常泛指企业发行的债券，我国一部分发债的企业不是股份有限公司，一般把这类债券称作企业债券。

根据上海、深圳证券交易所关于上市企业债券的规定，企业债券发行的主体可以是股份有限公司，也可以是有限责任公司。

可转换债券。目前在上海、深圳证券交易所上市的可转换债券是指能够转换成股票的企业债券，兼有股票和普通债券双重特征。一个重要特征就是有转股价格。在约定的期限后，投资者可以随时将所持的可转换债券按股价转换成股票。可转换债券的利率是年均利息对票面金额的比率，一般要比普通企业债券的利率低，通常以票面价发行。转换价格是转换发行的股票每一股所要求的企业债券票面金额。

2）上市债券的交易方式

上市债券的交易方式大致有债券现货交易、债券回购交易、债券期货、债券期权交易。目前在我国上海、深圳证券交易所交易的债券有现货交易和回购交易。

现货交易，又叫现金现货交易，是债券买卖双方对债券的买卖价格均表示满意，在成交后立即办理交割，或在很短的时间内办理交割的一种交易方式。例如，投资者可直接通过证券账户在深圳证券交易所分布于全国各地的各证券经营网点买卖已经上市的债券品种。

回购交易，是指债券持有一方（出券方）和另一方（购券方）在达成一笔交易的同时，规定出券方必须在未来某一约定时间以双方约定的价格再从购券方那里购回原来售出的那笔债券，并以商定的利率（价格）支付利息。目前上海、深圳证券交易所均有债券回购交易，但只允许机构法人开户交易，个人投资者不能参与。

期货交易，是指交易双方成交以后，交割和清算按照期货合约中规定的价格在未来某一特定时间进行的交易。

期权交易是一种选择权的交易，双方买卖的是一种权利，也就是买卖双方按约定的价格，在约定的某一时间内或某一天，就是否购买或出售某种债券而预先达成契约的一种交易。期货交易又有买进期权、卖出期权和套做期权三种。

债券在证券交易所的交易采取公开竞价的方式，对于买卖双方而言是一种双向竞价，既有买者之间的竞争，也有卖者之间的竞争，还有买卖双方之间的竞争。买者尽可能以低的价格买入，而卖者尽可能以高的价格出售。在这种竞买竞卖过程中，当某一价格为买卖双方所接受时，就会立即成交。而在任何时点上，在等待成交的限制指令价格之间的差则被称为买盘-卖盘价差（bid-offer or bid-ask spread）。

3）上市债券的暂停上市或者终止上市

在证券上市期间，证券交易所可以根据情况决定对某些证券暂停或者终止上市。公司债券退市具体规定如下。

根据《证券法》的规定，股份有限公司有下列情形之一的，由证券交易所决定暂停其债券上市交易：①公司有重大违法行为；②公司情况发生重大变化，不符合公司债券上市条件；③发行公司债券所募集的资金不按照核准的用途使用；④未按照公司债券募集办法履行义务；⑤公司最近两年连续亏损。

公司有上述暂停上市情形的第①项、第④项所列情形之一的，经查实后果严重的，或者有上述暂停上市情形的第②项、第③项、第⑤项所列情形之一的，在限期内未能消除的，由证券交易所决定终止其公司债券上市交易。另外，公司解散或者被宣告破产的，由证券交易所终止其公司债券上市交易。

第二节 国债的品种与发行认购

国债，又称政府债券或公债，是政府作为债务人向社会公开发行的债券。其主要作用是弥补国家预算赤字、建设大型工程项目、归还旧债本息等。

一、发行国债的目的

发行国债大致有以下几种目的。

（1）在战争时期为筹措军费而发行战争国债。

（2）为平衡国家财政收支、弥补财政赤字而发行赤字国债。一般来讲，平衡财政收支可以采用增加税收、增发通货或发行国债的办法。

（3）国家为筹集建设资金而发行建设国债。

（4）为偿还到期国债而发行借换国债。

二、国债的分类

按照不同的标准，国债可做如下分类。

1. 按举借债务方式不同，国债可分为国家债券和国家借款

（1）国家债券：是通过发行债券形成国债法律关系。国家债券是国家内债的主要形式，我国发行的国家债券主要有国库券、国家经济建设债券、国家重点建设债券等。

（2）国家借款：是按照一定的程序和形式，由借贷双方共同协商，签订协议或合同，形成国债法律关系。国家借款是国家外债的主要形式，包括外国政府贷款、国际金融组织贷款和国际商业组织贷款等。

2. 按偿还期限不同，国债可分为定期国债和不定期国债

（1）定期国债：是指国家发行的、严格规定有还本付息期限的国债。定期国债按还债期长短又可分为短期国债、中期国债和长期国债。短期国债通常是指发行期限在1年以内的国债；中期国债是指发行期限在1年以上、10年以下的国债；长期国债是指发行期限在10年以上的国债。

（2）不定期国债：是指国家发行的、不规定还本付息期限的国债。该类国债的持有人可按期获得利息，但没有要求清偿债务的权利。例如，英国曾发行的永久性国债即属此类。

3. 按发行地域不同，国债可分为国家内债和国家外债

（1）国家内债：是指在国内发行的国债，其债权人多为本国公民、法人或其他组织，还本付息均以本国货币支付。

（2）国家外债：是指国家在国外举借的债，包括在国际市场上发行的国债和向外国政府、国际组织及其他非政府性组织的借款等。国家外债可经双方约定，以债权国、债务国或第三国货币筹集并还本付息。

4. 按发行性质不同，国债可分为自由国债和强制国债

（1）自由国债：又称任意国债，是指由国家发行的由公民、法人或其他组织自愿认购的国债。它是当代各国发行国债普遍采用的形式，易于被购买者接受。

（2）强制国债：是国家凭借其政治权力，按照规定的标准，强制公民、法人或其

他组织购买的国债。该类国债一般是在战争时期或财政经济出现异常困难，或为推行特定的政策、实现特定目标时采用。

5. 按使用用途不同，国债可分为赤字国债、建设国债和特种国债

（1）赤字国债：是指用于弥补财政赤字的国债。在实行复式预算制度的国家，纳入经常预算的国债属赤字国债。

（2）建设国债：是指用于增加国家对经济领域投资的国债。在实行复式预算制度的国家，纳入资本（投资）预算的国债属建设国债。

（3）特种国债：是指为实施某种特殊政策在特定范围内或为特定用途而发行的国债。

6. 按是否可以流通，国债可分为上市国债和不上市国债

（1）上市国债：也称可出售国债，是指可在证券交易场所自由买卖的国债。

（2）不上市国债：也称不可出售国债，是指不能自由买卖的国债。该类国债一般期限较长，利率较高，多采取记名方式发行。

三、我国的国债分类

我国的国债专指财政部代表中央政府发行的国家公债，由国家财政信誉做担保，信誉度非常高，一般稳健型投资者喜欢投资国债。国债种类有凭证式国债、无记名（实物）国债、记账式国债三种。

（1）凭证式国债是一种国家储蓄债，可记名，可挂失，以“凭证式国债收款凭证”记录债权，不能上市流通，从购买之日起计息。在持有期内，持有人如遇特殊情况需要提取现金，可以到购买网点提前兑取。提前兑取时，除偿还本金外，利息按实际持有天数及相应利率档次计算，经办机构按兑付本金的2‰收取手续费。

（2）无记名（实物）国债是一种实物债券，以实物券的形式记录债权，面值不等，不记名，不挂失，可上市流通。在发行期内，投资者可直接在销售国债的机构柜台购买。在证券交易所设立账户的投资者，可委托证券公司通过交易系统申购。发行期结束后，持有人可在柜台卖出实物券，也可将实物券交证券交易所托管，再通过交易系统卖出。

（3）记账式国债以记账形式记录债权，通过证券交易所的交易系统发行和交易，可记名，可挂失。投资者进行记账式证券买卖，必须在证券交易所设立账户。记账式国债的发行和交易均无纸化，故效率高，成本低，交易安全。

四、国债的发行价格

（1）平价发行，即发行价格等于其票面金额。债券到期时，国家应依据债券票面价格还本付息。

（2）折价发行，即发行价格低于债券票面金额。债券到期时，国家需按债券票面

价格还本付息。它不同于贴现发行。

（3）溢价发行，即发行价格高于债券票面金额。债券到期时，国家只按债券票面价格还本付息。

五、国债的发行方式

（1）公募法，即通过在金融市场上公开招标的方式发行国债。

（2）承受法，即由金融机构承购全部国债，然后转向社会销售，未能售出的部分由金融机构自身承担。

（3）出卖法，即政府委托推销机构利用金融市场直接出售国债。

（4）支付发行法，即政府对应支付现金的支出改为用国债代付。

（5）强制摊派法，即国家利用政治权力强迫国民购买国债。

第三节　债券投资收益

一、债券投资收益的计算

债券投资收益主要是持有期间获得的利息及买卖之间的价差收入。

1. 债券到期收益率

它是使一种债券或其他金融资产的购买价格等于其预期年净现金流（收入）的现值的比率。

$$V=\frac{I_1}{(1+y)^1}+\frac{I_2}{(1+y)^2}+\cdots+\frac{I_n}{(1+y)^n}+\frac{M}{(1+y)^n} \tag{6-1}$$

其中，V 为购入债券的价格；I 为每年的利息；y 为到期收益率。

例如，某投资者于2015年3月1日平价购买一张面额为100元的附息国债，其票面利率为10%，每年3月1日支付一次利息，于2020年3月1日到期。该投资者持有该国债直至到期日，计算其到期收益率时，通过公式可以计算出：

$$100=\sum_{n=1}^{5}\frac{100\times 10\%}{(1+y)^n}+\frac{100}{(1+y)^5}$$

用 y=10%计算：

$$\begin{aligned}&\sum_{n=1}^{5}\frac{100\times 10\%}{(1+10\%)^n}+\frac{100}{(1+10\%)^5}\\&=\frac{10}{1.1}+\frac{10}{1.1^2}+\frac{10}{1.1^3}+\frac{10}{1.1^4}+\frac{10}{1.1^5}+\frac{100}{1.1^5}\\&=100(元)\end{aligned}$$

可见，平价发行的每年付一次息的债券，其到期收益率等于其票面利率。

单利收益率公式：

$$Y_{单}=\frac{F-V}{VT} \tag{6-2}$$

复利收益率公式：

$$Y_{复}=\sqrt[T]{\frac{F}{V}} \tag{6-3}$$

其中，F 为债券到期值；V 为债券的价值；T 为债券剩余的期限，以年为单位。

2. 持有期收益率

如果债券的购买者只持有债券一段时间，并在到期日前将其出售，那么就出现了持有期收益率。持有期收益率计算公式如下：

$$P=\frac{I_1}{(1+h)^1}+\frac{I_2}{(1+h)^2}+\cdots+\frac{I_m}{(1+h)^m}+\frac{P_m}{(1+h)^m} \tag{6-4}$$

其中，h 为持有期的收益率，它使一种债券的市场价格（P）等于从该债券的购买日到出售日全部的净现金流（包括卖出价 P_m），其中投资者的持有期涵盖 m 个阶段。

二、我国银行间债券市场债券到期收益率计算标准

理论付息日。对于零息债券和到期一次还本付息债券，理论付息日是指债券期限内每年与到期兑付日相同的日期。例如，零息债券 A 到期兑付日为 2018 年 8 月 10 日，则债券期限内每年的 8 月 10 日为债券 A 的理论付息日。

日计数基准。银行间债券市场（包括债券回购交易）日计数基准为“实际天数/365”，即应计利息天数按实际天数计算（算头不算尾），一年按 365 天计算。

（一）债券全价中内含应计利息的计算

到期收益率是将债券未来现金流折算为债券全价的贴现率，债券全价等于债券净价与债券应计利息之和，应计利息计算公式如下。

（1）对固定利率债券和浮动利率债券，每百元面值的应计利息额为

$$\mathrm{AI}=\frac{C}{f}\times\frac{t}{\mathrm{TS}} \tag{6-5}$$

其中，AI 为每百元面值债券的应计利息额；C 为每百元面值年利息，对浮动利率债券，根据当前付息期的票面利率确定；t 为起息日或上一付息日至结算日的实际天数；f 为年付息频率；TS 为当前付息周期的时间天数。

（2）对到期一次还本付息债券，每百元债券的应计利息额为

$$\mathrm{AI}=K\times C+\frac{C}{\mathrm{TY}}\times t \tag{6-6}$$

其中，AI 为每百元面值债券的应计利息额；C 为每百元面值年利息；K 为债券起息日至结算日的整年数；t 为起息日或上一理论付息日至结算日的实际天数；TY 为当前计息年度的实际天数（算头不算尾）。

（3）对零息债券，每百元债券的应计利息额为

$$\mathrm{AI}=\frac{100-\mathrm{Pd}}{T}\times t \tag{6-7}$$

其中，AI 为每百元面值债券的应计利息额；Pd 为债券发行价；T 为起息日至到期兑付日的实际天数；t 为起息日至结算日的实际天数。

（二）债券全价与到期收益率的互算

（1）对处于最后付息周期的固定利率债券、待偿期在一年及以内的到期一次还本付息债券和零息债券，到期收益率按单利计算。计算公式为

$$y=\frac{\mathrm{FV}-\mathrm{PV}}{\mathrm{PV}}+\frac{D}{\mathrm{TY}} \tag{6-8}$$

其中，y 为到期收益率；FV 为到期兑付日债券本息和，固定利率债券为 $M+C/f$，到期一次还本付息债券为 $M+N\times C$，零息债券为 M［M 为债券面值；N 为债券期限（年），即从起息日至到期兑付日的整年数；C 为债券票面年利息；f 为年付息频率］；PV 为债券全价；D 为债券结算日至到期兑付日的实际天数；TY 为当前计息年度的实际天数（算头不算尾）。

（2）对待偿期在一年以上的到期一次还本付息债券和零息债券，到期收益率按复利计算。计算公式为

$$\mathrm{PV}=\frac{\mathrm{FV}}{(1+y)^{\frac{d}{\mathrm{TY}}+m}} \tag{6-9}$$

其中，PV 为债券全价；FV 为到期兑付日债券本息和，到期一次还本付息债券为 $M+N\times C$，零息债券为 M［M 为债券面值；N 为债券期限（年），即从起息日至到期兑付日的整年数；C 为债券票面年利息］；y 为到期收益率；d 为结算日至下一最近理论付息日的实际天数；m 为结算日至到期兑付日的整年数；TY 为当前计息年度的实际天数（算头不算尾）。

（3）对不处于最后付息周期的固定利率债券，到期收益率按复利计算。计算公式为

$$\mathrm{PV}=\frac{C/f}{(1+y/f)^{\frac{d}{\mathrm{TS}}}}+\frac{C/f}{(1+y/f)^{\frac{d}{\mathrm{TS}}+1}}+\cdots+\frac{C/f}{(1+y/f)^{\frac{d}{\mathrm{TS}}+n-1}}+\frac{M}{(1+y/f)^{\frac{d}{\mathrm{TS}}+n-1}} \tag{6-10}$$

其中，PV 为债券全价；C 为债券票面年利息；f 为年付息频率；y 为到期收益率；d 为债券结算日至下一最近付息日之间的实际天数；n 为结算日至到期兑付日的债券付息次数；M 为债券面值；TS 为当前付息周期的实际天数[①]。

---

① 付息周期的实际天数，是指下一个付息日与上一个付息日之间的实际天数（算头不算尾），含闰年的 2 月 29 日；计息年度，是指发行公告中标明的第一个起息日至次一年度对应的同月同日的时间间隔为第一个计息年度，依次类推。

三、债券信用评级

债券信用评级是以企业或经济主体发行的有价债券为对象进行的信用评级。债券信用评级大多是企业债券信用评级，是对具有独立法人资格企业所发行的某一特定债券按期还本付息的可靠程度进行评估，并标示其信用程度的等级。这种信用评级，是为投资者购买债券和证券市场债券的流通转让活动提供信息服务。公司公开发行债券通常需要由债券评信机构评定等级。债券的信用等级对于发行人和购买人都有重要影响，原因如下。

（1）债券评级是度量违约风险的一个重要指标，债券的等级对于债务融资的利率及公司债务成本有着直接的影响。一般说来，资信等级高的债券，能够以较低的利率发行；资信等级低的债券，风险较大，只能以较高的利率发行。另外，许多机构投资者将投资范围限制在特定等级的债券之内。

（2）债券评级方便投资者进行债券投资决策。对广大投资者尤其是中小投资者来说，由于受时间、知识和信息的限制，无法对众多债券进行分析和选择，因此需要专业机构对债券还本付息的可靠程度进行客观、公正和权威的评定，为投资者决策提供参考。

目前我国的等级标准有 A 级债券、B 级债券、C 级债券、D 级债券。

目前国际上公认的最具权威性的信用评级机构，主要有美国标准普尔公司和穆迪投资者服务公司。上述两家公司负责评级的债券很广泛，包括地方政府债券、公司债券、外国债券等，它们拥有详尽的资料，采用先进的科学分析技术，又有丰富的实践经验和大量的专门人才，因此它们所做出的信用评级具有很高的权威性。国际上流行的债券等级是 3 等 9 级：AAA 级为最高级，AA 级为高级，A 级为上中级，BBB 级为中级，BB 级为中下级，B 级为投机级，CCC 级为完全投机级，CC 级为最大投机级，C 级为最低级。

第四节　债券投资风险防范

一、违约风险

违约风险，是指发行债券的借款人不能按时支付债券利息或偿还本金，而给债券投资者带来损失的风险。在所有债券之中，财政部发行的国债，由于有政府做担保，往往被市场认为是“金边债券”，没有违约风险。但除中央政府以外的地方政府和公司发行的债券则或多或少地有违约风险。

规避方法：违约风险一般是发行债券的公司或主体经营状况不佳或信誉不高带来的风险，因此，避免违约风险的最直接办法就是不买质量差的债券。在选择债券时，一定要仔细了解公司的情况，包括公司的经营状况和公司以往的债券支付情况，尽量避免投资经营状况不佳或信誉不好的公司债券，在持有债券期间，应尽可能对公司经营状况进行了解，以便及时做出卖出债券的抉择。同时，由于国债的投资风险较低，保守的投资者应尽量选择投资风险低的国债。

二、利率风险

利率风险，是指利率变动而使投资者遭受损失的风险。毫无疑问，利率是影响债券价格的重要因素之一：当利率提高时，债券的价格就会降低；当利率降低时，债券的价格就会上升。债券价格会随利率变动，因此，即使是没有违约风险的国债也会存在利率风险。

规避方法：对于利率风险，应采取的防范措施是分散债券的期限，长短期配合，若利率上升，短期投资可以迅速地找到高收益投资机会；若利率下降，长期债券能保持高收益。总之，一句老话：不要把所有的鸡蛋放在同一个篮子里。

三、购买力风险

购买力风险，是指通货膨胀使得货币购买力下降的风险。通货膨胀期间，投资者实际利率应该是票面利率扣除通货膨胀率。若债券利率为10%，通货膨胀率为8%，则实际的收益率只有2%，购买力风险是债券投资中最常出现的一种风险。实际上，在20世纪80年代末到90年代初，由于国民经济一直处于高通货膨胀的状态，我国发行的国债销路并不好。

规避方法：对于购买力风险，最好的规避方法就是分散投资，以分散风险，使购买力下降带来的风险能为某些收益较高的投资收益所弥补。通常采用的方法是将一部分资金投资于收益较高的投资方式上，如股票、期货等，但带来的风险也随之增加。

四、变现能力风险

变现能力风险，是指投资者在短期内无法以合理的价格卖掉债券的风险。如果投资者遇到一个更好的投资机会，他想出售现有债券，但短期内找不到愿意出合理价格的买主，需要把价格降到很低或者很长时间才能找到买主，那么，他不是遭受降低价格的损失，就是丧失新的投资机会。

规避方法：对于变现能力风险，投资者应尽量选择交易活跃的债券，如国债等，便于得到其他人的认同，最好不要购买冷门债券。投资者在投资债券之前也应考虑清楚，应准备一定的现金以备不时之需，毕竟债券的中途转让不会给债券持有人带来好的回报。

五、再投资风险

投资者投资债券可以获得的收益有以下三种：①债券利息；②债券买卖中获得的

收益；③临时的现金流（如定期收到的利息和到期偿还的本金）进行再投资所获取的利息。

实际上，再投资风险是针对第三种收益来说的，投资者为了实现与购买债券时所确定的收益相等的收益，这些临时的现金流就必须按照买入债券时确定的收益率进行再投资。

规避方法：对于再投资风险，应采取的防范措施是分散债券的期限，长短期配合，若利率上升，短期投资可迅速找到高收益投资机会；若利率下降，长期债券能保持高收益。也就是说，要分散投资，以分散风险，并使一些风险能够相互抵消。

六、经营风险

经营风险，是指发行债券公司的管理与决策人员在其经营管理过程中发生失误，导致资产减少而使债券投资者遭受损失。

规避方法：为了防范经营风险，投资者选择债券时一定要对公司进行调查，通过对其财务报表进行分析，了解其营利能力和偿债能力、信誉等。国债的投资风险极小，而公司债券的利率较高但投资风险较大，因此，投资者需要在收益和风险之间做出权衡。

✎ 复习思考题

1. 简述债券、股票的区别和联系。
2. 简述债券市场的功能。

✎ 讨论分析题

1. 如何理性选购国债?

第七章　证券投资基金的运作与管理

本章基本要求：了解证券投资基金的设立原则、程序、交易方式等基本内容；掌握开放式基金与封闭式基金的运作过程、证券投资基金管理公司管理内容、证券投资基金监管要求。

本章重点：证券投资基金的交易程序。

本章难点：开放式基金与封闭式基金的运作过程。

第一节　证券投资基金概述

一、证券投资基金的概念

证券投资基金，是指通过发售基金份额募集资金形成独立的基金财产，由基金管理人管理、基金托管人托管，以资产组合方式进行证券投资，基金份额持有人按其所持份额享受收益和承担风险的投资工具（图 7-1）。

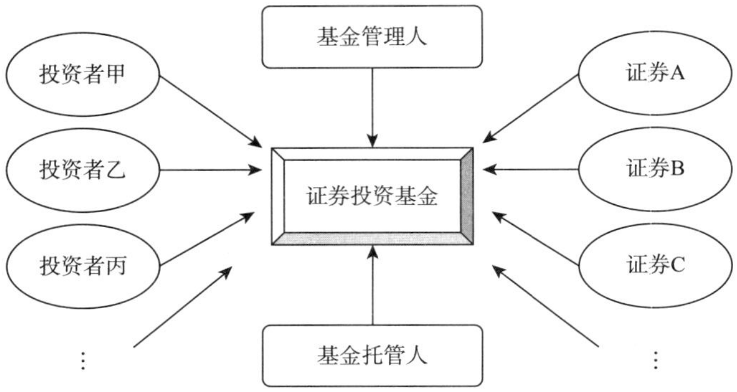

图 7-1　证券投资基金概念图解

不同国家与地区对证券投资基金的称谓不尽相同，如美国将其称为“共同基金”（mutual fund），英国和中国香港地区将其称为“单位信托基金”（unit trust），日本和中国台湾地区将其称为“证券投资信托基金”（investment trust），等等。

二、证券投资基金的特点

证券投资基金是一种间接投资工具，投资者通过购买证券投资基金参与证券投资，并成为证券投资基金份额持有人。证券投资基金的主要特点如下。

1. 证券投资基金是一种集合投资制度

证券投资基金是一种积少成多的整体组合投资方式，它从广大投资者那里聚集巨额资金，组建投资管理公司进行专业化管理和经营。在这种制度下，资金的运作受到多重监督。

2. 证券投资基金是一种信托投资方式

它与一般金融信托关系一样，主要有委托人、受托人、受益人三个关系人，其中受托人与委托人订有信托契约。但证券投资基金作为金融信托业务的一种形式，又有自己的特点。例如，从事有价证券投资的主要当事人中还有一个不可缺少的托管机构，它与受托人（基金管理人）不能由同一机构担任，而且基金托管人一般是法人；基金管理人并不对每个投资者的资金都分别加以运用，而是将其集合起来，形成一笔巨额资金再加以运作。

3. 证券投资基金是一种金融中介机构

它存在于投资者与投资对象之间，起着把投资者的资金转换成金融资产，通过专门机构在金融市场上再投资，从而使货币资产增值的作用。证券投资基金的管理者对投资者所投入的资金负有经营、管理的职责，而且必须按照合同（或契约）的要求确定资金投向，保证投资者的资金安全和收益最大化。

4. 证券投资基金是一种证券投资工具

它发行的凭证即基金券（或受益凭证、基金单位、基金股份），基金券与股票、债券一起构成有价证券的三大品种。投资者通过购买基金券完成投资行为，并凭基金券分享证券投资基金的投资收益，承担证券投资基金的投资风险。

三、证券投资基金与股票、债券的比较

证券投资基金与股票、债券相比，存在以下区别。

1. 反映的经济关系不同

股票反映的是一种所有权关系，是一种所有权凭证，投资者购买股票后就成为公司的股东；债券反映的是债权债务关系，是一种债权凭证，投资者购买债券后就成为公司的债权人；证券投资基金反映的则是一种信托关系，是一种受益凭证，投资者购买证券

投资基金份额后就成为证券投资基金的受益人。

2. 所筹资金的投向不同

股票和债券是直接投资工具，所筹集的资金主要投向实业领域；证券投资基金是一种间接投资工具，所筹集的资金主要投向有价证券等金融工具。

3. 投资收益与风险大小不同

通常情况下，股票的价格波动性大，是一种高风险、高收益的投资品种；债券可以给投资者带来一定的利息收入，价格波动性较股票小，是一种低风险、低收益的投资品种；证券投资基金投资于众多股票，能有效分散风险，是一种风险相对适中、收益相对稳健的投资品种。

4. 风险程度不同

一般情况下，股票的风险大于证券投资基金，对中小投资者而言，由于受可支配资产总量的限制，只能直接投资于少数几只股票，当其所投资的股票因股市下跌或企业财务状况恶化时，资本金有可能化为乌有；证券投资基金的基本原则是组合投资、分散风险，把资金按不同的比例分别投向不同期限、不同种类的有价证券，把风险降至最低程度；在一般情况下，债券本金能得到保证，收益相对固定，风险比证券投资基金小。

5. 投资回收方式不同

债券有一定的存续期限，期满后收回本金；股票一般无存续期限，除公司破产、清算等法定情形外，投资者不得从公司收回投资，如要收回，只能在证券交易市场上按市场价格变现；投资者投资证券投资基金则要视所持有的基金形态不同而有区别：封闭式基金有一定的期限，期满后，投资者可按持有的份额分得相应的剩余资产，在封闭期内还可以在交易市场上变现；开放式基金一般没有期限，但投资者可随时向基金管理人要求赎回。

虽然几种投资工具有以上的不同之处，但彼此之间也存在不少联系。

（1）证券投资基金、股票、债券都是有价证券，对它们的投资均为证券投资。

（2）证券投资基金份额的划分类似于股票：股票是按“股”划分，计算其总资产；证券投资基金资产则划分为若干个“基金份额”或“基金单位”，投资者按持有的基金份额或基金单位分享证券投资基金的增值收益。

（3）股票、债券是证券投资基金的投资对象。

四、证券投资基金的类型

证券投资基金的种类繁多，可按不同的方式进行分类。

（一）按照证券投资基金的组织形态不同分类

1. 契约型基金

作为证券投资基金的起源形式，契约型基金（contract fund）是指由基金投资者和基金管理人、基金托管人订立基金合同而组建的投资基金。它是基于契约原理组织起来的代理投资行为，没有基金章程，也没有公司董事会，通过基金企业来规范三方当事人的行为。基金管理人负责证券投资基金的管理操作；基金托管人负责证券投资基金资产的保管和处置，对基金管理人的运作实行监督；基金投资者通过购买基金份额，享有证券投资基金投资收益。我国的《证券投资基金法》所规定的证券投资基金是契约型基金，英国、日本和中国香港、台湾地区的证券投资基金多是契约型基金。

2. 公司型基金

公司型基金（corporate fund）是指以《公司法》为基础设立，通过发行股票的方式来筹集资金并投资于各类证券的证券投资基金。它产生于美国，在美国被称为共同基金或互惠基金的多属于这种类型。基金份额持有人既是基金投资者又是公司股东，按照公司章程的规定，享受权利、履行义务。公司型基金成立后，通常委托特定的基金管理人运用证券投资基金资产进行投资，证券投资基金资产的保管则委托基金托管人，二者权责分明。

3. 契约型基金与公司型基金的主要区别

（1）设立的法律依据不同。契约型基金是依照“信托契约”设立的，体现的是一种信托关系，没有独立的法人资格；公司型基金按照《公司法》建立运作，有完整的法人资格。

（2）投资者的地位不同。契约型基金的投资者是信托关系下的受益人，对证券投资基金如何运用所做的重要投资决策通常不具有发言权；公司型基金的投资者作为公司的股东有权对公司的重大决策进行审批，并发表自己的意见。

（3）存续期不同。公司型基金除非出现依据《公司法》规定必须破产、清算的情形，否则其存续期是永久性的，而契约型基金的存续期是有限制的。

（二）按照证券投资基金是否可自由赎回分类

按照证券投资基金是否可自由赎回分类，可以分为封闭式基金与开放式基金。

1. 封闭式基金

封闭式基金指在证券投资基金设立时基金发行份额是一定的，在发行完毕后的封闭期内投资者不能向基金管理公司购买基金单位或是赎回现金，一般在证券交易所挂牌交易，投资者可以通过交易市场买卖基金单位的一种证券投资基金。证券投资基金的资本总额是固定不变的，有时也被称为固定型基金。

2. 开放式基金

开放式基金指基金管理公司在设立基金时，发行基金单位总份数不固定，基金总额亦不封顶，可视经营策略和市场供求状况发行新份额或被投资者赎回的证券投资基金。开放式基金的资本总额是可以随时追加的，因此也被称为追加型基金。

3. 封闭式基金与开放式基金的主要区别

（1）基金份额的可变性。封闭式基金均有明确的存续期限（我国现有的封闭式基金存续期一般为 10~15 年），在存续期限内已发行的基金份额不能赎回，通常情况下，基金规模是固定不变的。开放式基金所发行的基金份额是可赎回的，而且投资者在基金的存续期内也可随意申购基金份额，导致基金规模不断变化。

（2）基金份额的买卖方式不同。封闭式基金发起设立时，投资者可以向基金管理人或销售机构认购；封闭式基金上市交易时，投资者可在证券交易所按市价买卖。而投资者投资于开放式基金时，可以随时向基金管理人或代销网点申购或赎回。

（3）基金份额的买卖价格形成方式不同。封闭式基金的买卖价格受市场供求关系等因素影响较大：当市场供小于求时，基金份额买卖价格可能高于单位基金资产净值；当市场供大于求时，基金份额买卖价格可能低于单位基金资产净值。而开放式基金的买卖价格则是以单位基金资产净值为基础计算的，可直接反映基金份额资产净值的高低。

（三）按投资对象的不同分类

按投资对象的不同，证券投资基金可以分为股票基金（stock fund）、债券基金（bond fund）、货币市场基金（money market fund）和混合基金（commingled fund）。

1. 股票基金

股票基金是以股票为投资对象的证券投资基金，是证券投资基金的主要种类。依据中国证监会颁布的《证券投资基金运作管理办法》，60%以上的基金资产投资于股票的证券投资基金为股票基金。股票基金收益与风险都比较大，主要是为了追求资本利得和长期资本增值。

2. 债券基金

债券基金是一种以债券为投资对象的证券投资基金，它通过集中众多投资者的资金购买债券进行组合投资，寻求较为稳定的收益。根据《证券投资基金运作管理办法》，80%以上的基金资产投资于债券的证券投资基金为债券基金。债券基金的波动性通常要小于股票基金，因此一般为风险承受能力较低的投资者所喜爱。

3. 货币市场基金

货币市场基金是指仅投资于货币市场工具的证券投资基金。根据中国证监会、中国人民银行于2004年颁布的《货币市场基金管理暂行规定》，其投资范围包括：现金；1年以内（含1年）的银行定期存款、大额存单；剩余期限在397天以内（含397天）的债券；期限在1年以内（含1年）的债券回购；期限在1年以内（含1年）的中央银行票据；中国证监会、中国人民银行认可的其他具有良好流动性的货币市场工具。货币市场基金的特点是流动性强，良好的流动性可以让货币市场基金对市场变化做出灵活反应，因而提高了证券投资基金运作的安全性。

4. 混合基金

混合基金是同时投资于股票、债券、货币市场工具或其他金融产品的证券投资基金。根据《证券投资基金运作管理办法》，投资于股票、债券和货币市场工具，并且股票投资和债券投资的比例与股票基金和债券基金不一致的，为混合基金。

（四）特殊类型基金

除了以上传统的证券投资基金种类，近些年来发展出许多新形式的证券投资基金，在这里主要讲解如下七种常见特殊类型的基金。

1. 合格的境外机构投资者基金

合格的境外机构投资者（qualified foreign institutional investor，QFII）制度是一国在货币没有实现完全可自由兑换、资本项目尚未开放的情况下，有限度地引进外资、开放资本市场的一项过渡性的制度。这种制度要求外国投资者若要进入一国证券市场，必须符合一定的条件，得到该国有关部门的审批通过后汇入一定额度的外汇资金，并转换为当地货币，通过严格监管的专门账户投资当地证券市场。合格的境外机构投资者基金是在一国境外设立，经该国有关部门批准从事境内证券市场的股票、债券等有价证券业务的证券投资基金。

2. 合格的境内机构投资者基金

合格的境内机构投资者（qualified domestic institutional investor，QDII）制度是在一国货币没有实现完全可自由兑换、资本项目尚未开放的情况下，经该国有关部门批准从事境外证券市场投资的一项过渡性的制度。在我国，合格的境内机构投资者指特许可以用人民币换成外汇投资境外证券市场的国内机构投资者。合格的境内机构投资者基金是在一国境内设立，经该国有关部门批准从事境外证券市场的股票、债券等有价证券业务的证券投资基金。

3. 交易型开放式指数基金

交易型开放式指数基金（exchange traded fund，ETF）又称交易所交易基金，属于开放式基金的一种特殊类型，它综合了封闭式基金和开放式基金的优点，投资者既可以向基金管理公司申购或赎回基金份额，又可以像封闭式基金一样在证券市场上按市场价格买卖ETF份额，不过，申购赎回必须以一揽子股票换取基金份额或者以基金份额换回一揽子股票。由于同时存在证券市场交易和申购赎回机制，投资者可以在ETF市场价格与基金单位净值之间存在价差时进行套利交易。套利机制的存在，使得ETF避免了封闭式基金普遍存在的折价问题。

4. 上市开放式基金

上市开放式基金（listed open-ended fund，LOF）是指基金发行结束后，投资者既可以在指定网点申购与赎回基金份额，也可以在证券交易所买卖的证券投资基金。如果投资者是在指定网点申购的基金份额，若要在网上出售，必须办理一定的转托管手续；如果是在证券交易所网上买进的基金份额，若要在指定网点赎回，也要办理一定的转托管手续。

LOF是一种可以在场外市场进行基金份额申购或赎回，并通过份额转托管机制将场外市场与场内市场有机联系在一起的一种开放式基金。

5. 对冲基金

对冲基金（hedge fund）也叫杠杆基金。对冲基金是那些利用不同市场进行套利交易的基金。从形式上看，对冲基金是一组投资工具，交易遍及所有市场种类，包括外汇、股票、债券、商品及各种衍生品等。第一只对冲基金是1949年推出的，最早的对冲基金规模很小，只在单个股票上下注，投资策略十分单一，风险很大。

6. 基金中的基金

基金中的基金（fund of fund，FoF）是一种专门投资于其他证券投资基金的基金。基金中的基金并不直接投资股票或债券，其投资范围仅限于其他证券投资基金，通过持有其他证券投资基金而间接持有股票、债券等证券资产，它是结合证券投资基金产品创新和销售渠道创新的证券投资基金新品种。我国规定基金资产的80%以上投资于其他基金份额的为基金中的基金。一方面，基金中的基金将多只证券投资基金捆绑在一起，投资基金中的基金等于同时投资多只证券投资基金，但比分别投资的成本大大降低了；另一方面，与基金超市和基金捆绑销售等纯销售计划不同的是，基金中的基金完全采用证券投资基金的法律形式，按照证券投资基金的运作模式进行操作；基金中的基金中包含对证券投资基金市场的长期投资策略，与其他证券投资基金一样，是一种可长期投资的证券投资基金。

7. 分级基金

分级基金（structured fund）又叫结构型基金，是指在一个投资组合下，通过对证券投资基金收益或净资产的分解，形成两级（或多级）风险收益表现有一定差异化基金份额的证券投资基金品种。它的主要特点是将证券投资基金产品分为两类或多类份额，并分别给予不同的收益分配。分级基金各个子基金的净值与份额占比的乘积之和等于母基金的净值。例如，拆分成两类份额的母基金净值=A 类子基金净值 × A 份额占比+B 类子基金净值 × B 份额占比。如果母基金不进行拆分，其本身是一个普通的证券投资基金。

五、证券投资基金的资产净值

（一）基金总资产

基金总资产是指证券投资基金拥有的所有资产（包括股票、债券、银行存款和其他有价证券等）按照公允价格计算的资产总额。基金总负债是指基金运作及融资时所形成的负债，包括应付给他人的各项费用、应付资金利息等。基金单位总数是指当时发行在外的基金单位的总量。

（二）基金资产净值

基金资产净值是基金总资产扣除总负债后的余额。其计算公式如下：

基金资产净值=基金总资产−基金总负债

基金资产净值是指在某一基金估值时点上，按照公允价格计算的证券投资基金总资产扣除总负债后的余额，该余额是证券投资基金单位持有人的权益。按照公允价格计算证券投资基金资产的过程就是基金估值。

（三）单位基金资产净值

单位基金资产净值即每一基金单位代表的基金资产净值。其计算公式如下：

单位基金资产净值=（基金总资产−基金总负债）/基金单位总数

基金估值是计算单位基金资产净值的关键。证券投资基金往往分散投资于证券市场的各种投资工具，如股票、债券等，这些资产的市场价格是不断变动的，因此，只有每日对单位基金资产净值重新计算，才能及时反映证券投资基金的投资价值。

（四）基金资产的估值原则

（1）上市股票和债券按照计算日的收市价计算，该日无交易的，按照最近一个交易日的收市价计算。

（2）未上市的股票以其成本价计算。

（3）未上市国债及未到期的定期存款，以本金加计至估值日的应计利息额计算。

（4）如遇特殊情况无法或不宜以上述规定确定资产价值时，基金管理人依照国家有关规定办理。

六、证券投资基金投资风险

证券投资基金是一种集中资金、专家管理，分散投资、降低风险的投资工具，但投资者投资于该基金仍有可能面临风险。

证券投资基金存在的风险主要有四个方面。

1. 市场风险

证券投资基金主要投资于证券市场，投资者购买证券投资基金，相对于购买股票而言，有效地分散投资和利用专家优势可能对控制风险有利。分散投资虽能在一定程度上消除来自个别公司的非系统性风险，但无法消除市场的系统性风险。因此，证券市场价格因经济因素、政治因素等产生波动时，证券投资基金收益水平和净值将会发生变化，从而给投资者带来风险。

2. 管理能力风险

基金管理人作为专业投资机构，比普通投资者在风险管理方面确实存在某些优势，如能较好地认识风险的性质、来源和种类，能较准确地度量风险，通常能够按照自己的投资目标和风险承受能力构造有效的证券组合，并能在市场变动的情况下及时对投资组合进行更新，从而将证券投资基金资产的风险控制在预定的范围内，等等。但是，不同的基金管理人的投资管理水平、管理手段和管理技术存在差异，从而对证券投资基金收益水平产生影响。

3. 技术风险

计算机、通信系统、交易网络等技术保障系统或信息网络支持出现异常情况时，可能导致证券投资基金日常的申购或赎回无法按正常时限完成、注册登记系统瘫痪、核算系统无法按正常时限显示基金资产净值、投资交易指令无法即时传输等风险。

4. 巨额赎回风险

巨额赎回风险是开放式基金所特有的风险。若市场剧烈波动或其他原因使得连续出现巨额赎回，并导致基金管理人出现现金支付困难时，投资者申请巨额赎回基金份额，可能会遇到部分顺延赎回或暂停赎回等风险。

第二节　证券投资基金当事人及职责

一、证券投资基金的主要当事人

在证券投资基金运作中，涉及的当事人主要有基金发起人、基金投资人、基金管理人、基金托管人，以及基金销售机构或基金交易机构、律师事务所和会计师事务所等中介机构。按证券投资基金运作不同阶段的身份和性质，基金发起人可以归类为基金投资人或基金管理人。基金销售机构、基金交易机构、律师事务所和会计师事务所等中介机构，是证券投资基金运作中的附属机构。因此，可以说，证券投资基金的主要当事人有三个：基金份额持有人、基金管理人、基金托管人（信托人）。

（一）基金份额持有人

基金份额持有人就是指基金投资人，也就是基金单位或受益凭证的持有人。基金份额持有人可以是自然人，也可以是法人。无论哪一种证券投资基金，只要投资者买入某种基金单位，就成为相应证券投资基金的持有人。基金份额持有人的权利包括：本金受偿权、收益分配权、剩余财产分配权、监督基金经营情况、获取基金业务及财务状况的资料及参与基金份额持有人大会表决等权利。

（二）基金管理人

基金管理人是负责证券投资基金的具体投资操作和日常管理的机构，也就是基金投资人所雇用的投资专家。基金管理人由基金管理公司担任，通常由证券公司、信托投资公司发起成立，具有独立法人地位。

基金管理人应当履行下列职责：

（1）按照证券投资基金契约的规定运用证券投资基金资产投资并管理证券投资基金资产。

（2）及时、足额地向基金份额持有人支付证券投资基金收益。

（3）保存证券投资基金的会计账册，记录 15 年以上。

（4）编制证券投资基金财务报告，及时公告，并向中国证监会报告。

（5）计算并公告基金资产净值及单位基金资产净值。

（6）证券投资基金契约规定的其他职责。开放式基金的基金管理人还应当按照国家有关规定和证券投资基金契约的规定，及时、准确地办理证券投资基金的申购和赎回。

（三）基金托管人（信托人）

基金托管人（信托人）是依据基金运行中“管理与保管分开”的原则对基金管理人进行监督和保管基金资产的机构，是基金份额持有人权益的代表，通常由有相当实力的商业银行或信托投资公司担任。我国规定，经批准设立的证券投资基金应委托商业银行作为托管人，基金托管人应具备的条件：设有专门的基金托管部；实收资本不少于 80 亿元；有足够的熟悉托管业务的专职人员；具备安全保管证券投资基金全部资产的条件；具备安全、高效的清算、交割能力。

基金托管人的主要职责包括：

（1）安全保管证券投资基金的全部资产。

（2）执行基金管理人的投资指令，并负责办理证券投资基金名下的资金往来。

（3）监督基金管理人的投资运作，发现基金管理人的投资指令违法、违规的，不予执行，并向中国证监会报告。

（4）复核、审查基金管理人计算的基金资产净值及基金价格。

（5）保存证券投资基金的会计账册，记录15年以上。

（6）出具证券投资基金业绩报告，提供证券投资基金托管情况，并向中国证监会和中国人民银行报告。

（7）证券投资基金契约、托管协议规定的其他职责。当然，证券投资基金销售与成立的过程还需要注册登记机构及证券投资基金的销售代理人参与进去。

二、基金当事人之间的关系

1. 基金份额持有人与基金管理人之间的关系

基金份额持有人与基金管理人之间的关系是委托人、受益人与受托人的关系，也是所有者和经营者的关系。

2. 基金管理人与基金托管人之间的关系

基金管理人与基金托管人的关系是相互制衡的关系。基金管理人和基金托管人均对基金份额持有人负责。他们的权利和义务在证券投资基金管理合同或基金管理公司章程中已预先界定清楚，任何一方有违规之处，对方都应当监督并及时制止，直至请求更换违规方。这种相互制衡的运行机制，有利于证券投资基金信托财产的安全和证券投资基金运营的绩效。但是这种机制的作用得以有效发挥的前提是基金托管人与基金管理人必须严格分开，由不具有任何关联关系的不同机构或公司担任，两者在财务、人事、法律地位上应该完全独立。

3. 基金份额持有人与基金托管人之间的关系

基金份额持有人与基金托管人的关系是委托与受托的关系，基金份额持有人把证券投资基金资产委托给基金托管人管理，对证券投资持有人而言，把基金资产委托给专业的机构管理，可以确保基金资产的安全；对基金托管人而言，必须对基金份额持有人负责，监督基金管理人的行为，使其经营行为符合法律法规的要求，为基金份额持有人尽职、保证资产安全，提高资产收益率。

这种三者之间相互制衡的运行机制，有利于保证证券投资基金资产的安全和证券投资基金运用的高效（图7-2）。

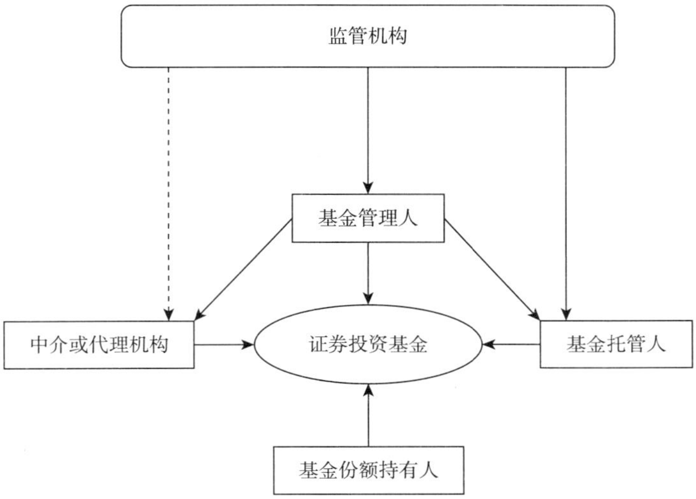

图 7-2　证券投资基金当事人关系简图

第三节　证券投资基金的设立、发行和销售

一、证券投资基金的设立

证券投资基金是由基金管理人设立的。根据《证券投资基金法》，基金管理人发售基金份额，募集基金，应当向中国证监会提交下列文件：①申请报告；②基金合同草案；③基金托管协议草案；④招募说明书草案；⑤基金管理人和基金托管人的资格证明文件；⑥经会计师事务所审计的基金管理人和基金托管人最近 3 年或者成立以来的财务会计报告；⑦律师事务所出具的法律意见书；⑧中国证监会规定提交的其他文件。

中国证监会应当自受理证券投资基金募集申请之日起 6 个月内依照法律、行政法规及中国证监会的规定和审慎监管原则进行审查，做出核准或者不予核准的决定，并通知申请人；不予核准的，应当说明理由。依据中国证监会颁布的《证券投资基金运作管理办法》，中国证监会根据审慎监管原则，可以组织专家评审会对证券投资基金募集申请进行评审。

证券投资基金募集申请经核准后，方可发售基金份额。证券投资基金募集期限自基金份额发售之日起不得超过 3 个月。证券投资基金募集期限届满，基金募集份额总额不少于 2 亿份，募集金额不少于 2 亿元，基金份额持有人的人数不少于 200 人，且封闭式基金募集的基金份额总额达到核准规模的 80%以上的，才具备成立条件。

基金管理人应当自募集期限届满之日起 10 日内聘请法定验资机构验资，自收到验资报告之日起 10 日内，向中国证监会提交验资报告，办理证券投资基金备案手续，并予以公告。中国证监会自收到基金管理人的验资报告和证券投资基金备案材料之日起 3 个工作日内予以书面确认；自中国证监会书面确认之日起，证券投资基金备案手续办理完毕，证券投资基金合同生效，证券投资基金正式成立。

二、证券投资基金的发行和销售

证券投资基金的发行和销售方式因封闭式基金和开放式基金的不同而有差异，投资者购买封闭式基金和开放式基金的方式也因此不同。

（一）封闭式基金的发行和销售

投资者购买封闭式基金，可在该基金首次募集的时候购买，也可在该基金上市交易后购买。

基金管理人首次募集封闭式基金，可通过网上发售和网下发售两种方式。网上发售方式，是指将所要发行的基金份额通过与证券交易所的交易系统联网的全国各地的证券营业部，向广大社会公众发售基金份额的发行方式；网下发售方式，是指将所要发行的基金份额通过基金管理人指定的营业网点和承销商的指定账户，向机构或个人投资者发售基金份额的发行方式。

封闭式基金首次募集完成并具备成立条件的，由基金管理人申请，经中国证监会核准，可以在证券交易所上市交易。中国证监会可以授权证券交易所依照法定条件和程序核准封闭式基金上市交易。由于封闭式基金的封闭性，即买入的封闭式基金不能卖回基金管理人，投资者若想将封闭式基金出售，只能通过在证券交易所交易；若想买入，也要通过证券交易所从其他投资者手中买入。投资者欲在证券交易所买卖封闭式基金的，需开设上海、深圳证券交易所证券账户或基金账户及资金账户。

（二）开放式基金的认购、申购和赎回

除 ETF 和 LOF 外，开放式基金一般不到证券交易所挂牌上市交易，而是通过基金管理人的直销渠道，或基金管理人委托的商业银行、证券公司、证券投资咨询机构或其他取得证券投资基金代销资格的机构进行申购或赎回。

投资者在开放式基金首次募集期间购买证券投资基金通常被称为基金的认购。投资者认购开放式基金，首先需要在基金注册登记人（基金管理人或其委托的代销机构）处开立基金账户，并需在基金管理人或其委托的代销机构处开设资金账户，然后办理认购手续。投资者在开放式基金首次募集结束并成立后，购买开放式基金的行为通常被称为基金的申购，向基金管理人申请购回其所持基金份额的行为通常被称为基金的赎回。

股票型、债券型开放式基金的申购与赎回采用“未知价”原则，即申购、赎回价格只能按照该日交易时间结束后，基金管理人公布的单位基金资产净值为基准进行计算，投资者事先并不知道当日的申购、赎回价格。但货币市场，基金的申购、赎回价格以 1 元为基准进行计算。

开放式基金遵循“金额申购、份额赎回”的原则，即申购以金额申请，赎回以份额申请，这是适应“未知价”原则的交易方式。在该原则下，投资者当时是不知道确切的申购数量和赎回金额的，一般到交易次日才能获知。

1. 开放式基金的申购费用及申购份额计算

申购开放式基金单位数量份额的计算方法如下：

申购费用=申购金额×申购费率

净申购金额=申购金额−申购费用

申购份额=净申购金额/申购当日单位基金资产净值

【例 7-1】 某投资者投资 1 万元申购某开放式基金，对应申购费率为 1.5%，假设申购当日单位基金资产净值为 1.015 8 元，则其可得到的申购份额为多少？

申购费用=10 000×1.5%=150（元）

净申购金额=10 000−150=9 850（元）

申购份额=9 850/1.015 8≈9 696.79（份）

投资者投资 1 万元申购某开放式基金，假设申购当日单位基金资产净值为 1.015 8 元，则可得到 9 696.79 份基金单位。

2. 开放式基金的赎回费用及赎回金额计算

赎回费用=赎回日单位基金资产净值×赎回份额×赎回费率

赎回金额=赎回日单位基金资产净值×赎回份额−赎回费用

赎回费用和赎回金额经四舍五入后保留小数点后两位。

【例 7-2】 某投资者赎回某开放式基金 9 696.79 份基金单位，赎回费率为 0.25%，假设赎回日单位基金资产净值是 1.216 8 元，则其可得到的赎回金额为多少？

赎回费用=1.216 8×9 696.79×0.25%≈29.50（元）

赎回金额=1.216 8×9 696.79−29.50≈11 769.55（元）

投资者赎回某开放式基金 9 696.79 份基金单位，假设赎回日基金单位资产净值是 1.216 8 元，则其可得到的赎回金额为 11 769.55 元。

第四节　证券投资基金的收益分配与拆分

一、证券投资基金的收益分配

（一）证券投资基金收益及收益构成

证券投资基金收益是证券投资基金资产在运作过程中所产生的超过自身价值的部分。具体地说，证券投资基金收益包括利息收入、股息收入、资本利得收入、已实现的其他合法收入。

1. 利息收入

证券投资基金的一部分资产会投资在国债和公司债券上，这些债券一般都会定期发放利息。同时，证券投资基金出于资产流动性的需要会保留一定比例的现金，这些现金存放在银行，也会获得利息收入。

2. 股息收入

上市公司视其经营状况的好坏，会定期进行利润分配，分配的形式可以是分派现金红利，也可以是发放股票红利。证券投资基金在股票市场投资时，作为上市公司的股东便会获得股息收入。

3. 资本利得收入

资本利得收入是指证券投资基金通过证券买卖价格的变化所产生的收入或损失。资本利得可以分为已实现资本利得和未实现资本利得。已实现资本利得是指证券投资基金因卖出证券而获得的买卖价差，未实现资本利得是指证券投资基金因所持有的证券价格的变化而获得的资产升值。

证券投资基金的资本利得收入在证券投资基金收益中往往占有很大比重，要取得较高的资本利得收入，就需要基金管理人具有丰富、全面的证券知识，能对证券价格的走向做出大致准确的判断。一般来说，基金管理人具有较强的专业知识，能掌握更全面的信息，因而比个人投资者更有可能获得较多的资本利得收入。

4. 已实现的其他合法收入

已实现的其他合法收入指运用证券投资基金资产带来的成本或费用的节约额，如证券投资基金因大额交易而从证券公司处得到的交易佣金优惠等杂项收入。

（二）分配方式

随着收益的增长，证券投资基金的单位基金资产净值会上升，证券投资基金会对其基金投资人进行收益分配。

1. 封闭式基金收益分配方式

在封闭式基金收益分配中，基金份额持有人只能选择现金红利方式分红，因为封闭式基金的规模是固定的，不可以增加或减少。

2. 开放式基金收益分配方式

开放式基金收益分配可采用两种方式。一是分配现金，即向基金份额持有人分配现金，这是证券投资基金收益分配的最普遍形式。二是红利再投资方式。红利再投资方式是将基金份额持有人分得的收益再投资于证券投资基金，并折算成相应数量的基金单位。这实际上是将应分配的收益折为等额的新的基金单位送给基金份额持有人，其情形类似于股票的“送红股”。许多证券投资基金为了鼓励基金投资人进行再投资，往往对红利再投资低收或免收申购费率。

当然，不同证券投资基金将在各自的招募说明书中明确规定自己的收益分配原则及方式，基金投资人应以其作为投资参考标准。

（三）分配原则

1. 封闭式基金收益分配原则

证券投资基金收益分配比例不低于基金净收益的 90%；证券投资基金收益分配采用现金形式，每年分配一次，分配在基金会计年度结束后的 4 个月内实施；证券投资基金当年收益弥补上一年度亏损后，才可进行当年收益分配；证券投资基金投资当年亏损，则不进行收益分配；每一基金单位享有同等分配权。

2. 开放式基金收益分配原则

证券投资基金收益以现金形式分配，但基金投资人可选择现金红利或将现金红利按红利发放日的单位基金资产净值自动转为基金单位进行再投资；在符合有关分红条件的前提下，证券投资基金收益分配每年至少一次，成立不满 3 个月的，收益不分配；证券投资基金当年收益在弥补上一年度亏损后，方可进行当年收益分配；证券投资基金收益分配后的单位基金资产净值不能低于面值；如果证券投资基金投资当期出现净亏损，则不进行收益分配；每一基金单位享有同等分配权。

（四）支付办法

封闭式基金（上市基金）由上海、深圳证券交易所登记机构通过证券公司直接划入基金投资人账户。

开放式基金支付现金时，由基金管理人委托销售机构或基金托管人汇至受益人的银行账户里；对采用“再投资分红”方式的，由基金管理人确定的注册登记机构直接将可转换份额进行过户，划入基金投资人的基金账户。

二、LOF 拆分

基金拆分，又称拆分基金，是指在保持基金份额持有人资产总值不变的前提下，改变基金份额净值和基金总份额的对应关系，重新计算证券投资基金资产的一种方式。基金拆分后，原来的投资组合不变，基金经理不变，基金份额增加，而单位基金资产净值减少。基金拆分通过直接调整基金份额数量达到降低单位基金资产净值的目的，不影响证券投资基金的已实现收益、未实现利得、实收基金等。

实施基金拆分的证券投资基金一般都是运作相当一段时间且业绩相对不错的老基金。历史原因或者基金份额持有人结构的原因，使得部分绩优老基金规模本来就比较小。例如，假设基金投资人持有某证券投资基金 1 万份，该单位基金资产净值为 2 元，那么他的基金资产为 2 万元。如果该基金按 1∶2 的比例进行拆分，则单位基金资产净值变为 1 元，总份额加倍，该基金投资人持有的基金份额由原来的 1 万份变为 2 万份，所对应的基金总资产仍为 2 万元。基金拆分对原来的基金份额持有人资产总额没有影响，只不过基金份额发生了变化。

第五节　证券投资基金的变更、终止及清算

一、封闭式基金的变更、终止及清算

（一）封闭式基金的变更

封闭式基金的变更，是指证券投资基金在运作过程中，因为基金提前终止、合并或分立、转换等特殊的情况或原因，使基金本身或其运作过程发生重大改变。证券投资基金发生变更行为必须报主管机关核准。

通常的变更行为有：①由于某些特殊原因需要分立基金，或该基金要与其他基金合并；②因故需要改变基金的性质，如由封闭式基金变为开放式基金；③基金扩募或续期，即增加基金规模或延长基金存续期限。

（二）封闭式基金的终止

封闭式基金的终止，是指封闭式基金出于规定的原因不能存续，要终止上市交易。

根据我国的有关规定，有下列情形之一的，基金将终止：①封闭式基金存续期满未续期的；②基金份额持有人大会决定终止的；③原基金管理人、基金托管人职责终止没有新基金管理人、新基金托管人承接的；④基金合同或者基金章程规定的其他情形。

（三）封闭式基金的清算程序

基金清算是基金终止后的活动或结果。基金终止时，应当组织基金清算小组对基金资产进行清算。根据我国的有关规定，自封闭式基金终止之日起 3 个工作日内应成立基金清算小组，基金清算小组在中国证监会的监督下进行基金清算；基金清算小组成员由基金发起人、基金管理人、基金托管人、具有从事证券相关业务资格的注册会计师、律师及中国证监会指定的人员组成；基金清算小组负责基金资产的保管、清理、估价、变现和分配。基金清算小组可以依法进行必要的民事活动。

根据我国的有关规定，封闭式基金的清算程序如下：①基金合同终止后，由基金清

算小组统一接管基金资产；②基金清算小组对基金资产进行清理和确认；③对基金资产进行估价；④对基金资产进行分配。

基金清算小组在进行基金清算过程中发生的所有合理费用，由基金清算小组从基金资产中支付。基金清算后的全部剩余资产扣除基金清算费用后，按基金份额持有人持有的基金份额比例进行分配。

二、开放式基金的终止及清算

（一）开放式基金的终止

通常情况下，当开放式基金出现下述情况之一后，证券投资基金合同经中国证监会批准将终止：①基金经基金份额持有人大会表决终止；②因重大违法、违规行为，基金被中国证监会责令终止；③基金管理人因解散、破产、撤销等事由，不能继续担任该基金的基金管理人，而无其他适当的基金管理机构承接其权利及义务的；④基金托管人因解散、破产、撤销等事由，不能继续担任该基金的基金托管人，而无其他适当的基金托管机构承接其权利及义务的；⑤由于投资方向变更引起的基金合并、撤销；⑥法律法规或中国证监会允许的其他情况。

（二）开放式基金的清算

证券投资基金终止后，应当按法律法规和基金契约的有关规定对基金进行清算。自开放式基金终止之日起30个工作日内成立基金清算组，基金清算组必须在中国证监会的监督下进行基金清算。在基金清算组接管基金资产之前，基金管理人和基金托管人按照基金契约和托管协议的规定继续履行保护基金资产安全的职责。基金清算组成员由基金管理人、基金托管人、基金管理人选定的具有证券从业资格的注册会计师事务所、律师事务所及中国证监会指定的人员组成。基金清算组接管基金资产后，负责基金资产的保管、清理、估价、变现和分配。基金清算小组可以依法进行必要的民事活动。

基金的清算按以下程序进行：①基金终止后，由基金清算组统一接管基金资产；②基金清算组对基金资产进行清理和确认；③对基金资产进行估价和变现；④将基金清算结果报告中国证监会；⑤公布基金清算结果公告；⑥进行基金剩余资产的分配。

小资料☞

基金投资小技巧

技巧一：基金不是股票，切忌交易过于频繁

相对股票来说，证券投资基金的投资范围较广，基金经理规划基金投资方向时，会通过量化对冲、多策略等方式避开个股风险，同时也会根据市场行情走势灵活调整基金资产配置。从近几年的市场情况看，当期表现较好的基金，下一期表现优于市场平均的概率更大，因此频繁更换基金的意义不大。此外，基金申购费用、赎回费用等较高，同样不适合频繁交易。

技巧二：追涨杀跌，止损也要止盈

人们都有一种“赌徒心理”，当盈利的时候，想要赚得更多，当亏损的时候，会奢望回本。那么，在证券投资基金的投资中究竟该如何克服“赌徒心理”呢？如果是一次性买入，设置合理的止损点更为重要，但是这种投资方式对投资者的基金能力、择时能力要求较强，比较适合专业能力强的投资者。如果是定期买入，设置有效的止盈点才是关键，早期可以不设置，但是中期、后期必须设置有效的止盈点，而且可利用分批止盈的方式，分享市场长期成长的果实，这种投资方式更适合投资经验较少的投资者。

技巧三：选择基金组合，分散投资风险

相比股市的跌宕起伏，同时投资股票、债券、现金等多种金融产品的证券投资基金表现得更为稳定。而基金组合，简单来说就是一次性投资多只基金，通过平衡大类资产配置来降低非系统性风险，相较于单只基金来说波动性更小。

技巧四：将资金转入债券型基金，有效规避风险

股票投资的不确定性因素比较多，投资者应考虑将资金转入低风险的债券基金或银行理财产品进行避险。和银行理财产品相比，债券基金有风险低、回报率高、流动性强等优点。

技巧五：坚持长线投资，抵御短期波动

成功的投资者都有长远的投资计划，这是因为长期投资可以克服短期的价格波动。相当多的投资者都想在基金亏损时及时卖出止损。在股市走低但宏观经济基本面依然看好的情况下，坚持长线投资才是最佳选择。

技巧六：避免过度频繁地操作，减少交易成本

大多数投资者都喜欢用波段投资方法反复进行操作，以图获得短期收益。然而证券投资基金并不是一种适合频繁操作的投资工具。

技巧七：坚持基金定投，降低平均成本

基金定投（automatic investment plan，AIP）有“懒人理财”之称，是定期、定额投资基金的简称，是指在固定的时间（如每月 8 日）以固定的金额（如 500 元）投资到指定的开放式基金中，类似于银行的零存整取方式。人们平常所说的基金主要是指证券投

资基金。选择基金定投，能有效降低平均成本，可以有条不紊地进行长期投资，不失为解决金融危机下投资的有效办法。

✎ 复习思考题

1. 证券投资基金的特点是什么？
2. 投资者如何认购、申购和赎回开放式基金？

✎ 讨论分析题

1. 购买证券投资基金真的“旱涝保收”吗？
2. 证券投资基金的主要当事人有哪几个？

第八章　证券投资基本分析

本章基本要求：掌握证券投资基本分析的基本内容，理解基本分析方法（宏观、中观、微观因素分析）；理解和掌握影响证券市场行情的主要宏观因素；掌握法人治理机构的主要内容、公司分析的基本内容与方法。

本章重点：证券投资基本分析内容。

本章难点：公司分析。

第一节　证券投资基本分析概述

证券投资基本分析是证券投资活动中的重要内容，是证券投资成败的关键环节。在实际进行证券投资基本分析时，要将证券投资的基本分析方法和技术分析方法有机结合起来，才能提高证券投资分析的准确性。

一、证券投资基本分析的概念

证券投资基本分析是投资者为购买债券、股票、证券投资基金等有价证券以实现其投资目的，通过各种专业性的分析方法和分析手段，对能够影响证券价格变动的各种信息进行综合分析，进而判断和评价证券价格发生变动的方向及力度的过程和方法。

证券投资基本分析侧重于对证券内在价值的研究，主要分析宏观经济运行状况、行业结构变动及上市公司财务和实绩等因素对证券市场供求态势的影响，进而预测未来的证券价格变动趋势。基本分析方法并不计较证券市场的升降情形，不分析证券价格的短期波动，因而是中长期投资者不可缺少的分析手段。

二、证券投资基本分析的意义

证券投资基本分析方法是从影响证券价格变动的敏感因素出发，分析证券市场价格变动的一般规律，为投资者做出正确决策提供科学依据的分析方法。要正确评估一家公司股票的价值，必须预测投资者能从该公司获得的红利和收益。然而，由于公司的前景与宏观经济形势息息相关，评价时必须考虑公司经营所处的经济环境。对某些公司来说，宏观经济和行业背景可能比公司在行业内的相对表现更会影响其利润。

进行证券投资基本分析的意义如下：①提高决策的科学性，减少投资的盲目性。②降低投资风险，提高投资收益。

三、证券投资基本分析的主要内容

1. 证券投资基本分析的信息来源

信息是进行证券投资分析的基础，在证券投资基本分析中发挥主要作用。

因此，证券投资基本分析的初步工作是搜集信息，包括各种资料、消息、数据、报告、情报等，作为投资决策的依据。

（1）历史信息资料。历史信息资料是指过去通过各种渠道取得的、现在能够影响证券市场或对证券投资基本分析有借鉴意义的信息资料，包括宏观信息、行业信息、区域信息和公司信息。

（2）媒体信息资料。媒体信息资料是指通过各种书籍、报纸、杂志、其他公开出版物及电视、广播、互联网等媒体获得的公开发布的信息资料。因媒体信息资料内容繁多，数量庞大，直接使用多有不便，所以某些商业机构组织专门人员对该类资料进行收集、整理、分析，并撰写研究报告，对外提供有偿服务。

（3）实地访查资料。实地访查资料是指证券投资基本分析人员直接到有关的上市公司、证券交易所、政府部门等机构实地了解和掌握对证券投资基本分析有用的信息资料。

（4）交易信息资料。交易信息资料是指在证券市场交易过程中产生的各种信息资料。该类信息主要来源于证券主管部门、证券交易所及证券公司，主要有股票价格指数、市盈率、成交量等市场指标、证券交易所提供的资料和发布的信息，以及证券公司公布的资料和提供的信息等。

（5）上市公司信息。上市公司信息是指有关上市公司概况、组织系统、资本结构、负债情况、经营状况、财务状况、公司收购与合并、新股发售、股票拆息等内容的信息资料。该类信息主要来源于上市公司的招股说明书、公司章程、上市公告书、定期报告等。上市公司信息是影响股价变动最直接的信息。

（6）宏观经济信息。宏观经济信息是指有关国家货币政策、财政收支状况、税收政策、经济发展阶段的改革方向，金融市场上信贷规模政策引起的银行利率、汇率的变动及通货膨胀的水平等信息资料。该类信息主要来源于报纸、杂志、书籍、电视台、电台等大众传播媒介，对证券市场有较为直接的影响。

2. 证券投资基本分析的基本内容

（1）宏观经济分析。宏观经济分析主要研究经济指标和经济政策对证券价格的影响。经济指标包括先行性指标、同步性指标和滞后性指标。经济政策主要有货币政策、财政政策和汇率政策等。

（2）行业分析与区域分析。行业分析与区域分析实际上是中观层次的分析，即介于宏观经济分析与公司分析的证券投资分析。行业分析主要是分析产业属于什么样的市场类型、处于什么样的生命周期及具有什么样的经营业绩，其分别对证券价格的影响是什么。区域分析主要是分析区域经济因素对证券价格的影响。

（3）公司分析。公司分析是证券投资基本分析的最终归结点，因为无论什么样的分析报告最终都要落实到某个具体公司的证券价格走势上来。公司分析的重点主要有公司的法人治理结构、竞争能力、营利能力、经营管理能力、财务状况、经营业绩、发展潜力及潜在的风险等对证券的影响。

四、证券投资基本分析方法

股票分析中对宏观经济的分析主要有总量分析法和结构分析法，实际工作中需将两种方法结合起来使用。

1. 总量分析法

总量是反映整个社会经济活动状态的经济变量，总投资是全社会私人投资和政府投资的总和，总消费是参与经济活动的各单位消费的总和。

总量分析法是对宏观经济运行总量指标的影响因素及其变动规律进行分析，进而说明整个经济状态和全貌的一种分析方法。总量指标包括两类，即个量的总和、平均量或比例量，如国民生产总值、总投资额、总消费额和物价水平等指标。总量分析法侧重于对总量指标速度的考察，侧重于对经济运行动态过程的分析。

总量分析主要是一种动态分析，因为它主要研究总量指标的变动规律。同时，总量分析也包括静态分析，因为总量分析包括考察同一时期内各总量指标的相互关系，如投资额、消费额和国民生产总值的关系等。

2. 结构分析法

结构分析法是对经济系统中各组成部分及其对比关系的变动规律进行分析的一种方法。例如，国民生产总值中的产业结构分析、消费和投资结构分析、影响经济增长的各因素结构分析等。结构分析主要是一种静态分析，即对一定时间内经济系统中各组成部分变动规律的分析。如果对不同时期内经济结构变动进行分析，则属于动态分析。

第二节　证券投资的宏观经济分析

宏观经济分析方法以整个国民经济活动作为考察对象，研究各个有关的总量及其变动，特别是研究国民生产总值和国民收入的变动及其与社会就业、经济周期波动、通货膨胀、经济增长等之间的关系。证券投资的宏观经济分析是进行证券投资基本分析的基础。良好的宏观投资环境是证券市场正常和顺利运行的保证。因此，对宏观经济的分析可以作为证券市场价格走势的基本判断。首先，讨论与公司表现相关的国际因素；其次，考察描述宏观经济状况常用的重要变量的意义；再次，讨论政府宏观经济政策和利率的决定；最后，通过经济周期来探讨宏观环境分析。

一、世界经济

世界经济是不同发展水平的国家与国家集团所组成的相互联系、相互依赖、共同运动的经济有机整体，其中包括世界市场、国际贸易、国际金融、国际投资和国际经济协调等。当代世界经济基本包括三类国家经济：发达国家经济、发展中国家经济和社会主义经济。

世界经济从出现至今经历了三个发展时期。

第一个时期，从18世纪中叶到第一次世界大战时期，是统一的无所不包的资本主义世界经济体系形成时期。

第二个时期，从20世纪初期俄国十月革命时期到20世纪80年代，由于出现了新社会主义经济，统一的资本主义世界体系被打破，世界经济一分为二，形成两个对立的经济体系。在这不到100年间，世界经济前后经历两个不同的发展阶段：十月革命时期到1945年第二次世界大战结束为第一阶段。在这个阶段，苏联社会主义经济同资本主义经济相互并存、相互斗争。从第二次世界大战结束到20世纪80年代末为第二阶段。在此期间，社会主义从一国发展到多国，形成了社会主义世界经济体系，大批新兴的民族国家经济开始兴起，它们同资本主义世界经济体系相互渗透、相互斗争，世界经济关系错综复杂。

第三个时期，20世纪90年代初“冷战”结束之后，世界经济进入一个新的发展时期。随着世界范围内“冷战”的结束和科技革命向纵深发展，经济体制改革和经济结构调整成为世界经济发展的潮流，各国经济按照其自身的规律向全球化、集团化的方向发展，建立在知识和信息的生产、分配和使用之上的知识经济初见端倪。

二、国内宏观经济

宏观经济，即宏观层面的国民经济，包括一国国民经济总量、国民经济构成（主要分为GDP[①]部门与非GDP部门）、产业发展阶段与产业结构、经济发展程度（人类发展指数、社会发展指数、社会福利指数、幸福指数）。

1. 反映国民经济发展状况的指标

（1）GDP与经济增长率。GDP是指一定时期内在一国国内新创造的产品和劳务的

---

① GDP：gross domestic product，国内生产总值。

价值总额，即在一国的领土范围内，本国居民和外国居民在一定时期内产生的、以市场价格表示的产品和劳务的总值。经济增长率也称经济增长速度，它是反映一定时期经济发展水平变化程度的动态指标，也是反映一个国家经济是否具有活力的基本指标。生产价格指数（producer price index，PPI）是衡量工业企业产品出厂价格变动趋势和变动程度的指数，是反映某一时期生产领域价格变动情况的重要经济指标，也是制定有关经济政策和进行国民经济核算的重要依据。

（2）通货膨胀率。通货膨胀率，简称通胀率，是指通过价格指数衡量的一般价格水平持续上涨的程度。高通胀率与经济过热联系在一起，即对商品和服务的需求超过了生产能力，从而价格产生了上涨的压力。许多政府在制定经济政策时都小心谨慎，希望刺激经济以达到充分就业，但又不得不提防引起通货膨胀压力。通货膨胀和失业的利弊权衡是许多宏观政策争议的中心问题。通货膨胀对社会经济产生的影响主要有：收入和财富的再分配，扭曲商品相对价格，降低资源配置效率，促发泡沫经济乃至损害一国的经济基础和财政基础。

（3）情绪指标（生产者、消费者信心指数）。消费者和生产者对经济的乐观或悲观预期是经济表现的重要决定因素。如果消费者对其未来收入水平有信心，那么，他们将更愿意花钱购买一些大件商品。如果厂商预期商品需求量较高，生产和存货水平就会提高。这样，信心影响着消费量和投资量，从而影响对商品和服务的总需求。

（4）国际收支。国际收支是一国居民在一定时期内与非居民在政治、经济、军事、文化及其他往来中产生的全部交易的系统记录。这里的“居民”是指在国内居住一年以上的自然人和法人。国际收支中包括经常项目和资本项目。经常项目主要反映一国的贸易和劳务往来状况；资本项目则集中反映一国同国外资金往来的情况，反映一国利用外资和偿还本金的情况。

（5）利率。利率是指借贷期内所形成的利息额与所贷资金额的比率。高利率降低了未来现金流的现值，因而减少投资机会的吸引力。因此，实际利率是商业投资的决定性因素。住房和高价耐用消费品（如汽车）经常通过融资来购买，对利率高度敏感，因为利率高低影响利息支付的高低。利率直接反映的是信用关系中债务人使用资金的代价，也是债权人出让资金使用权的报酬。从宏观经济分析的角度看，利率的波动反映市场资金供求的变动。

制定投资决策最重要的宏观经济变量是利率水平，在很大程度上，投资决策取决于对利率水平的期望。对利率的预测是应用宏观经济学中最困难的部分之一。决定利率水平有下面三个基本因素：①存款资金的供应量，主要来自家庭的存款；②市场对资金的需求量，这些资金通过融资投资于实物，如厂房、设备和存货等；③政府对资金的净供应量或净需求量，由中央银行进行调整。

（6）汇率。汇率又称外汇利率、外汇汇率或外汇行市，是两种货币之间对换的比率，亦可视为一个国家的货币对另一种货币的价值。汇率又是各个国家为了达到其政治目的的金融手段。汇率会因为利率、通货膨胀、国家的政治和各个国家的经济等变动。汇率是由外汇市场决定的。一国的汇率因该国的国际收支、通货膨胀率、利率、经济增长率等的变化而波动；汇率波动也会影响一国的经济发展。特别是在当前国际分工异常发达、各国间经济联系十分密切的情况下，汇率的变动对一国的国内经济、对外经济及国际的经济联系都产生着重大影响。

（7）失业率（unemployment）。失业率英文解释为“proportion of job-seekers who out of jobs”，译为没有工作且在积极找工作的人数占总工作的人数（除了小孩、老人、不能工作者）的百分比。失业率是资本市场的重要指标，属滞后指标范畴。失业率上升是经济疲软的信号，可导致中央银行放松银根，刺激经济增长；失业率下降，将形成通货膨胀，使中央银行收紧银根，减少货币投放。美国劳工部于每个月的第一个星期五公布失业率，市场上投资者对其非常关注。

另外，失业率数字的反面是就业数字（the employment data），其中最有代表性的是非农业就业数据。非农业就业人数为就业报告中的一个项目，该项目主要统计从事农业生产以外的职位变化情形，它能反映出制造行业和服务行业的发展及其增长，数字减少代表企业减少生产，经济步入萧条。当社会经济发展较快时，消费自然随之增加，消费性及服务性行业的职位也就增多。当非农业就业人数大幅增加时，理论上对汇率应当有利；反之则反。因此，非农业就业人数是观察社会经济和金融发展程度和状况的一项重要指标。

2. 政策变动因素指标

政府有两大宏观经济调控工具——影响商品和劳务需求的调控工具与影响供给的调控工具。影响需求的政策主要集中在政府的财政支出、税收水平和货币政策方面。影响供给的政策主要用于增强国民经济的生产能力，包括提倡国民教育政策、基础设施建设政策（如扩展通信和交通系统）及研究开发政策。具体地说，就是通过财政政策和货币政策来调控需求及供给。

（1）财政政策。财政政策是指政府依据客观经济规律制定的指导财政工作和处理财政关系的一系列方针、准则和措施的总称。财政政策是为了稳定经济的特定目的，政府采取的财政支出和税收行为。政府的财政支出和税收行为属于“需求管理”部分。财政政策可能是刺激或减缓经济最直接的方法。财政政策手段主要包括国家预算、税收、国债、财政补贴、财政管理体制、转移支付制度等。这些手段可以单独使用，也可以配合协调使用。以扩大财政支出、加大财政赤字为特征的各种政策手段的实施，将导致社会总需求的扩张，从而刺激投资、扩大就业。证券市场趋于活跃，证券价格自然上扬。但如果过度使用财政政策而出现巨额财政赤字，就会使通货膨胀加剧、物价上涨等，反而造成证券价格下跌。通过政府的预算赤字或盈余表现可以考察政府实施财政政策的净效应。预算赤字或盈余是政府财政收入和支出之间的差额。较大的财政赤字意味着政府的财政支出大大超过税收收入。净效应是指借助消费对商品增加的需求超过借助税收对商品减少的需求的部分影响，从而刺激经济。

（2）货币政策。货币政策是指货币管理当局为实施一定的宏观经济目标所采取的控制和调节货币供应量的策略和各种经济措施。货币政策工具又称货币政策手段，是指中央银行为实现货币政策目标所采用的政策手段，如法定存款准备金、再贴现、公开市场操作及其他选择性政策工具等。

目前，我国实施货币政策常用的工具有以下三种。

第一，公开市场操作，即中央银行（我国的中央银行指中国人民银行）为自己的账户购买或出售债券。当中国人民银行购买债券时，它只是“写张支票”而已，因而增加了货币供给（中国人民银行购买债券不必从银行账户提款）；相反，当中国人民银行出售债券时，购买者付给中国人民银行的货币脱离了流通领域。公开市场操作每天进行，这使得中国人民银行可以及时调整货币政策。

第二，贴现率，即对商业银行的短期贷款利率和存款准备金的利率。商业银行资产的一部分必须以现金形式持有或存款于中国人民银行。贴现率的降低表明扩张的货币政策，贴现率的提高则表明收缩的货币政策。

第三，存款准备金比例。降低存款准备金比例将使商业银行的每一单位资产有更多的贷款额，从而增加货币的有效供给，刺激经济。

中央银行运用货币政策工具调控货币量，必然对证券市场产生直接影响。利率上升，意味着公司借款成本增加，筹资困难，资金从股票市场流入银行，盈利相对减少，股票投机需求减少，必然导致股价下跌；反之，利率下降，公司利息负担减轻，借款容易，盈利相对增加，资金更多地流入股市，股票呈现供不应求的趋势，促使股价上涨。中央银行提高法定存款准备金率和再贴现率，证券行情就会走势趋软；反之，中央银行降低法定存款准备金率或降低再贴现率，证券行情就会走势上扬。

（3）收入政策。收入政策是国家为实现宏观调控总目标和总任务，针对居民收入水平高低、收入差距大小在分配方面所制定的原则和方针的总称。

我国实行以按劳分配为主、多种分配方式并存的个人收入分配政策。在以劳动收入为主题的前提下，国家依法保护法人和居民的一切合法收入和财产，鼓励城乡居民储蓄和投资，允许属于个人的资产等生产要素参与分配。

财政收入对证券市场的影响是十分复杂的，分析财政政策对证券市场的影响时应把握以下几个方面：①关注有关统计资料信息，认清经济形势；②及时了解和分析权威人士的经济观点和主张，预见政府可能采取的经济措施和采取措施的时机；③用“历史会重演”的观点预期政策倾向和相应的经济影响；④关注年度财政预算，了解政府的财政投资重点和倾斜政策；⑤结合行业分析和公司分析，研究个股的变化趋势。

第三节　证券投资的行业分析

行业分析是指根据经济学原理，综合应用统计学、计量经济学等分析工具对行业经济的运行状况、产品生产、销售、消费、技术、行业竞争力、市场竞争格局、行业政策等行业要素进行深入的分析，从而发现行业运行的内在经济规律，从而进一步预测未来行业发展的趋势。行业分析是介于宏观经济分析与微观经济分析的中观层次分析，是发现和掌握行业运行规律的必经之路，是行业内企业发展的大脑，对指导行业内企业的经营规划和发展具有决定性的意义。

行业分析主要关注那些与经济周期敏感度有关的事件，一个行业的生命周期，以及影响行业表现的关键事件。

一、行业划分

证券投资的行业分析和区域分析是证券投资基本分析中一个非常重要的组成部分。行业分析和区域分析是公司分析的基础，如果行业分析和区域分析前景光明，属于该类行业的企业或公司就具有很好的发展潜力。以下对相关行业分类进行介绍。

1. 道·琼斯分类法

对上市公司进行行业分析，首先就要对上市公司进行行业分类，道·琼斯分类法就是最著名的分类方法之一。道·琼斯分类法是在19世纪末为选取在纽约证券交易所上市的有代表性的股票而对各公司进行的分类，是证券指数统计中最常用的分类方法之一。

道·琼斯分类法将大多数股票分为三类，即工业、运输业和公用事业类，然后选取有代表性的股票。虽然入选的股票并不包括这类产业中的全部股票，但所选择的这些股票足以表明产业的一种趋势。在道·琼斯工业平均指数（Dow Jones industrial average，DJIA）中，工业类股票选取了工业部门的 30 家公司，如包括了采掘业、制造业和商业。这些产业有些扩张，有些则下降；有些行业的增长率超过国民生产总值的增长率，有些行业的增长率低于国民生产总值的增长率。运输业类包括了航空、铁路、汽车运输和航运业。作为计算道·琼斯工业平均指数的股票类别，公用事业的增长率一般是稳定的，公用事业类主要包括电话公司、煤气公司和电力公司。

2. 我国的行业分类

目前上海、深圳证券交易所的上市公司是按 2012 年 10 月 26 日中国证监会出台的《上市公司行业分类指引》（2012 年修订）分类的。分类的依据是《中华人民共和国统计法》《证券期货市场统计管理办法》《国民经济行业分类》等法律法规和相关规定，并借鉴联合国国际标准产业分类、北美行业分类体系的有关内容，如图8-1和图8-2所示。

3. 标准行业分类法

为了便于汇总各国的统计资料以进行对比，联合国经济和社会事务统计局曾制定了《全部经济活动国际标准行业分类》（图 8-3），建议各国使用。标准行业分类体系是根据企业所从事的主要活动来进行行业分类的。它把国民经济划分为 17 个门类，如农业、畜牧狩猎业、林业和渔业，采矿业及土石采掘业，制造业，电、煤气和水，等等。

《上市公司行业分类指引》

A 农、林、牧、渔业
B 采矿业
C 制造业
D 电力、热力、燃气及水生产和供应业
E 建筑业
F 批发和零售业
G 交通运输、仓储和邮政业
H 住宿和餐饮业
I 信息传输、软件和信息技术服务业
J 金融业
K 房地产业
L 租赁和商务服务业
M 科学研究和技术服务业
N 水利、环境和公共设施管理业
O 居民服务、修理和其他服务业
P 教育
Q 卫生和社会工作
R 文化、体育和娱乐业
S 综合

图 8-1 我国上市公司行业分类指引

2017 年制定的《国民经济行业分类》（GB/T 4754—2017），将社会经济活动划分为门类、大类、中类和小类四级。大的门类分为从 A 到 T 共 20 类：

A 农、林、牧、渔业
B 采矿业
C 制造业
D 电力、热力、燃气及水生产和供应业
E 建筑业
F 批发和零售业
G 交通运输、仓储和邮政业
H 住宿和餐饮业
I 信息传输、软件和信息技术服务业
J 金融业
K 房地产业
L 租赁和商务服务业
M 科学研究和技术服务业
N 水利、环境和公共设施管理业
O 居民服务、修理和其他服务业
P 教育
Q 卫生和社会工作
R 文化、体育和娱乐业
S 公共管理、社会保障和社会组织
T 国际组织

图 8-2 我国国民经济行业分类

联合国《全部经济活动国际标准行业分类》

A — Agriculture, hunting and forestry
B — Fishing
C — Mining and quarrying
D — Manufacturing
E — Electricity, gas and water supply
F — Construction
G — Wholesale and retail trade; repair of motor vehicles, motorcycles and personal and household goods
H — Hotels and restaurants
I — Transport, storage and communications
J — Financial intermediation
K — Real estate, renting and business activities
L — Public administration and defence; compulsory social security
M — Education
N — Health and social work
O — Other community, social and personal service activities
P — Private households with employed persons
Q — Extra-territorial organizations and bodies

图 8-3　国际标准行业分类

4. 行业分类

根据上市公司主营业务的营业范围，业内人士和投资者通常把上市公司分为以下 22 个行业：农业、采掘、制造、食品饮料、纺织服装、木材家具、造纸印刷、石化塑胶、电子、金属与非金属、机械设备、医药生物、水电煤气、建筑、运输仓储、信息技术、批发零售、金融保险、房地产、社会服务、传播文化、综合行业。

5. 板块分类

股票市场的板块效应是我国证券市场的特殊现象，在我国证券市场发展的各个阶段都产生过重要的影响。

板块分类标准不一，如按照地域划分，比较著名的有北京板块、深圳板块、上海板块等；按照上市公司的经营业绩划分，包括绩优板块、ST 板块等；按照行业分类划分，有“互联网+”板块、高科技板块、金融板块、房地产板块、酿酒板块、新材料板块、新能源板块等；按照上市公司的经营行为划分，有重组板块等。随着上市公司的不断发展及数量的日益增多，划分板块的标准也越来越多，各个板块之间的相互联动关系也日趋复杂。只要一个名称能成为市场炒作的题材，就能以该名称冠名一个板块。

二、行业分析的基本内容

1. 结构分析

行业的经济结构随该行业中企业的数量、产品的性质、价格的制定和其他一些因素的变化而变化，根据经济结构的不同，行业基本上可分为四种市场类型，即完全竞争、垄断竞争、寡头垄断、完全垄断。

2. 周期分析

一般而言，每个产业都要经历一个由成长到衰退的发展演变过程，这个过程被称为行业的生命周期。行业的生命周期通常可分为四个阶段，即初创阶段（幼稚期）、成长阶段（成长期）、成熟阶段（成熟期）和衰退阶段。

（1）初创阶段。在这一阶段，新行业刚刚诞生或初建不久，只有为数不多的创业公司投资这个新兴的产业。在初创阶段，产业的创立投资和产品的研发费用较高，而产品市场需求狭小，销售收入较低，因此这些创业公司在财务上不但没有赢利，还普遍亏损，甚至可能破产。同时，企业还面临较高的产品成本与较小的市场需求导致的投资风险。因而，这类企业更适合投机者而不是投资者。

在初创阶段后期，随着行业生产技术的提高、成本的降低和市场需求的扩大，新行业将逐步由高风险、低收益的初创期转入高风险、高收益的成长期。

（2）成长阶段。在这一阶段，拥有一定市场营销和财务力量的企业逐渐主导市场，其资本结构比较稳定，因而它们开始定期支付股利并扩大经营。在成长阶段，新行业的产品通过各种渠道以其自身的特点赢得了大众的认可，市场需求逐渐上升，同时，产品的供给方面也发生了一系列变化。由于市场前景看好，投资于新行业的企业大量增加，产品也逐步从单一、低质和高价向多样、优质和低价方向发展，新行业出现了企业和产品相互竞争的局面，这种状况的持续将使市场需求趋于饱和。

在这一阶段，企业不能单纯依靠扩大产量、提高市场份额来增加收入，而必须依靠提高生产技术、降低成本，以及研制和开发新产品来获得竞争优势，从而战胜竞争对手和维持企业的生存与发展。因此，那些财力与技术较弱、经营不善，或新加入的企业（因产品的成本较高或不符合市场的需要）往往被淘汰或被兼并。在成长阶段的后期，由于行业中企业与产品竞争优胜劣汰规律的作用，市场上企业的数量在大幅度下降以后便开始趋于稳定。由于市场需求基本饱和，产品的销售增长率下降，整个行业开始进入稳定期。

在该阶段，由于受不确定因素的影响较小，行业的增长具有可预测性，行业的波动也较小。此时，投资者经营失败而导致投资损失的可能性大大降低，分享行业增长带来的收益的可能性则会大大提高。

（3）成熟阶段。行业的成熟阶段是一个相对较长的时期。在这一阶段，在竞争中生存下来的少数大企业垄断了整个行业的市场，每个企业都占有一定比例的市场份额。

企业与产品之间的竞争手段逐渐从价格手段转向各种非价格手段，如提高质量、改善性能和加强售后服务等。此时，行业的利润由于一定程度的垄断达到了很高的水平，而风险因市场比例较稳定、新企业难以进入而降低。其原因是市场已被原有大企业按比例分割，产品的价格比较低，新企业由于创业投资无法很快得到补偿或产品销路不畅、资金周转困难而难以进入。

在行业成熟阶段，行业增长速度降到一个更加适度的水平。在某些情况下，整个行业的增长可能完全停止，其产出甚至下降，因此行业的发展很难较好地与国民生产总值保持同步增长，当国民生产总值减少时，行业甚至会蒙受更大的损失。但是，由于技术创新等原因，某些行业实际上会有新的增长。

（4）衰退阶段。行业在经历了较长的成熟阶段后，就进入了衰退阶段。这主要是因为新产品和大量替代品的出现，使得原行业的市场需求减少，产品的销售量开始下降，某些企业开始向其他更有利可图的行业转移资金，从而使原行业的企业数目减少，利润下降。至此，整个行业便进入了生命周期的最后阶段。在衰退阶段，市场逐渐萎缩，当正常利润无法维持或现有投资折旧完毕后，整个行业便解体。

3. 行业分析的市场应用

1）投资行业的选择

一般来说，投资者投资的目的是期望以最小的投资风险获得最大的投资回报。因此，在投资决策中，应选择增长型的行业和在行业生命周期中处于成长阶段和成熟阶段的行业，这就要求投资者仔细研究欲投资公司所处的行业生命周期及行业特征。

在对处于生命周期不同阶段行业的选择上，投资者应选择处于成长阶段和成熟阶段的行业，这些行业有较大的发展潜力，基础逐渐稳定，盈利逐年增加，股息红利相应提高，投资者有望得到丰厚而稳定的收益。一般来说，投资者应避免选择初创阶段和衰退阶段的行业，因为这些行业的发展前景难以预料，投资风险太大。例如，医疗服务行业正处于成长阶段，竞争风险相对较小，收益也相对较大，而采矿业已进入衰退阶段，该行业的投资收益就较少。

随着我国证券市场的发展，投资者如何在众多行业中选择呢？通常用两种方法来衡量：一是将行业的增长情况与国民经济的增长速度进行比较，从中找出增长型行业，如“互联网+”、新能源板块等；二是利用行业历年的销售业绩、营利能力等历史资料分析行业过去的增长情况，并预测行业未来的发展趋势，如互联网金融BAT①。中国互联网发展近十年来被百度、阿里巴巴、腾讯三家公司主导，三家巨头先后投资了30余家已上市公司和几百家未上市公司。中国互联网未上市创业公司估值前30名的公司中，80%背后有BAT的身影。

2）投资板块的选择

目前我国证券市场板块种类繁多，并且划分标准多种多样，这里仅就一些热点板块

---

① BAT是中国互联网公司百度公司（Baidu）、阿里巴巴集团（Alibaba）、腾讯公司（Tencent）三大公司首字母的缩写。

进行重点分析，如图 8-4 所示。

> **我国证券市场的“板块效应”**
>
> 板块效应是指同一板块的股票涨跌相互影响。在一定时期内，某一板块内的股票出现齐涨或齐跌的现象。同一板块内的股票之间因具有同一特点或同一题材而具有有机的联系，在市场运行中因这种“板块结构”形成的“板块联动”，要升同升，要跌同跌，称为“板块效应”。
>
> 板块效应是存在于我国股市的常见现象，合理、有效地应用板块效应有助于投资者构建适宜的投资组合，降低投资风险，提高投资收益。普通投资者对于板块效应的实际应用，存在很大的盲目性和随意性。
>
> 股票市场的板块效应是我国证券市场的特殊现象，被投资者广泛应用于整个证券市场。关于股票板块，指的是这样一些股票组成的小集团：这些股票因为某一共同特征而被人为地分类在一起，而这一特征往往是被所谓股市庄家用来进行炒作的题材。这些特征有的可能是地理上的，如“浦东板块”；有的可能是业绩上的，如“绩优板块”“成长板块”；有的可能是上市公司经营行为方面的，如“重组板块”；还有的可能是产业分类方面的，如“金融板块”“科技板块”；等等。总之，在证券市场几乎什么股票都可以被冠以板块的名称，仅凭这一名称就可能成为股市炒作的题材或概念。

图 8-4　我国证券市场的“板块效应”

（1）重组板块。资产重组作为我国证券市场一道亮丽的风景线，已引起业内外人士的广泛关注，有重组题材的上市公司成为证券公司、投资者和其他上市公司密切关注的对象。资产重组实际上就是上市公司将其拥有的资产（包括相关的产权、管理等要素）重新组合，从而实现股东权益最大化的行为。

上市公司资产重组的目的包括以下几点。

第一，规模扩张。通过对同行业企业进行并购，上市公司可在短期内扩大生产能力，提高企业效率，实现规模经济效益。

第二，利用“壳”资源。“壳”是指上市公司的上市资格。由于有些上市公司机制转换不彻底，不善于经营管理，其业绩表现不尽如人意，只有对其进行资产重组才能充分利用上市公司的这个“壳”资源，而优势企业通过对上市公司“壳”资源的重新配置，可以达到间接上市的目的。

第三，结构调整。上市公司通过资产重组，可以及时调整和优化资产结构，提高整体资产质量，如目前已有多家上市公司参股金融业和高科技行业，拓展多元化经营。

第四，健全财务结构，减轻债务负担。这就是常说的债权转股权，如辽宁华锦通达化工股份有限公司以债权转股权的形式兼并辽宁锦天化农业科技发展有限公司。

第五，经营机制的转换。上市公司通过资产重组，可输入或输出先进科学的管理技术，实现经营机制的转换。

（2）热点板块。股市中，热点板块是指当前市场上交投比较活跃，成交量比较大，板块内个股活跃度高于市场平均水平的行业或地域板块。

在牛市中，热点板块一般都是行情主导板块，带领大盘一路走高；在熊市中，热点板块一般都是弱势行情里的避风港，是比较抗跌、人气相对较好的板块；在盘整行情中，热点板块往往会有波段行情产生。

热点板块可细分为两种情况：一是市场上形成的热点板块；二是市场上未形成，预测未来可能形成的热点板块。

如何寻找热点板块呢?

第一，研读新闻。每天早上读一些有用的新闻。例如，和讯网的资讯既专业又快速，信息比较及时。根据国家的政策，再配合技术面，基本可以把握热点。

第二，做好盘后分析和盘前计划。每天收盘后，对当天的所有板块做一个回顾，可以看到白天因为时间关系未能观察到的板块异动，并依据消息面，预估当天热点板块。

当然，投资者也可以充分利用各中介机构提供的行情软件中的“热门板块分析”特色功能，预测分析热门板块。

3）热点板块预测

随着“一带一路”倡议逐步展开，5G（5-generation，第五代移动通信技术）板块、军工板块、创新独角兽板块、黄金板块、金融板块、数字医疗板块、互联网板块、北京冬奥会板块、粤港澳大湾区板块受到关注。

第四节　证券投资的公司分析

公司基本素质分析包括很多方面，但其中最为重要的是公司治理结构分析、公司竞争地位分析、公司营利能力及增长性分析、公司经营管理能力分析及公司财务分析。

（一）公司治理结构分析

公司治理结构是一套制度安排，用以支配在企业组织中有重大利害关系的投资者、经理人和职工之间的关系，并从这种联盟中实现经济利益。公司治理结构的核心问题包括：如何配置和行使控制权；如何监督和评价董事会、经理人员和职工；如何设计和实施激励机制。

（二）公司竞争地位分析

上市公司在行业中的竞争地位是进行公司基本素质分析的首要内容。其包括以下五个方面的内容：①技术水平和科技开发创新能力；②经营理念及经济管理方式；③市场开拓能力和市场占有率；④资本状况及融资能力；⑤重点产品及产品生命周期。

（三）公司营利能力及增长性分析

公司的价值取决于其营利能力同资本成本的比较。营利能力越高，资本成本越低，公司的净值就增长得越快，投资者愿意为之付出的就越多。

（四）公司经营管理能力分析

（1）公司行政管理人员素质和能力分析。
（2）公司管理风格及经营理念分析。
（3）维持公司竞争地位的能力分析。
（4）运用现代管理手段和方法的能力分析。

（五）公司财务分析

公司财务分析又称财务报告分析，是指通过对公司财务报表的有关资料和财务状况说明书所提供的信息进行汇总、计算、对比、分析，以综合评价公司的财务状况和经营成效的过程。资本市场上的金融工具大多与公司有关，因此，进行公司财务分析是展开资本市场投资运作的重要前提和重要内容。

1. 财务分析的依据

公司财务分析的主要依据是公司的财务报表。

财务报表是公司按统一规定的财务制度或有关的法律要求，根据日常财务核算资料，定期编制的一整套财务资料报表的总称。在证券投资分析中，经常使用的主要是资产负债表、损益表、现金流量表。

（1）资产负债表。资产负债表是反映公司在某一特定时点（年末或季末）财务状况的静态报告，资产、负债和股东权益的关系如下：资产=负债+股东权益。分析资产负债表可以了解公司的财务状况，如偿债能力强弱、资本结构合理性、流动资金充足性等。

（2）损益表。损益表是一定时期内公司经营成果的反映，是关于收益和损耗情况的动态报告。

（3）现金流量表。现金流量表是反映资产负债表的现金项目从期初到期末具体变化过程的报告。

2. 财务分析的方法

（1）财务比率分析。对公司一个财务年度内的财务报表各项目之间进行比较，计算比率，判断年度内偿债能力、资本结构、经营效率、营利能力情况等。

（2）不同时期的比较分析。将公司不同财务年度的财务报表进行纵向比较，计算比率，以对公司持续经营能力、财务状况变动趋势和营利能力等做出动态分析。注意

“同比”和“环比”。同比是本期与前期同时期相比较；环比是本期与上期相比较。例如，2020 年 2 月同比就是指与 2019 年 2 月比较，环比则是与 2020 年 1 月比较。

（3）与同行业其他公司之间的比较分析。将同一财务年度的公司财务报表与其他公司的财务报表横向比较，计算比率，以了解该公司在行业中的地位、具有的优势与不足。

3. 财务分析的主要指标

财务分析的主要指标可以划分为三类：偿债能力指标、资产营运能力指标和营利能力指标。

1）偿债能力指标

（1）负债比率。

负债比率又称资产负债率或举债经营比率，是公司负债总额与资产总额的比率。它反映了债权人提供的资金占公司资产总额的比重，以及公司资产对债权人权益的保障程度。其计算公式为

$$负债比率=\frac{负债总额}{资产总额}\times 100\%$$

债权人主要从借贷资金的安全性角度关心负债比率。负债比率过高，说明在公司资产中，股东的资本投入数量不足因而所占比重太低，公司的经营风险可能会转嫁给债权人，因此，债权人的风险较大。

（2）净资产负债率。

净资产负债率又称负债与股东权益比率，是指负债总额与公司净资产的比率。它反映了公司承担债务的财产担保能力和偿还长期债务的能力，也反映了公司对债权人权益的保障能力。其计算公式为

$$净资产负债率=\frac{负债总额}{公司净资产}\times 100\%$$

（3）流动比率。

流动比率是公司流动资产与流动负债的比率。它反映了公司资产的流动性状况和偿付短期债务的能力。其计算公式为

$$流动比率=\frac{流动资产}{流动负债}\times 100\%$$

（4）速动比率。

速动比率是公司的速动资产与流动负债的比率。其计算公式为

$$速动比率=\frac{速动资产}{流动负债}\times 100\%$$

其中，速动资产=流动资产−存货−预付账款−待摊费用。

2）资产营运能力指标

资产营运能力是公司利用资金，提高营运效率的能力。它反映公司经营管理、财务管理和资本营运等方面的能力。资产营运能力主要通过与公司资金周转速度的有关指标来反映。

（1）应收账款周转率。

应收账款周转率是公司在一定时期内的赊销收入净额与应收账款平均余额的比率。其计算公式为

$$应收账款周转率=\frac{赊销收入净额}{应收账款平均余额}\times 100\%$$

（2）存货周转率。

存货周转率是公司在一定时期内的销售成本与平均存货的比率。其计算公式为

$$存货周转率=\frac{销售成本}{平均存货}\times 100\%$$

（3）固定资产周转率。

固定资产周转率是公司的年销售收入净额与固定资产平均净值的比率。其计算公式为

$$固定资产周转率=\frac{年销售收入净额}{固定资产平均净值}\times 100\%$$

3）营利能力指标

营利能力是公司通过经营活动获取利润的能力。利润是投资者获得投资收益、债权人收回本金的资金来源，是经营者经营业绩和管理效能的集中表现，也是公司持续生存和发展的必要条件。

（1）销售利润率。

销售利润率是公司的销售利润总额与销售收入净额的比率。其计算公式为

$$销售利润率=\frac{销售利润总额}{销售收入净额}\times 100\%$$

（2）成本费用利润率。

成本费用利润率是公司的利润总额与成本费用总额的比率。它反映了公司生产经营过程中投入产出的效益水平。其计算公式为

$$成本费用利润率=\frac{利润总额}{成本费用总额}\times 100\%$$

（3）资本利润率。

资本利润率是公司的利润总额与资本总额的比率。它反映了股东投入公司中的资本的营利能力和获利水平。其计算公式为

$$资本利润率=\frac{利润总额}{资本总额}\times 100\%$$

（4）净资产利润率。

净资产利润率又称权益利润率，是指公司的利润总额与平均净资产的比率，反映了股东投资的收益水平和资产增值能力。其计算公式为

$$净资产利润率=\frac{利润总额}{平均净资产}\times 100\%$$

其中，平均净资产的计算公式为

$$平均净资产=\frac{年初净资产+年末净资产}{2}$$

（5）每股税后利润。

每股税后利润是每一普通股股份可获得的税后利润。它反映了普通股股东投资获利的真实水平。其计算公式为

$$每股税后利润=\frac{税后利润-优先股股利}{普通股股数}$$

需要强调的是，上述指标群不是相互独立的，它们相辅相成，有一定的内在联系，最终形成财务分析报告。财务分析报告又叫财务情况说明书，它是在分析各项财务计划完成情况的基础上概括、提炼、编写的具有说明性和结论性的书面材料。财务分析报告按其涉及内容的范围不同，可以分为全面分析报告、简要分析报告、典型分析报告、专题分析报告和分列对比分析报告。

杜邦分析法（DuPont identify，DuPont analysis）是用来评价公司营利能力和股东权益回报水平，从财务角度评价企业绩效的一种经典方法，利用几种主要的财务比率之间的关系来综合分析公司的财务状况，这种分析方法最早由美国杜邦公司使用，故名杜邦分析法。其基本思想是将公司净资产收益率逐级分解为多项财务比率乘积，这样有助于深入分析和比较公司经营业绩（图 8-5）。相应实盘操作指南见图 8-6。

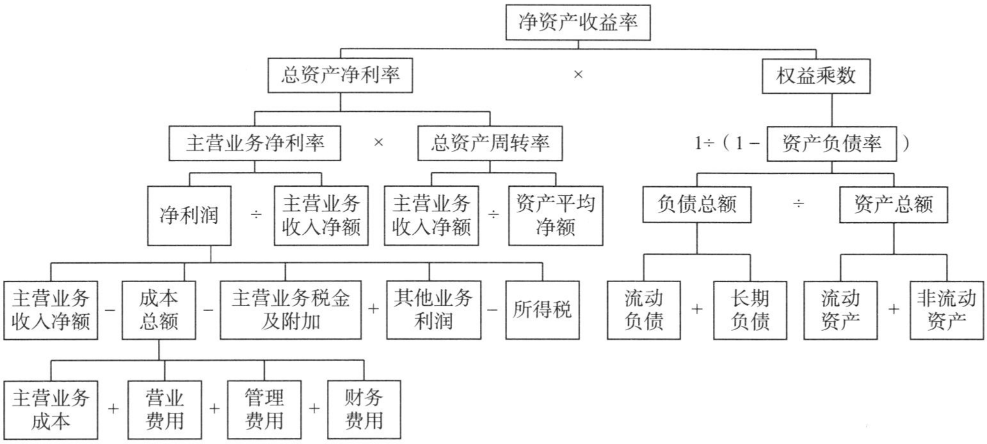

图 8-5　杜邦分析体系图

实盘操作指南　（台式电脑灵活运用 F10 键盘）

“同花顺” ☞ “大盘指数” ☞ “上证指数” ☞ “深证指数” ☞ “创业板指数” ☞左滑屏

或者“自选股” ☞ “宝钢股份 600019” ☞ “新闻” “盘口” “论股” “公告” “简况” “财务” “研报”七个信息条 ☞ “财务”上提（四个栏目：“主要指标” “利润表” “资产负债表” “现金流量表”）

图 8-6　实盘操作指南

第五节　投资心理分析

投资心理学是一门新兴的交叉学科，其理论基础除了来自效用、不确定性、对策、福利等经济心理学的诸多理论外，与态度、预期、风险理论与投资心理、行为理论更为直接相关。

投资者心理是指一个投资者的比较稳定的、经常影响其行为并使其和别人有所区别的心理特征的总和。

在金融投资场所里，要想战胜其他人从而成为赢家，单凭才智、技巧和信息是很难成功的。在影响投资成功的诸多因素中，心理因素不但是主要的，也是至关重要的。谁能了解自己、认识自己，谁就有可能获得成功。因为能认识自己，就能把自己的才智、技巧和潜力发挥到最佳，也才能反映出负面情绪的“噪声”干扰的影响，全神贯注地选择最有用的信息进行最佳的结合，准确把握市场发展的趋势。只有当投资者无论是从心理还是从身体上感觉最佳时，业绩才会是最好的。

一、投资者应具备的心理素质

心理素质是指人在心理形态方面所具有的比较稳定的特点，包括动能心理素质、智能心理素质和复合心理素质三个方面。简单地说，心理素质就是人在感知、思维、注意、想象、观念、情感、意志、兴趣等诸多心理品质方面的一种综合体现。

证券投资作为人类的一种特殊的社会活动，对证券投资者的心理素质要求主要表现在以下几个方面：一是要能够建立正确的自我认识；二是能够进行有效的自我约束；三是能够正确对待自己投资活动的成与败；四是要有足够的自信心、耐心和决策能力。

二、投资者必须具备的心理素质

1. 建立正确的自我认识

在证券投资市场，投资者只有正确认识自己，才能找到属于自己的位置，确定相应的投资策略和方法，采用适合自己的方式赚钱。

2. 进行有效的自我约束

自我约束的能力，也就是自我控制的能力，简称自制力。一个能够获得成功的人，总是能够很好地进行自我控制。证券市场中时时刻刻存在诱惑，如果没有自我约束能力，投资者很容易被市场牵着鼻子走。许多人在股市里一错再错，就是因为缺乏自我约束的能力。

3. 要有一颗平常心

投资者要做到心平如镜，面对胜败输赢泰然处之，达到“荣辱不惊，看庭前花开花落；去留无意，望天上云卷云舒”的境界。用卢梭的话就是，“人生而自由，却无所不在枷锁之中”。

4. 必须要有耐心

沃伦·巴菲特的投资周期比一般的投资者要长得多。他认为，投资者要买的是值得永久持有的公司股票，而不是因为这只股票马上要上涨。他相信，如果选对了一家公司，并在一个合理的价位买进股票，就一定会看到股票的上涨。

5. 独立思考

沃伦·巴菲特认为，如果一个投资者不知道该如何做出买卖决定，那么就根本不应该做出决定。他引用基本分析大师本杰明·格兰哈姆的话，“事实上，如果别人都不同意你的意见，从而使你也不知对错时，只要得到的事实和推理是正确的，那么你就可能是对的”。

三、投资心理分析类型

对投资者来说，心理分析主要分为两个方向，即对个体的心理分析和对市场的心理分析。

个体心理分析的目标，是解决投资者在投资决策过程中的心理障碍问题。投资者在投资决策过程中产生的心理障碍问题，如犹豫不决、冲动、畏惧等，其原因往往是某一心理欲望与现实发生了冲突。这种欲望及其冲突，投资者是难以自知的，因此，往往需要心理医生的帮助。如果不通过适当的心理分析，投资者往往很难找到自己真正的病因所在，进而找不到根治的办法。这无疑将最终阻碍投资者在投资市场获得成功。个体心理分析的方法，主要有弗洛伊德心理分析法、阿德瑞安心理分析法及弗朗科心理分析法。这三种心理分析方法构成了心理分析中“维也纳”学派的三个主流学派，分别揭示了人类个体心理障碍不同层次与不同界域的可能病因。

市场心理分析的目标，是解决投资者对市场中其他投资者的心理活动特征的把握问题，主要是对人类群体的心理分析。对人类群体的心理分析，由于投资者更加看重市场心理因素对市场价格波动的影响，所以从20世纪80年代以来，心理分析有了被更多关注的趋势。人类群体心理分析的方法，主要有勒旁的人类群体心理理论和尼尔的逆向思维理论。

四、心理群体的整体心理特征

（1）冲动性，是指心理群体的整体行动可以在某一外界强刺激因素的激发下的欲望与传动行为，并且这种行动的方向可以在外界因素的强刺激下迅速向相反方向逆转。也就是说，其行动方向极度不确定。例如，牛市中，许多股民的盲目买入冲动性更为明显。

（2）服从性，是指心理群体具有自愿服从外来指挥的心理特征。由于心理群体中的个体在心理群体的形成过程中已经丧失了个性，因此他们具有自愿服从他人意愿的强烈愿望。例如，普通股民服从于同事、朋友的所谓小道消息。

（3）极端性，是指心理群体的实际行动常常显著超越必要的程度，因此常常导致过激的后果。

五、投资者心理状态分类

（1）风险喜爱型：选热门股票；选收益高、风险大的股票；多为投机者。

（2）风险中性型：折中态度；尾随别人；缺乏主见，难成大器。

（3）风险厌恶型：稳健投资者；选择业绩好的股票。

六、异常投资者心理表现

（1）无主见心理。

（2）犹豫不决心理。

（3）贪婪心理。

（4）赌博心理。

（5）惊慌心理。

（6）盲目跟风心理。

（7）嫌贵贪平心理。

（8）偏颇心理。

七、股票投资中的社会心理效应：从众效应

从众效应（conformity），也称乐队花车效应，是群体心理中极为常见的一种心理效应，是指当个体受到群体的影响（引导或施加的压力）时，会怀疑并改变自己的观点、判断和行为，朝着与群体中大多数人一致的方向变化。个体受到群体的影响从而怀疑、改变自己的观点、判断和行为等，以和他人保持一致。这也就是人们通常所说的“随大流”。

股市就是由各式各样投资者组成的一个大众聚集场所，由于股市充满不确定性，投资者在做出投资决策时常常会以他人的行为作为一种社会参照，这就为从众效应的产生提供了温床（如历史上著名的17世纪荷兰郁金香狂潮，被后来许多研究群众投机心理的专家作为一个经典范例）。在股市中，投资大众的心态与行为往往对投资个体产生影

响，有时候这种影响甚至表现为一种无形的压力，使投资个体不由自主地改变或动摇自己原有的想法与行为，屈从于群体的压力。当行情看好时，整个市场的投资者都被一种乐观气氛感染，纷纷抢进筹码；当行情疲软时，整个市场的投资者又被一种悲观气氛感染，以致引发恐慌性抛售，甚至一些原来不想出售股票的投资者，看着电子屏幕上的数字频频下跌，听到的是一片卖出的喧嚷声，于是也受到感染，忍不住抛售一空。这正是股市中从众效应的一种表现。

纵观世界股市历史，引发几次大的暴跌行情的原因虽然是多方面的，但投资大众在极度恐慌心理状态下出现一致性的抛售行为不能不说是一个重要原因。例如，1929 年 10 月 28 日，席卷纽约、伦敦、巴黎、法兰克福等世界几大金融中心的股市大暴跌；1987 年 10 月 19 日，美国纽约股市的大暴跌。中美贸易争端自 2018 年 3 月 22 日爆发以来，A 股市场投资者遭遇了很大的损失，仅2018年6月22日，沪深股市市值就减少了70 642亿元，的确令人忧虑。

八、投资心理策略

事后控制不如事先预防有效。如果能遵守投资心理策略，不仅能避免或减少失误，也能预防不良情绪困扰。对于资深的投资者来说，早已对许多经历实践检验、为人津津乐道的投资策略耳熟能详。不过，也许正因为这些策略大家都知道，反而容易被忽视，投资中常常背离这些策略，以致常被情绪困扰而遭受损失。现在，我们从心理预防的角度，重新审视这些“金科玉律”，也许经过一番思考，在了解其可贵之处以后，投资者会乐意遵守。

1. 确立投资目标

凡事预则立，不预则废。因为在市场中一切皆相对，几乎没有任何一件事是确定无疑的，从投身市场的那一天起，投资者就有必要不断告诫自己，对任何一次买卖行为都尽可能事先制订出计划，以避免在市场中受冲动情绪的影响做出决定。在制订计划之前，投资者有必要确立自己的投资目标，否则心理会经受种种欲望的冲击。

2. 确立投资理念

现实生活中，人们更多地关心投资股票的具体操作方法，而不去考虑投资的方法论——投资理念，这是一个认识误区。其实，投资理念是相当重要的。人是有思想的，人的行为通常受其思想支配。

3. 确立投资计划

投资计划对于成功投资的重要性，正如彼得 · 林奇指出的，“如果执行一个固定的投资计划，不理睬市场发生了什么变化，你会得到丰厚的回报”。确立投资计划的最大好处在于，它可以使投资者的判断更具客观性，减少情绪性，从而在变幻莫测的市场中不随波逐流，坚持自己的投资理念。为此，投资者最好制订一个书面计划，因为这可以使投资更加精确。一旦制订出计划，投资者就很容易评估各方面的情况，如是否符合市场逻辑，是否存在个人偏见，在出现出乎意料的情况时应采取什么措施，等等。

4. 确立投资评估方法

对投资计划及投资理念做出评估。因为任何一个投资计划都不可能预估未来的所有情形。

一个现实可行的计划总是要比一个“可能更好但并不确定”的计划更为理想。

九、守住心中那份平静

孟子曰：“鱼，我所欲也，熊掌，亦我所欲也；二者不可得兼，舍鱼而取熊掌者也。”

“二者不可得兼”，道出了人生的无奈。人的一生，面临着太多的选择，每个选择都会伴随痛苦，而选择也意味着对另一事物的放弃，需要莫大的勇气。舍鱼而取熊掌，是一种智慧，两种利益之间的取舍，需要投资者有一双慧眼，才不至于做出令自己后悔的选择。

世界上的诱惑太多，在人生的每一个岔路口，甚至于每一天、做每一件事情，都可能面临选择。如何守住心中那份平静，做出适合自己的选择是一门大学问，尤其是在两者的优劣并不明显的情况下。例如，红与白、东与西、上与下、前与后如何选择，大多数人会按照自己的喜好和心情来判断。同样的两种事物，不同的人会有不同的选择，而这些选择或许对选择者而言，都是正确或者适合的，无所谓优劣。冯玉祥将军有首打油诗：“天上生人真不齐，人骑马来我骑驴，回头犹顾推车汉，比上不足下有余。”在选择之前，根据自己的实际情况，找准需要的参照物也是很有学问的。人既不能不思进取，也不可贪得无厌，学会“知足常乐”，最起码可以免去心中贪欲煎熬的痛苦。选择鱼的人也是明智的，心中常思熊掌在，那就是目标，就是进步的动力。只要努力，终有一天也会吃到熊掌，做到得兼，那就是选择的最高境界了①。

十、股市是人性弱点最好的检阅场

在股市中，人性的弱点是什么？

首先，是绝大多数的人付出之后，想马上就有回报；是想付出很少，收获更多；是梦想着不必付出就有回报。

其次，人性的弱点还在于，每个人都想活得舒服。因此，他们不想放弃自己感觉已经很舒适的状态去思考、生活。他们不想否定自己，因为否定自己的后果是，必须对既定的抉择进行重新思考并另作抉择。

再次，人性的弱点还在于，他们很少意识到，只有自己才是自己的所有选择的第一

① http://blog.sina.cn/dpool/blog/s/blog_c914d4220102vn08.html.

和最终的责任人。为了避免为自己的选择承担责任，要么迟迟不做出选择，要么依赖别人的意见做出选择，缺乏独立思考的自觉性和主动性。

最后，人性的弱点还在于，他们即使错了，也不愿意承认，而是去寻找各种可能的借口为自己的错误辩解。他们不愿意承认世界的基本规律是“易”（也就是变化），并与时俱进。因为停留在固有的状态里，他们会感觉活得非常舒服，且心安理得。

股市，就是和平时期人性弱点最好的检阅场。它是一个公正无私的审判官，会很快检阅出人们的对错、能力、决断力、智慧等。在生活和工作中，人们一直过着事实上没有对错、自己总是正确的日子。可惜的是，生活和工作中的聪明，到了股市里，马上就变得无用武之地。股市是一个需要智慧而非聪明的地方。

股市还是一个过滤器。它将人性进行了极为有效的过滤，那些性格有明显缺陷、心理阴暗、凡事都用阴谋论来看待世界的人，是注定不会在股市里获得奖励的。股市里没有阴谋，一切结论迟早都将暴露在阳光之下，并反映在股价和指数里。

因此，在股市里，理性从来不会缺席，只会迟到。只有那些积极进取、阳光、善良、正直及学而时习之的人，才是真正在股市里值得也应该得到奖赏的人。

普通投资者在面对投资亏损时，更倾向于从外部寻找失败的原因。巴菲特和索罗斯两位投资大师，虽然在投资的原则上是一致的，但是基于原则而来的具体投资方法、投资方式的差别非常大。

✎ 复习思考题

1. 假定每年的实际利率为 3%，预期通货膨胀率为 8%，名义利率是多少？假定预期通货膨胀率升至 10%，实际利率不变，名义利率又是多少？
2. 你认为居民消费价格指数是宏观经济的先行指标吗？
3. 公司财务报表主要有哪几种？各自有何特点？
4. 证券投资的宏观经济分析主要包括哪些方面？试分别阐述。
5. 行业分析包括哪些内容？
6. 如何对公司财务报表进行分析？
7. 试比较投资、投机与赌博行为的异同。
8. 一个成功的投资者应具备哪些个性特征和心理素质？

✎ 讨论分析题

1. 理解 GDP 和居民消费价格指数。
2. 说说你熟悉的行业板块。
3. 你认为上市公司什么财务指标最重要？
4. 你如何理解“股海泛舟悟人生”？

第九章　证券投资技术分析

本章基本要求：明确证券投资技术分析的基本内容，掌握证券投资技术分析基本流派的分析方法，即理解和掌握K线图的画法与基本图形；掌握股票价格走势的基本形态和几种基本技术分析指标。

本章重点：K线图。

本章难点：主要技术分析指标。

第一节　证券投资技术分析概述

一、技术分析的基本含义

1. 技术分析定义

技术分析是证券投资分析中较常用的一种分析方法。各种理论和技术指标都经过了几十年甚至上百年的实践检验，今天看来仍然具有指导意义。

技术分析，其理论基础是空中楼阁理论。空中楼阁理论是英国经济学家凯恩斯提出的，其认为股票市场价格完全是由投资者心理构造出来的空中楼阁，它完全抛开股票的内在价值，强调心理因素对股票市场的决定性作用。也就是说，投资者之所以要以一定的价格购买某种股票，是因为他相信有人将以更高的价格向他购买这种股票。至于股价的高低并不重要，关键是存在更多的冒险者以更高的价格向他购买。精明的投资者无须计算股票的内在价值，他需要做的只是抢在别人之前成交，即在股价达到最高点之前买进股票，在股价达到最高点时卖出股票。然而，人们更关心的是如何预测股价的未来趋势，以及买卖股票的适当时机。多少年来，人们不断地对股价走势进行研究，产生了种种方法。现在大多数人采用技术分析或基本分析预测股票市场的走势。

股价技术分析和基本分析都认为股价是由股票市场供求关系决定的。基本分析主要是根据对影响供需关系种种因素的分析来预测股价走势，技术分析则是根据股价本身的变化来预测股价走势。技术分析的基本观点：所有股票的实际供需量及其背后起引导作用的种种因素，包括股票市场上每个人对未来的希望、担心、恐惧等，都集中反映在股价和交易量上。

技术分析是指直接从股票市场的交易记录入手，以股价的动态和规律性为主要对象，采用图形、图表及指标等技术分析工具，结合股票交易数量和投资心理等市场因素和价、量、时间之间的关系进行分析，帮助投资者判断行情并选择投资机会和方式，来获得股票交易收益的方法。

技术分析实际属于数据分析和数据推演过程，它是根据已经发生的交易记录，利用技术工具和技术分析理论，推算股价变动的趋势和规律，以便有助于投资者进行决策。

2. 技术分析的三个假设

Technical Analysis of Stock Trends 被技术性分析派奉为经典著作，它的作者罗伯特 D. 艾德华兹（Robert D. Edwards）及约翰·梅吉（John Magee）被称为技术分析的先驱，他们在这部经典著作中提出了“技术性分析的假设前提”理论。

技术分析的三个假设：市场行为反映一切，股价呈趋势变动，历史会重演。

（1）市场行为反映一切。这是技术分析的基础。影响供需双方的因素相当复杂。市场投资者在决定进行交易行为时，已经充分考虑了影响市场价格的各项因素。因此，只要研究市场交易行为就能了解市场状况，而无须关心其背后的影响因素。

（2）股价呈趋势变动。这是进行技术分析最根本、最核心的因素。“趋势”概念是技术分析的核心。价格在特定时期内某些主要移动趋势必须来源于供求关系，而且可用画线图的形态来表示。

（3）历史会重演。这是从人的心理因素方面考虑的，包括理性及非理性因素。这些因素里，唯独投资者心理无测量准则。投资无非是一个追求利益的行为，不论何时，这个动机都不会改变。因此，在这种心理状态下，人类的交易将趋于一定的模式，从而导致历史重演。

技术分析的核心内容如下。

第一个假设是进行技术分析的基础。其主要思想是，任何一个因素对证券市场的影响最终都必然体现在股价的变动上。外在的、内在的、基础的、政策的和心理的因素，以及其他影响股价的所有因素，都已经在股票市场的行为中得到了反映，技术分析人员只需关心这些因素对市场行为的影响效果，而不必对影响股价的具体因素是什么做过多的关心。

第二个假设是进行技术分析最根本、最核心的因素。其主要思想是，股价的变动是按一定规律进行的，股价有保持原来方向运动的惯性。一般说来，一段时间内股价一直持续上涨或下跌，那么，在今后一段时间内，如果股价没有调头的内部和外部因素出现，股价也会按这一方向继续上涨或下跌，没有理由改变这一既定的运动方向。因此，技术分析人员应试图找出股价变动的规律，以此指导今后的股票买卖活动。如果否认了第二个假设，即认为即使没有外部因素影响，股价也可以改变原来的运动方向，技术分析就没有了立足之本。

第三个假设是从人的心理因素方面考虑的。在股票市场中进行具体买卖的是人，由人决定最终的操作行为，这一行为受人类心理学中某些规律的制约。在股票市场中，一个人在某种情况下按一种方法进行操作取得成功，那么以后遇到相同或相似的情况，就会按同一方法进行操作；如果前一次失败了，下一次就不会按前一次的方法操作。股票市场的某个市场行为给投资者留下的阴影或快乐会长期存在。在进行技术分析时，一旦遇到与过去某一时期相同或相似的情况，投资者应该将其与过去的结果比较。过去的结果是已知的，这个已知的结果应该作为现在预测未来的参考。

3. 技术分析的应用意义

在时间上，技术分析法注重短期分析，在预测旧趋势结束和新趋势开始方面优于基本分析法，但在预测较长期趋势方面则不如基本分析法。大多数成功的股票投资者把两种分析方法结合起来加以运用。他们用基本分析法估计较长期趋势，而用技术分析法判断短期走势和确定买卖的时机。

技术分析奠定于价格，而价格由市场供求关系决定。把过去及现在的价格以图表记录下来，通过价格起伏反映供求双方力量的此消彼长，从而推断出市场在未来某一段时间内哪一方的力量占优势。若是需求力量比较强，价格便上升；若是供应力量比较强，价格便回落。

二、技术分析的操作原则及应用方法

1. 技术分析的操作原则

由技术分析定义可知，其主要内容有图表解析与技术指标两大类。事实上，早期的技术分析只是单纯的图表解析，即通过市场行为所构成的图表形态推测未来的股价变动趋势。这种方法在实际运用中易受个人主观意识影响，从而有不同的判断。这也就是为什么许多人戏称图表解析是一项艺术工作，九个人可能产生十种结论的原因。为减少图表判断的主观性，市场逐渐发展出一些可运用数据计算的方式，来辅助个人对图表形态的知觉与辨认，使分析更具客观性。

（1）股价的涨跌情况呈一种不规则的变化，但整个走势却有明显的趋势，也就是说，虽然在图表上看不出第二天或下周的股价是涨还是跌，但在整个长期趋势上，仍有明显的轨迹可循。

（2）一旦一种趋势开始后，即难以制止或转变。这个原则是指，当一种股票呈现上涨或下跌趋势后，不会在短期内产生 180° 的转变，但必须注意，这个原则针对纯粹的市场心理而言，并不适用于重大利空或利多消息出现时。

（3）除非有肯定的技术确认指标出现，否则应认为原来的趋势仍会持续发展。

（4）未来的趋势可由趋势线本身推论出来。基于这个原则，我们可在趋势线图上依整个头部或底部的延伸线明确画出以后行情可能的发展趋势。

（5）任何特定方向的主要趋势经常受反方向力量的阻挡而改变，但 1/3 或 2/3 幅度的波动对整个延伸趋势的预测影响不会太大。也就是说，假设个别股票在一段上涨幅度为3元的行情中，回档1元甚至2元时，仍不应视为上涨趋势已经反转，只要不超过2/3的幅度，仍应认为整个趋势属于上升行情。

（6）股价横向发展数天甚至数周时，可能有效地抵消反方向的力量。这种持续横向整理的形态有可辨认的特性。

（7）趋势线的背离现象伴随价格趋势线的正式反转而产生，但这并不具有必然性。换句话说，这个原则具有相当的可靠性，但并非没有例外。

（8）依据道氏理论的推断，股价趋势产生关键性变化之前，必然有可辨认的形态出现。例如，头肩顶出现时，行情可能反转；头肩底形成时，走势会向上突破。

（9）在价格趋势线产生变化的关键时刻，个别股票的成交量必定含有特定意义。例如，价格趋势线向上挺升的最初一段时间，成交量必定配合扩增；价格趋势线反转时，成交量必定随着萎缩。

（10）市场上的强势股票有可能有持续的优良表现，而弱势股票的疲态也可能持续一段时间。我们不必从是否有主力介入的因素来探讨该问题，只从最单纯的追涨心理即可印证该原则。

（11）在个别股票的日线图或周线图中，可清楚分辨出支撑区及抵抗区。这两种区域可用来确认趋势将持续发展或是完全反转。假设价格趋势线已向上突破抵抗区，那么股价可能继续上扬，一旦向下突破支撑区，则股价可能再现低潮。

2. 技术分析的应用方法

（1）市场形态分析方法是技术分析的核心。

（2）对于心理分析，必须引起重视。

（3）中间休息，暂停实践，研究技术分析的新动向。

（4）掌握市场变动的脉搏，不断创新分析手段。

3. 技术分析的四大要素

证券的成交价格、成交量、时间和空间是进行技术分析的四大要素。技术分析可以简单地归结为对成交价格、成交量、时间和空间四者关系的分析。

成交价格、成交量、时间和空间这几个因素的具体情况和相互关系是进行正确分析的基础。

1）成交价格、成交量关系的影响

成交价格和成交量是市场行为最基本的表现。过去和现在的成交价格、成交量涵盖了过去和现在的市场行为。在某一时点上的成交价格和成交量反映的是买卖双方在这一时点上共同的市场行为，是双方的暂时均势点。随着时间的变化，均势会不断发生变化，这就是成交价格、成交量关系的变化。成交价格、成交量是技术分析的基本要素，一切技术分析方法都是以成交价格、成交量关系为研究对象的，目的就是分析、预测未来价格趋势，为投资决策提供服务。成交量与成交价格有以下一些关系。

（1）成交价格、成交量正常关系。股价随着成交量的递增而上涨，股价随着成交量的递减而下降，这是市场行情的正常上升或下降特性。

（2）成交价格、成交量背离关系。如果股价屡创新高，成交量却没有连续放量，是外盘力量减弱的特征，则该波段股价涨势令人怀疑，同时也是股价趋势潜在的反转下跌信号；如果股价屡创新低，成交量却连续放量，是外盘力量增强的特征，则该波段股价的跌势也令人怀疑，同时也是股价趋势潜在的反转上升信号。

2）时间要素的影响

从时间要素来看，在进行行情判断时，时间有非常重要的借鉴意义，因为股市“历史会重演”。

3）空间要素的影响

空间要素强调股价波动的合理区域。因为人们做事受心理因素影响，股价一旦超出人们心理承受的合理空间区域，就会向相反的方向发展。

4. 道氏理论的缺陷

（1）道氏理论主要目标是探讨股市的基本趋势（primary trend）。一旦基本趋势确立，道氏理论假设这种趋势会一路持续，直到趋势遇到外来因素破坏而改变为止。正如物理学的定律所说，所有物体移动时都会以直线发展，除非有额外因素力量加诸其上。有一点要注意的是，道氏理论只推断股市的大趋势，却不能推断大趋势里的升幅或者跌幅将会到哪个程度。

（2）道氏理论每次都需要两种指数互相确认，这样做就已经比市场慢了半拍，丢失了最好的入货和出货机会。

（3）道氏理论对选股没有帮助。

（4）道氏理论注重长期趋势，对于中期趋势，特别是在不知是牛市还是熊市的情况下，不能带给投资者明确启示。

5. 黄金分割率理论

1）黄金分割率由来

数学家法布兰斯在 13 世纪写了一部书，是关于一些奇异数字的组合的。这些奇异数字的组合是 1、1、2、3、5、8、13、21、34、55、89、144、233……任何一个数字都是前面两数字的总和，如 2=1+1，3=2+1，5=3+2，8=5+3……依次类推。

有人说这些数字是法布兰斯研究金字塔得出的。金字塔和上述所列奇异数字息息相关。金字塔的几何形状有 5 个面，8 个边，总数为 13。金字塔的垂直高度为 5 813 英寸[①]（5-8-13），而高与底面总边长的比是 0.618。

除了最初的四个数字外，上述奇异数字中的任何两个连续数字的比都趋近于 0.618，如 55/89≈0.618，89/144≈0.618，144/233≈0.618。这组数字十分有趣。0.618 的倒数是

① 1 英寸=2.54 厘米。

1.618。例如，55/89≈0.618，233/144≈1.618，而 0.618 × 1.618≈1[①]。

这组数字就叫作神秘数字。而 0.618、1.618 就叫作黄金分割率（golden section）。

2）黄金分割率的特点

黄金分割率，是将 1 分割为 0.618 和 0.382，它们有如下一些特点。

（1）数列中任一数字都是由前两个数字之和构成的。

（2）前一数字与后一数字的比例，趋近于一个固定常数，即 0.618。

（3）后一数字与前一数字的比例，趋近于 1.618。

（4）1.618 与 0.618 互为倒数，其乘积约等于 1。

（5）任一数字若与后两个数字相比，其值趋近于 2.618；若与前两个数字相比，其值趋近于 0.382。

理顺下来，上述奇异数字的组合除能反映黄金分割率的两个基本比值 0.618 和 0.382 以外，尚存在下列两组神秘比值。

（1）0.191、0.382、0.500、0.618、0.809。

（2）1.0、1.382、1.5、1.618、2.0、2.382、2.618。

3）黄金分割率在投资中的运用

在股价预测中，根据该两组黄金比例有两种黄金分割分析方法。

第一种方法：以股价近期走势中重要的峰位或底位，即重要的高点或低点为测量未来走势的基础，当股价上涨时，以底位股价为基数，跌幅在达到某一黄金比例时较可能受到支撑。当行情接近尾声，股价发生急涨或急跌后，其涨跌幅达到某一重要黄金比例时，则可能发生转势。

第二种方法：行情发生转势后，无论是止跌转升的反转抑或止升转跌的反转，以近期走势中重要的峰位和底位之间的涨额作为计量的基数，将原涨跌幅按 0.191、0.382、0.500、0.618、0.809 分割为五个黄金点。股价在随后的走势将有可能在这些黄金点上遇到暂时的阻力或支撑。举例如下。

当下跌行情结束前，某股票的最低价为 10 元，那么，股价反转上升时，投资者可以预先计算出各种不同的反转价位，也就是 10 ×（1+19.1%）≈11.9 元，10 ×（1+38.2%）≈13.8 元，10 ×（1+61.8%）≈16.2 元，10 ×（1+80.9%）≈18.1 元，10 ×（1+100%）=20.0 元，10 ×（1+119.1%）≈21.9 元，然后，再依照实际股价变动情形做斟酌。

反之，当上升行情结束前，某股票的最高价为 30 元，那么，股价反转下跌时，投资者也可以预先计算出各种不同的持股价位，也就是 30 ×（1−19.1%）≈24.3 元，30 ×（1−38.2%）≈18.5 元，30 ×（1−61.8%）≈11.5 元，30 ×（1−80.9%）≈5.7 元。然后，依照实际股价变动情形做斟酌。

黄金分割率的神秘数字由于没有理论作为依据，有人批评其是迷信、是巧合，但自然界的确充满一些奇妙的巧合，人们一直难以说出其道理。

黄金分割率被美国证券分析家拉尔夫·纳尔逊·艾略特（R. N. Elliott）所创的波浪理论（wave principle）套用，成为世界闻名的波浪理论的数据基础，广泛地为投资人士

① 为近似值。

所采用。神秘数字是否真的只是巧合呢？还是大自然一切生态都可以用神秘数字解释呢？这两个问题只能仁者见仁、智者见智。但黄金分割率在股市上无人不知、无人不用，作为一个投资者不能不用其研究，只是不能太过执着而已。

三、技术分析与基本分析的区别

（1）技术分析着重分析股价的波动规律，基本分析侧重研究股票的长期投资价值。

（2）技术分析主要分析股票的供需表现、市场价格和交易数量等市场因素；基本分析则是分析各种经济、政治等股票市场的外部因素及这些外部因素与股票市场的相互关系。

（3）技术分析主要针对股价的涨跌表现，是属于短期性质的；基本分析主要针对企业的投资价值和安全边际，是属于长期性质的。

（4）技术分析重点帮助投资者选择适当的交易时机和操作方法，基本分析重点帮助投资者正确地选择投资对象。

第二节　技术分析的基本图形

一、K 线的起源和画法

1. 什么是 K 线？

K 线（stock K line）又称阴阳线，英文名称是“candlestick”（蜡烛线），起源于日本德川幕府时代大阪堂岛的米市交易，距今已有 200 多年历史。它是采用图示的方法来计算米价每日的涨跌，创始人叫本田宗久，其创立的“酒田战法”曾在米市中取得连续 100 笔盈利的记录。后投资者经过深入的研究和改进，将其引入证券市场，从而出现了多种适合投资者买卖参考的K线图形，这些K线图形逐渐成为投资者短线操作的主要依据。

K 线图是指将各种股票每日、每周、每月的开盘价、收盘价、最高价、最低价等涨跌变化情况，用图形的方式表现出来。K 线又称红黑线，由上影线、实体、下影线三部分组成。K 线图以其直观、立体感强的特点深受投资者欢迎。实践证明，精研 K 线图可以较准确、较明确地预测后市走向，也可以较明确地判断多空双方的力量对比，从而为投资决策提供重要参考。

技术分析是由市场行为推测市场未来趋势的，它所依据的是证券市场行为，准确、有效地记录和描述市场的全部行为就显得非常重要。其中，技术分析中的重要方法——K 线理论，就是专门以研究 K 线的形状和组合为基础的。

2. K 线图的画法

先准备一张坐标纸，横轴表示时间，纵轴表示股价。在画图时，先将开盘价用一小横线标在日期与股价对应的坐标纸上（横线宽度可为 2 毫米），再将收盘价也用相同宽度的小横线标在日期与股价对应的位置上，然后用两条竖线分别将开盘价的左端与收盘价的左端和开盘价的右端与收盘价的右端连接起来，形成一个矩形实体。将最高价对应处的点与矩形实体上端连接，称之为上影线；将最低价与矩形实体下端连接，称之为下影线。收盘价比开盘价高则称之为阳线，画图时矩形实体中间留出空白即可；收盘价比开盘价低则称之为阴线，画图时应将矩形实体涂黑。

阴线和阳线如图 9-1 和图 9-2 所示。

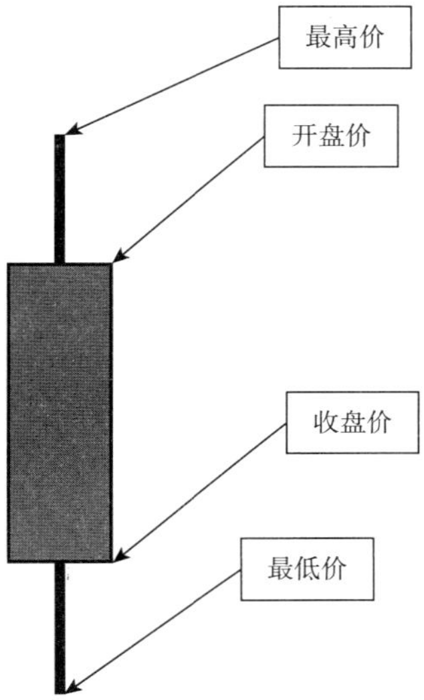

图 9-1 阴线

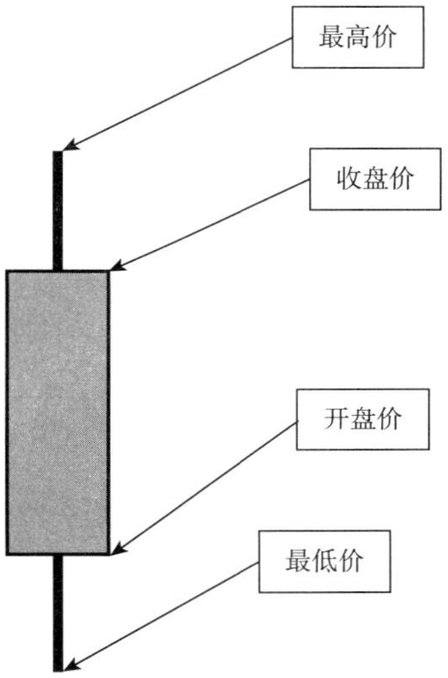

图 9-2 阳线

3. 优点

通过 K 线图，我们能够全面透彻地观察市场的真正变化。从 K 线图中，我们既可看到股价（或大盘）的趋势，也可以了解每日市场情况的波动情形。

4. 缺点

（1）绘制方法十分繁复，是众多走势图中最难制作的一种。

（2）阴线与阳线的变化繁多，对于初学者来说，在掌握和分析方面会有相当大的困难，不及柱线图那样简单易懂。

二、K 线图分析：K 线的形态

单根 K 线有多种变形，投资者可依据矩形实体的长度和影线的长短对多空力量进行衡量。一般来说，上影线长，下影线短，阳线实体短，或阴线实体长，说明空方势力强；上影线短，下影线长，阳线实体长，或阴线实体短，说明多方占据主动和优势。

单根 K 线主要有 14 种基本形态。

1. 光头光脚大阳线

开盘价为最低价，收盘价为最高价，表示多方势头强大，空方毫无抵抗力。该形态经常出现在股价脱离底部的初期、回调结束后的再次上升及高位的拉升阶段，有时也在严重超跌后的强劲反弹中出现（图 9-3）。

图 9-3　光头光脚大阳线

2. 光头光脚大阴线

开盘价为最高价，收盘价为最低价，表示卖方占绝对优势，多方毫无抵抗。经常出现在头部形成后跌势的初期、反弹结束后或最后的打压过程中（图 9-4）。

图 9-4　光头光脚大阴线

3. 光头光脚小阳线

没有上下影线，股价窄幅波动，表示买方力量逐步增加，多头暂占优势。该形态经常在上涨初期、回调结束或横盘的时候出现（图 9-5）。

图 9-5　光头光脚小阳线

4. 光头光脚小阴线

没有上下影线，价格波动幅度有限，表示卖方力量有所增加，空方力量略占优势。该形态常在下跌初期、反弹结束或盘整时出现（图 9-6）。

图 9-6 光头光脚小阴线

5. 带上影线的阳线

这是上升受阻型，表示多方在上攻途中遇到阻力。该形态常出现在上涨途中、上涨末期，或股价从底部启动后遇到成交密集区。上影线越长，表示上档压力越大，阳线实体越长，表示多方力量越强（图 9-7）。

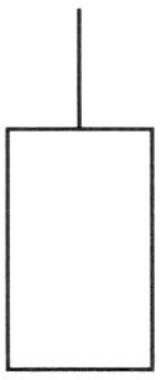

图 9-7 带上影线的阳线

6. 带上影线的阴线

表示股价先涨后跌。阳线实体越长，表示空方势力越强。该形态常出现在阶段性的头部、庄家拉高出货或震仓洗盘时（图 9-8）。

图 9-8 带上影线的阴线

7. 带下影线的阳线

表示股价先跌后涨，股价在低位获得买方支撑，卖方受阻。该形态常出现在市场底部区域或市场调整结束时（图 9-9）。

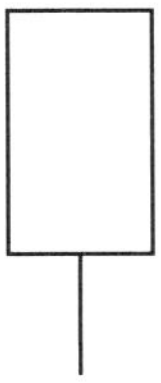

图 9-9 带下影线的阳线

8. 带下影线的阴线

这是下跌抵抗型，股价先涨后跌，表示空方力量强大，但在下跌途中又受到买方的抵抗。该形态常出现在下跌中途或市场顶部附近（图 9-10）。

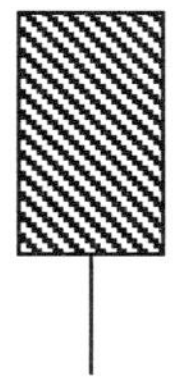

图 9-10 带下影线的阴线

9. 带上下影线的阳线

表示上有压力，下有支撑，但买方占优势。该形态常出现在市场的底部，或股价上升途中。上影线长，说明上方阻力大；下影线长，说明下档支撑强（图 9-11）。

图 9-11 带上下影线的阳线

10. 带上下影线的阴线

表示上有抛压，下有接盘，但空方占优势。该形态常出现在市场顶部或股价下跌途中。阴线实体越长，表示空方做空的力量越强（图 9-12）。

图 9-12 带上下影线的阴线

11. 十字星形

开盘价等于收盘价，并处于交易区间的中间。表示多空双方斗争激烈，即将分出胜负。该形态经常出现在市场的底部或顶部，是市场将要出现转折点的典型形态（图 9-13）。

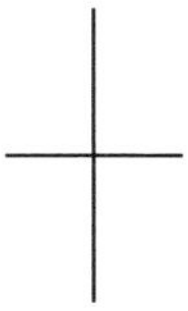

图 9-13　十字星形

12. T 字形

T 字形，又称蜻蜓线。开盘价和收盘价为全日最高价，下影线表示下方有一定的支撑。该形态经常出现在市场的底部，有时也会出现在市场的顶部，是市场的转折信号（图 9-14）。

图 9-14　T 字形

13. ⊥字形

⊥字形，又称墓碑线。开盘价与收盘价为全日最低价，上影线表示上方有一定的压力。如果上影线很长，则有强烈的下降含义。该形态常出现在市场的顶部，偶尔也会出现在市场的底部（图 9-15）。

图 9-15　⊥字形

14. 一字形

开盘价、收盘价、最低价、最高价都相同时，就会出现这种形态，一般出现在开盘后直接达到涨停板或跌停板时，表示多方或空方绝对占优，涨停板或跌停板全天未被打开（图 9-16）。

图 9-16　一字形

三、K 线组合形态

单根 K 线只反映股票单日的交易情况，不能说明市场趋势的持续和转折等信息。实践中，投资者还需要研究K线组合形态，即通过观察几根K线组成的复合图形，来分析市场多空力量强弱，判断股价的后期走向。K 线组合形态分为反转组合形态和持续组合形态。这里只列举 12 种典型的反转组合形态和 4 种持续组合形态。

1. 早晨之星

早晨之星是典型的底部反转形态，通常出现在股价连续大幅下跌和数浪下跌的中期底部或大底部（图 9-17）。

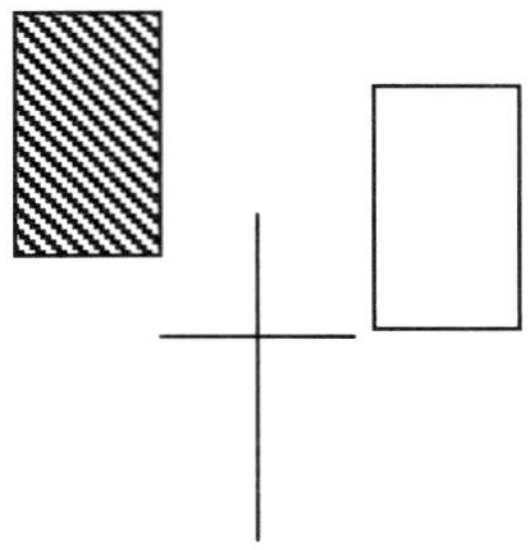

图 9-17　早晨之星

早晨之星由三根K线组成。第一天为长阴线，为下降趋势的继续。第二天是带上下影线的十字星，与第一天之间有一个向下跳空缺口，收盘价与开盘价持平。第三天是长阳线，实体长度已上推到第一天阴线实体之内。

早晨之星的含义是黑暗已经过去，曙光已经来临，多空双方力量对比已开始发生转变，一轮上升行情将要展开。

2. 黄昏之星

黄昏之星与早晨之星正好相反，是典型的顶部反转形态，通常出现在股价连续大幅上涨和数浪上涨的中期顶部和大顶部（图 9-18）。

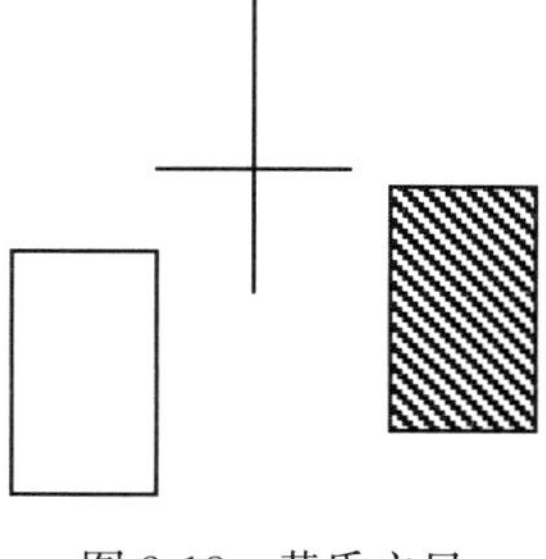

图 9-18　黄昏之星

黄昏之星也由三根K线组成。第一天是长阳线，为上升趋势的延续。第二天是带上下影线的十字星，通常伴随向上跳空缺口。第三天是长阴线，实体已插入第一天阳线实体的内部。

黄昏之星的出现预示着黑暗已经降临，一轮上涨行情已经结束，投资者应尽快抛股离场。

3. 射击之星

射击之星是指一个小实体，上面有一根长长的上影线，似古人拉弓射箭的形状。射击之星常出现在连续上涨之后，是市场见顶的信号（图 9-19）。

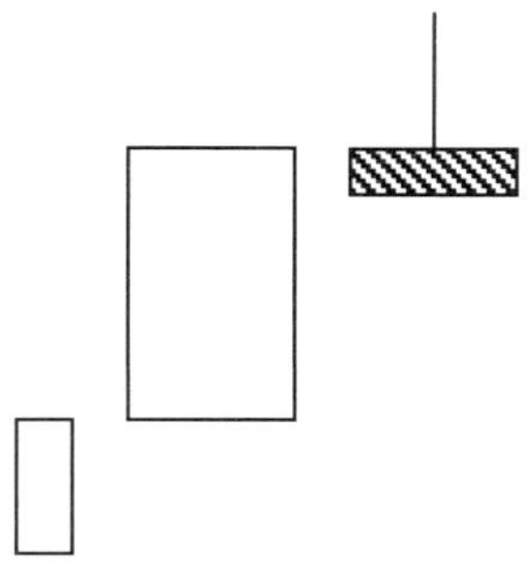

图 9-19　射击之星

射击之星是在上升趋势中，市场跳空向上开盘，出现新高点，最后收盘在较低的位置，留下长长的上影线，上影线长度是实体长度的三倍以上。

射击之星是市场失去上升动能的表现，是主力出货的常见形态。一般说来，后势要想突破射击之星造成的高位，往往需要相当长的时间。投资者应退场观望，以免高位长久被套。

4. 锤头

锤头是一个小实体下面带有长长的下影线的 K 线形态，似锤子带着锤把的形状。锤头的出现预示着下跌趋势将结束，表示市场在用锤子夯实底部，是较可靠的底部形态（图 9-20）。

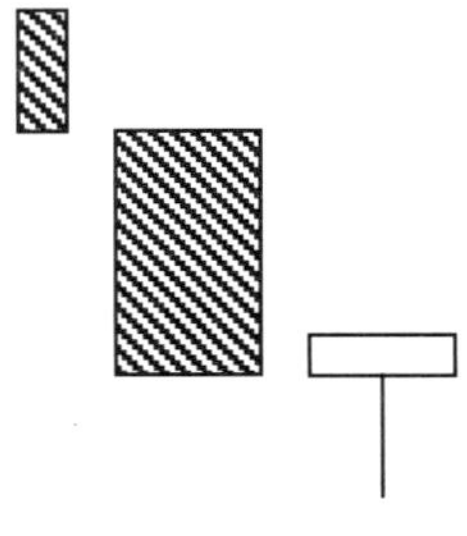

图 9-20　锤头

锤头是在下降趋势中，市场跳空向下开盘，疯狂卖出被遏制，市场又回到或接近当日最高点，留下长长的下影线。小实体在交易区域的上面，上影线没有或很短。常伴有底部放量，放量越明显，信号越强烈。

5. 吊颈

吊颈是在高位出现的小阴实体，并带有长长的下影线，表示上涨趋势结束，主力正在出货（图 9-21）。

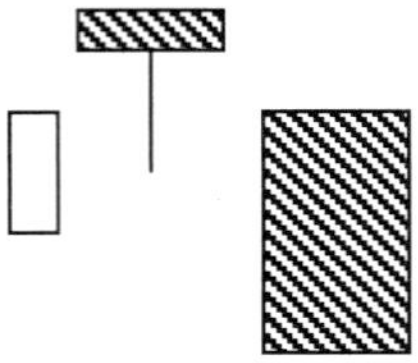

图 9-21　吊颈

吊颈是在上涨趋势中，当天股价高开低走，盘中出现长阴，主力尾市将股价拉起，几乎以最高点收盘，留下较长下影线。吊颈欺骗性强，杀伤力大，许多投资者会误以为下档有较强支撑而买入后被套牢。

吊颈形态出现的第二天多为阴线，且开盘价较低。阴线的长度越长，新一轮跌势开始的概率越大。

6. 穿头破脚

穿头破脚有底部和顶部两种形态，是市场中最强烈的反转信号（图 9-22）。顶部类似于“崩盘”，而底部多为“井喷”。

（a）顶部　　（b）底部

图 9-22　穿头破脚

顶部穿头破脚是指股价经过较长时间上升后，当天股价高开低走，收出一根长阴线，并将前日阳线全部覆盖，表示主力将股价推至高处后，高开制造假象，吸引跟风盘，随后大肆出货，将跟风者一网打尽。

底部穿头破脚是指股价经过一段时间下跌后，当天股价低开高走，收出一根长阳线，并将前日阴线全部覆盖，表示股价跌至低位后，再次杀跌引出割肉盘，随后将股价推高，一举收复前日失地，市场开始快速攀升。

7. 乌云盖顶

乌云盖顶也属于拉高出货的顶部反转形态，预示在暴风雨即将来临的前夜，“乌云压城城欲摧”（图 9-23）。乌云盖顶与顶部穿头破脚类似，只是在图形上阴线的收盘仅切入阳线的三分之二处，具有一定的不确定性，杀伤力也次于穿头破脚。

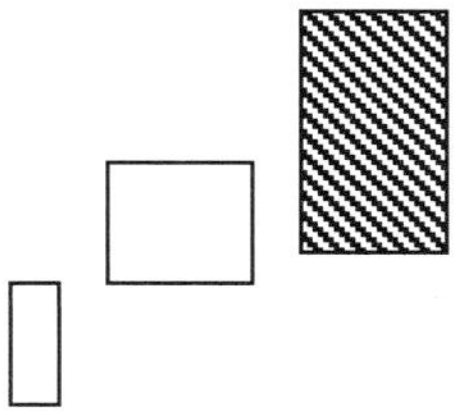

图 9-23　乌云盖顶

乌云盖顶是在市场上升后期，出现一根长阳线，第二天股价跳高开盘，收盘价却下降到阳线实体中间之下，表示趋势反转已经发生，随后将出现较长时间的下跌，投资者应迅速离场。通常第二天阴线刺入前日阳线的程度越深，顶部反转的可能性越大。

8. 双飞乌鸦

双飞乌鸦是指在市场的高位出现两根并排的阴线，像两只乌鸦在摇摇欲坠的枯树枝上乱叫，预示“祸不单行”，市场将大幅下跌（图 9-24）。

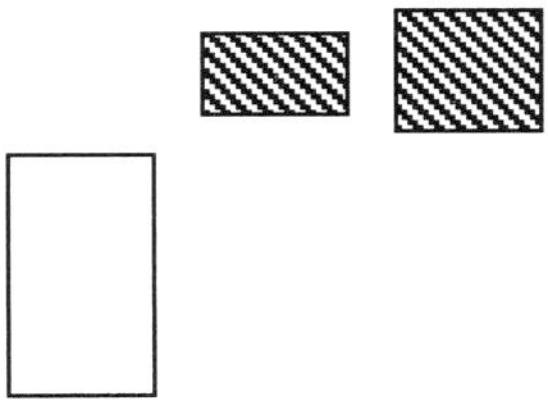

图 9-24　双飞乌鸦

双飞乌鸦是在股价连续大幅上升之后，第一天是长阳线，第二天高开收出带上升缺口的阴线，表示向上攻击失败，第三天再次跳高开盘，收出阴线，收盘价比前一天阴线的收盘价低，但仍高于第一天阳线的收盘价。这说明牛市已被遏制，股价将下跌。

9. 双针探底

双针探底是指两根有一定间隔的 K 线，都带有较长的下影线，下影线的位置非常接近。这是常见的底部反转形态（图 9-25）。

图 9-25　双针探底

双针探底出现在股价连续下跌之后，表示股价已经过二次探底，下档有较强的支撑，底部确认有效。双针探底经常由一个底部十字星和一个锤头组成，第二根K线的低点常比第一根K线低点高。

10. 身怀六甲

身怀六甲是指在高位长阳线或低位长阴线之后，在实体中间部位出现的小阳线或小阴线，好像前日K线怀中的胎儿（图9-26）。人们常把小阳线称为上涨孕，小阴线称为下跌孕。该形态一般预示着市场上升或下跌的力量已经衰竭，市场已有改变既有趋势的迹象。

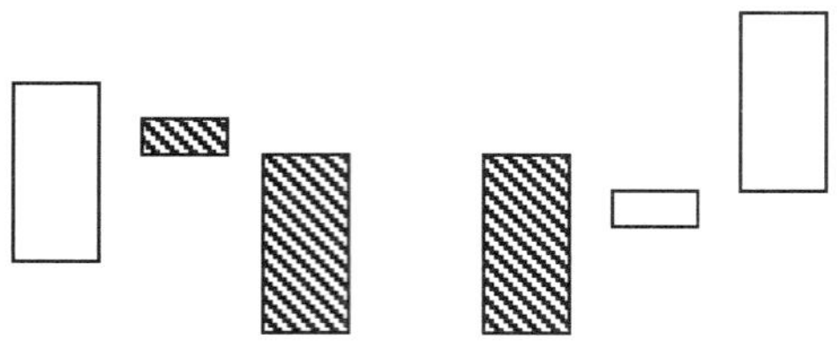

（a）下跌孕　　（b）上涨孕

图9-26　身怀六甲

身怀六甲常出现在涨势或跌势的后期。由于反转的速度较慢，许多投资者会以为市场处于休整状态而未能及时采取有效措施。投资者此时可观察成交量，如果前日成交量放大后又突然急剧萎缩，市场反转的可能性大。

11. 三个白武士

三个白武士又被称为红三兵，是指三根连续上升的阳K线，收盘价一天比一天高（图9-27）。该形态表示多头力量聚集，“武士”稳扎稳打，步步进逼。

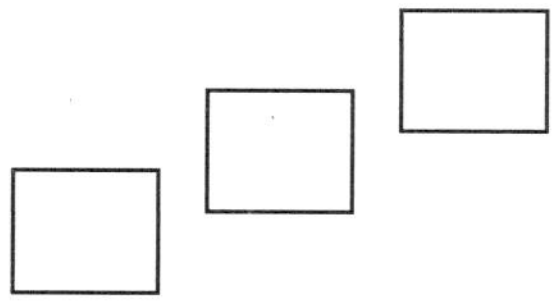

图9-27　三个白武士

三个白武士一般出现在市场见底回升的初期。每日收盘价虽为当天最高点，但开盘价均在前一天的实体之内。因而，总体升幅不大，稳步向上推高。投资者应逢低建仓，及时跟进以免踏空。市场底部出现该形态，常表示后势将加速上涨。

12. 三只黑乌鸦

三只黑乌鸦是三个白武士的反面“副本”，是指三根连续下跌的阴K线，收盘价一天比一天低（图9-28）。该形态表示空方力量逐步加强，后势看淡。

三只黑乌鸦一般出现在市场见顶之后，每天的收盘价均出现新低点，而每天的开盘价却在前一天的实体之内。下跌的节奏较为平和，空方在缓慢杀跌，后势有可能加速下

图 9-28　三只黑乌鸦

滑。投资者应果断决策，争取在第一时间平仓离场。

13. 上升三部曲

上升三部曲是持续组合形态，是指一根长阳线后接三根较小阴线，再接一根大阳线的组合（图 9-29）。这是典型的震荡洗盘手法，表示后市将会继续上涨。

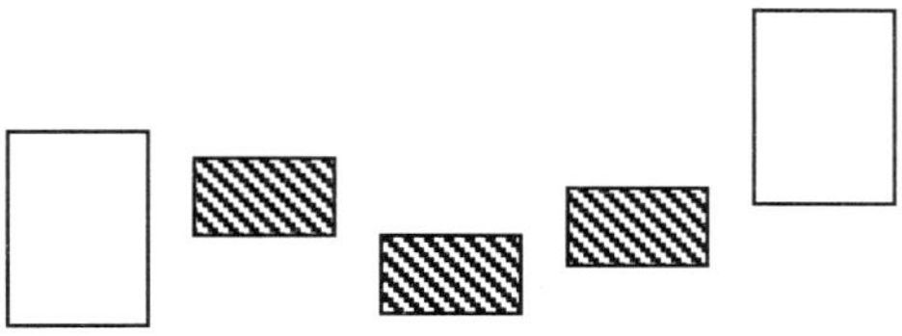

图 9-29　上升三部曲

上升三部曲不是转势信号，而是表明升势将持续巩固的信号。通常第一天为急升长阳线，随后是三根小阴线，实体都包含在第一天阳线之内，成交量萎缩，接着又一根阳线拔地而起，收盘价创出新高，市场重归升途。投资者应在整理结束时建仓或加码买进。

14. 下跌三部曲

下跌三部曲也是持续组合形态，是指一根长阴线后接三根小阳线，再接一根大阴线的组合（图 9-30）。该形态反映市场极度虚弱，股价大跌小涨，空方占有绝对的优势。

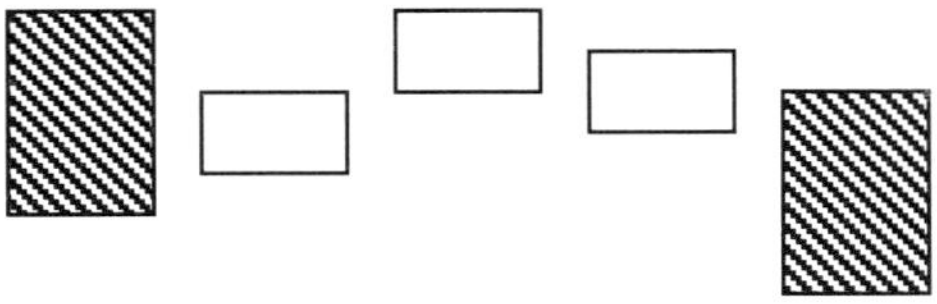

图 9-30　下跌三部曲

下跌三部曲发生在市场下跌途中，第一天为急跌长阴线，随后出现三根细小的反弹阳线，实体都包含在第一根阴线之内，接着又一根阴线破位而下，击穿市场多日形成的盘整巩固区间，市场重新进入下跌轨道。

15. 两阳夹一阴

两阳夹一阴属上升中继形态，是指在上升途中一根阴线夹在两根阳线中间，主力震荡洗盘的形态（图 9-31）。

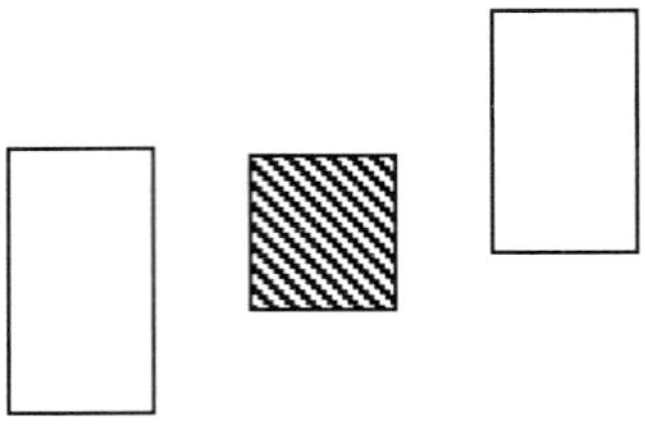

图 9-31　两阳夹一阴

两阳夹一阴是常见的上升形态，表示股价在盘升过程中，不断遭到卖方打压，但逢低介入的买方众多，股价回档有限，且顽强上涨。擅长短线操作的投资者可利用冲高和回档之际做短差，但前提是不能丢掉筹码。

16. 两阴夹一阳

两阴夹一阳属下跌抵抗形态，是指在下跌途中一根阳线夹在两根阴线之间，主力震荡出货的形态（图 9-32）。

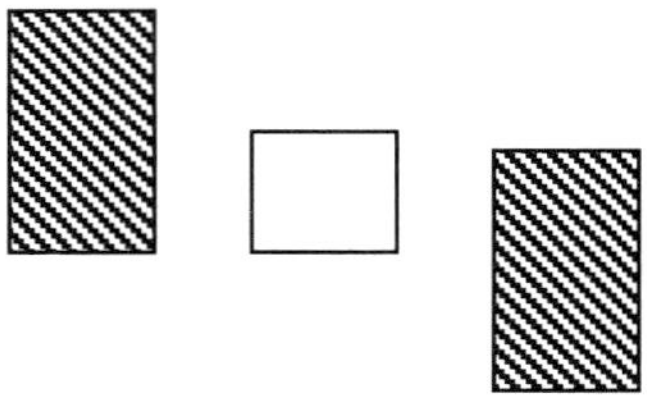

图 9-32　两阴夹一阳

两阴夹一阳是常见的下跌形态，表示股价在下跌过程中，不断遭到买方抵抗，但逢高出货的卖方众多，股价反弹高度有限，且跌势不止。投资者应利用反弹机会逢高卖出，待股价跌到底部后，再重新进场承接。

四、K 线的实际应用

1. K 线的应用实例

K 线图简洁直观，立体感强，K 线组合形态信息明确，判断后市准确率较高，故 K 线理论在股市中深受投资者欢迎，使用者众多。但在实践中投资者要做到精通 K 线，利用 K 线战胜市场、战胜庄家，并不是一件容易的事，需要有扎实的功底和娴熟的使用技巧。因此，投资者应在实践中不断学习，通过实战锻炼，提高自己解析 K 线图、把握大势的能力。宝钢股份 600019 如图 9-33 所示。

2. 应用 K 线应注意的问题

K 线表现市场行为有很强的视觉效果，是最能表现市场行为的图表之一。尽管如此，由于 K 线是依靠人类的主观印象建立起来的，是人们对历史走势形态的一种归纳和

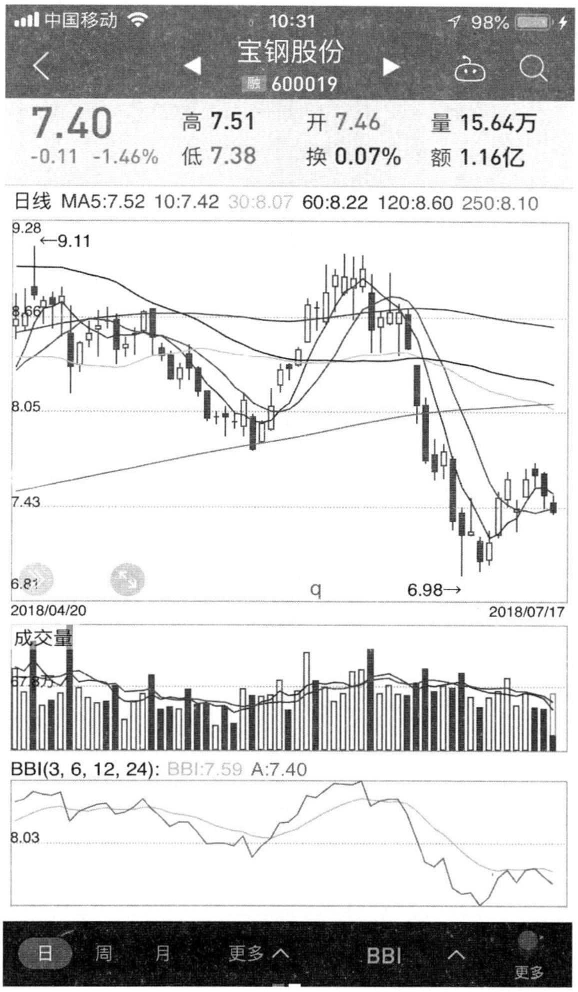

图 9-33　宝钢股份 600019

表达，并没有严格的科学逻辑，因此它也并非是一种完美的技术，也存在一些缺陷。投资者在应用时应注意以下几点。

（1）股市的变动是复杂的，实际的市场情况可能与投资者的判断有距离。经验统计的结果表明，用 K 线组合来研判后市走势的成功率不是很高。

（2）在股市里应用 K 线图时，应配合成交量观察买方与卖方的强弱状况，找出股价支撑与压力区。

（3）学会分析投资者心理。K 线形态复杂多变、形态各异，因此投资者很难全部掌握。但是投资者需要认识到的是，这些形态的本质都是一样的。K 线形态是股价波动的反映，而股价波动是多空双方力量权衡的结果，它反映了交易双方的心理变化过程。因此，透过股价波动的表象，去分析投资者的投资心理，就可以把握各种 K 线的变化趋势。

（4）K 线分析方法必须与其他方法相结合。因为 K 线分析方法并不是一种完美的技术，这一点同其他技术分析方法是一样的。用其他分析方法已经做出了该买还是该卖的决定之后，才可用K线组合选择采取行动的具体时间和价格。

（5）日线、周线、月线综合使用。同样的K线组合，周期越长，可信度越高。日K线在日常分析中运用得最多，但是骗线的概率也最大，投资者在用日K线进行分析的同时，还应该结合周线、月线共同研判。

第三节　技术分析的主要方法

一、波浪理论

艾略特利用道·琼斯工业平均指数作为研究工具，发现不断变化的股价结构形态反映了自然和谐之美。波浪理论是艾略特于1938年首先提出的价格趋势分析理论，他认为不管是股票还是商品，其价格波动与大自然的潮汐一样具有相当程度的规律性，即周期循环。掌握规律可以预测价格未来的走势。

波浪理论由波形、比例和时间三个因素构成，这三个因素都与斐波那契数列和黄金分割率有关，因此该理论又被称为大自然法则。

1. 斐波那契数列

波浪理论的数学基础是斐波那契数列。公元1202年，意大利数学家斐波那契（Fibonacci）发现了一组数字，即1，2，3，5，8，13，21，34，55，89，144……这些数字有以下几个特点。

（1）任意相邻的两个数字之和，等于两者之后的那个数字，如5+8=13。

（2）除了最初的四个数字外，任意一个数字与其后面数字的比值，都趋近0.618，如13÷21≈0.619。

（3）任意一个数字与其前面数字的比值，都趋近1.618，如34÷21≈1.619。

（4）任意一个数字与其前面第二个数字的比值，都趋近2.618，如21÷8≈2.625。

（5）任意一个数字与其后面第二个数字的比值，都趋近0.382，如8÷21≈0.381。

按递推关系 $\begin{cases} F_0 = F_1 = 1 \\ F_n = F_{n-1} + F_{n-2}\left(n = 2,3\cdots\right) \end{cases}$ 产生的整数，称为斐波那契数。由斐波那契数构成的数列 $\left\{\dfrac{F_{n-1}}{F_n}\right\}$ 是收敛的，且 $\lim\limits_{n\to\infty}\dfrac{F_{n-1}}{F_n} = \lambda \approx 0.618$ 恰为黄金分割率。

2. 黄金分割与波浪比例

黄金分割是指运用斐波那契数列中的黄金分割率分析股价走势，即将1分为0.618和0.382，预测股价的涨跌幅度及判断股价的阻力位和支撑位。

（1）上涨幅度的判断。

（2）调整幅度的判断。
（3）时间之窗。

3. 波浪理论内容基本要点

（1）一个完整的循环包括 8 个波浪，5 上 3 落。
（2）波浪可合并为高一级的浪，亦可以再分割为低一级的小浪。
（3）跟随主流行走的波浪可以分割为低一级的 5 个小浪。
（4）第 1、第 3、第 5 浪这 3 个推动浪中，第 3 浪不可以是最短的一个波浪。
（5）假如 3 个推动浪中的任何一个波浪成为延伸浪，其余两个波浪的运行时间及幅度会趋向一致。
（6）调整浪通常以 3 个浪的形态运行。
（7）黄金分割率奇异数字的组合是波浪理论的数据基础。
（8）经常遇见的回吐比率为 0.382、0.500 及 0.618。
（9）第 4 浪的底不可以低于第 1 浪的顶。
（10）波浪理论包括三部分，即形态、比率及时间，其重要性以排行先后为序。
（11）波浪理论主要反映从众心理。越多人参与的市场，其准确性越高。

4. 波浪理论的缺陷

（1）波浪理论家对现象的看法并不统一。每一个波浪理论家包括艾略特，很多时候都会受到一个问题的困扰，就是一个浪是否已经完成而开始了另外一个浪呢？有时甲看是第一浪，乙看却是第二浪。差之毫厘，失之千里。看错的后果可能十分严重。一套不能确定的理论用在风险极高的股票市场，运作错误足以使人损失惨重。

（2）对于怎样才算是一个完整的浪，也无明确定义，股票市场的升跌次数绝大多数不按五升三跌这个机械模式出现。波浪理论家却曲解说有些升跌不应该被计算入浪里。数浪（wave count）完全是随意主观的。

（3）波浪理论有所谓伸展浪（extension waves），有时五个浪可以伸展成九个浪。在什么时候或者在什么准则之下波浪可以延伸呢？艾略特没有解释，使数浪变成投资者各自启发、各自领悟的事情。

（4）波浪理论的浪中有浪，可以无限延伸，亦即升市时可以无限上升，都是在上升浪之中，一个巨型浪，一百多个浪都可以。下跌浪也可以跌到无影无踪仍然是在下跌浪之中。只要是升势未完就仍然是上升浪，跌势未完就仍然是下跌浪。这样的理论有什么作用呢？能否推测浪顶、浪底的运行时间甚属可疑，等于纯粹猜测。

（5）艾略特的波浪理论是一套主观分析工具，毫无客观准则。市场运行受情绪影响而并非机械运行。

（6）波浪理论不能被运用于个股的选择上。

5. 波浪的基本形态

一个价格的波动周期，从牛市到熊市的完成，包括 5 个上升波浪与 3 个下降波浪，总计 8 个波浪，如图 9-34 所示。

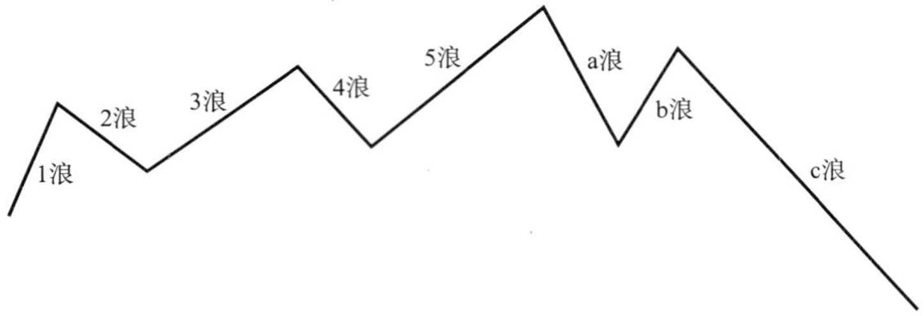

图 9-34 波浪理论示意图

每一个上升的波浪称为推动浪（1 浪、3 浪、5 浪），每一个下跌的波浪称为前一个上升波浪的调整浪（2 浪、4 浪）。对整个大循环讲，第 1 浪至第 5 浪是一个“大推动浪”，a 浪、b 浪、c 浪三浪则为“大调整浪”，如图 9-35 所示。

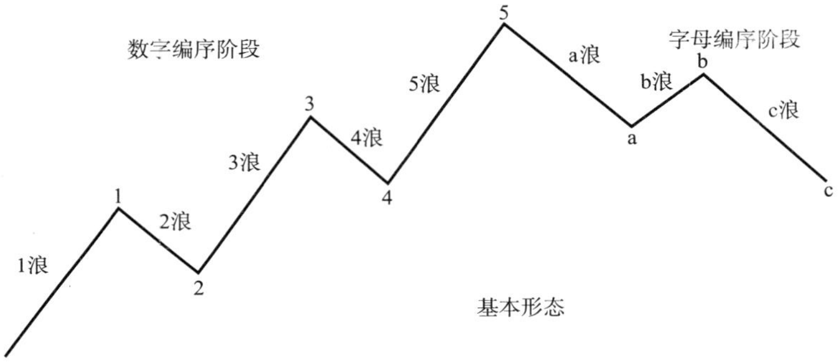

图 9-35 基本形态

在每一对上升的“推动浪”与下跌的“调整浪”组合中，大的波浪中又可细分成小的波浪，小的波浪同样以 8 个波浪来完成较小级数的波动周期。图 9-36 给出在一个大的价格波动周期中的 34 个小波浪。

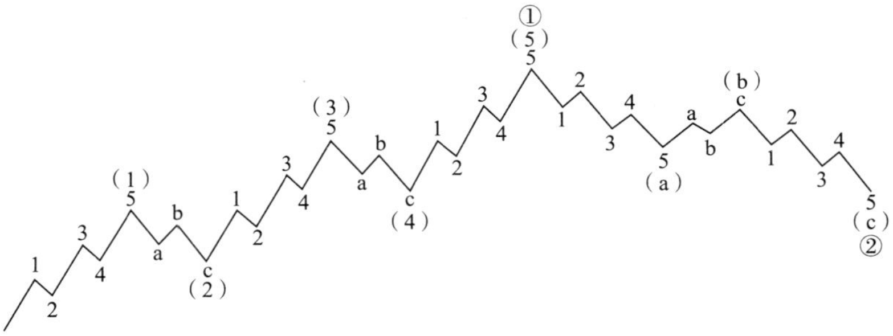

图 9-36 34 个波浪

①和②为 2 个波浪；(1)、(2)、(3)、(4)、(5)、(a)、(b)、(c) 为 8 个波浪；1、2、3、4、5、a、b、c 等为 34 个波浪

图 9-37 给出了大循环周期价格波动中涵盖的 144 个更小的波浪。

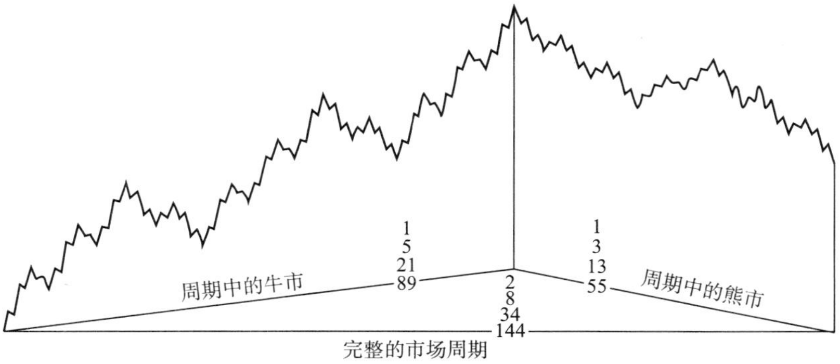

图 9-37　144 个波浪

波浪循环的级数共分为 9 级，不同的级数中，每一个小波浪数字的标记各有区别，如表 9-1 所示。

表 9-1　9 级波浪循环

波浪级数	推动浪代码	调整浪代码
超级大周期波浪	无代码	无代码
大周期波浪	（Ⅰ）、（Ⅱ）、（Ⅲ）、（Ⅳ）、（Ⅴ）	（A）、（B）、（C）
周期波浪	Ⅰ、Ⅱ、Ⅲ、Ⅳ、Ⅴ	A、B、C
基本大浪	1、2、3、4、5、6	a、b、c
中型浪	（1）、（2）、（3）、（4）、（5）	（a）、（b）、（c）
小型浪	1、2、3、4、5	a、b、c
细浪	①、②、③、④、⑤	无代码
细微细浪与最细浪	无代码	无代码

那么，如何来划分上升 5 浪和下跌 3 浪呢？一般说来，8 个浪各有不同的表现和特性。

第 1 浪。几乎半数以上的第 1 浪，是属于营造底部形态的第一部分，第 1 浪是循环的开始，由于这段行情的上升出现在空头市场跌势后的反弹和反转阶段，买方力量并不强大，加上空头继续存在卖压，因此，在该类第 1 浪上升之后出现第 2 浪调整回落时，其回档的幅度往往很深；另外半数的第 1 浪，出现在长期盘整完成之后，在该类第 1 浪中，其行情上升幅度较大，以经验看来，第 1 浪的涨幅通常是 5 浪中最短的行情。

第 2 浪。这一浪是下跌浪，由于市场人士误以为熊市尚未结束，其调整下跌的幅度相当大，几乎吃掉第 1 浪的升幅，当行情在该浪中跌至接近底部（第 1 浪起点）时，市场出现惜售心理，当抛售压力逐渐衰竭，成交量也逐渐缩小时，第 2 浪调整才会宣告结束，在该浪中经常出现 K 线图中的转向形态，如头底、双底等。

第 3 浪。第 3 浪的涨势往往最大，是最有爆发力的上升浪，这段行情持续的时间与幅度经常是最长的，市场投资者信心恢复，成交量大幅上升，常出现传统图表中的突破信号，如裂口跳升等，这段行情走势非常激烈，一些图形上的关卡，非常轻易地被穿破，尤其在突破第 1 浪的高点时，是最强烈的买进信号，由于第 3 浪涨势激烈，经常出现“延长波浪”的现象。

第 4 浪。第 4 浪是行情大幅劲升后的调整浪，通常以较复杂的形态出现，经常出现“倾斜三角形”的走势，但第 4 浪的底点不会低于第 1 浪的顶点。

第 5 浪。在股市中第 5 浪的涨势通常小于第 3 浪，且经常出现失败的情况，在第 5 浪中，二类股票（效益一般的公司股票）、三类股票（效益差的公司股票）通常是市场内的主导力量，其涨幅常常大于一类股票（绩优蓝筹股、大型股），即投资人士常说的“鸡犬升天”，该时期市场情绪表现得相当乐观。

第 A 浪。在第 A 浪中，市场投资人士大多数认为上升行情尚未逆转，此时仅为一个暂时的回档现象，实际上，A 浪的下跌，在第 5 浪中通常已有警告信号，如成交量与价格走势背离或技术指标上的背离等，但由于此时市场仍较为乐观，A 浪有时出现平势调整或者“之”字形态运行。

第 B 浪。B 浪表现经常是成交量不大，一般而言是多头的逃命线，然而，由于是一段上升行情，很容易让投资者误以为是另一波段的涨势，形成“多头陷阱”，许多投资者在该时期惨遭套牢。

第 C 浪。这是一段破坏力较强的下跌浪，跌势较为强劲，跌幅大，持续的时间较长，而且出现全面性下跌。

从以上看来，波浪理论似乎颇为简单和容易运用，实际上，由于其每一个上升/下跌的完整过程中均包含一个 8 浪循环，大循环中有小循环，小循环中有更小的循环，即大浪中有小浪，小浪中有细浪。因此，数浪变得相当繁杂和难于把握，再加上推动浪和调整浪经常出现延伸浪等变化形态和复杂形态，使得对波浪的准确划分更加难以界定，这两点构成了波浪理论实际运用的最大难点。

6. 波浪之间的比例

波浪理论采取黄金分割率和神秘数字去推测股市的升幅和跌幅。一个上升浪可以是上一次高点的 1.618，另一个高点再乘以 1.618，以此类推。

另外，下跌浪也是这样，一般常见的回吐幅度比率有 0.236（0.382 × 0.618），0.382，0.500，0.618 等。

二、形态趋势分析

（一）形态趋势分析的主要表现形式

形态趋势是指市场价格的波动方向，大致可分为上升趋势、下跌趋势和横向趋势三类，如图 9-38~图 9-50 所示。

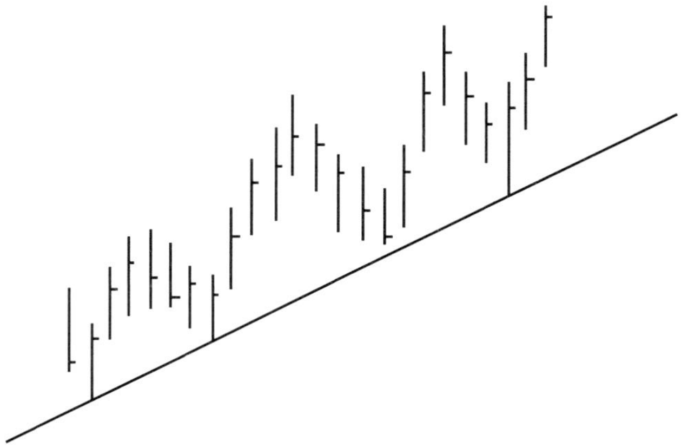

图 9-38　上升趋势图

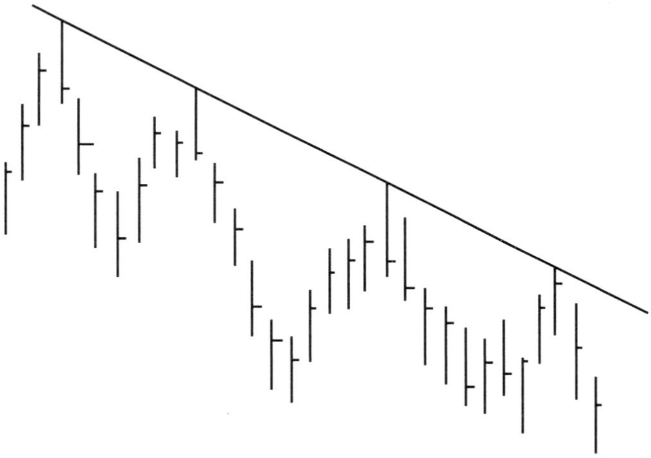

图 9-39　下跌趋势图

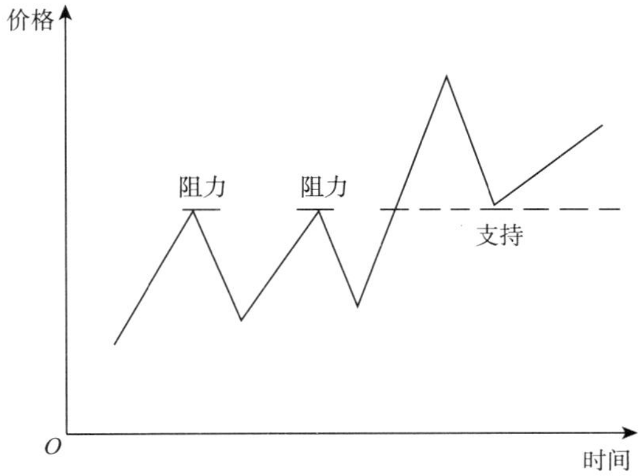

图 9-40　横向上升趋势图

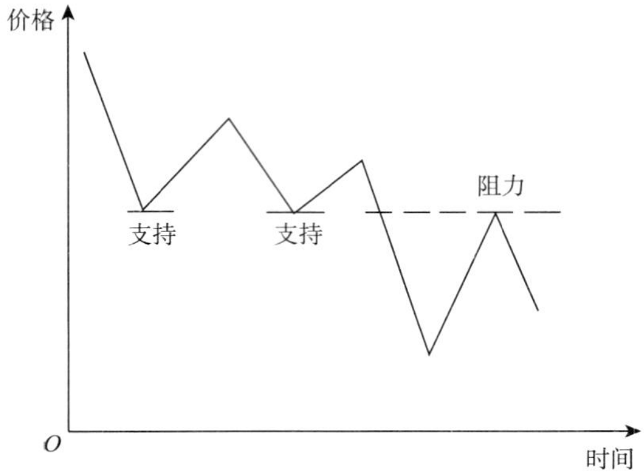

图 9-41 横向下跌趋势图

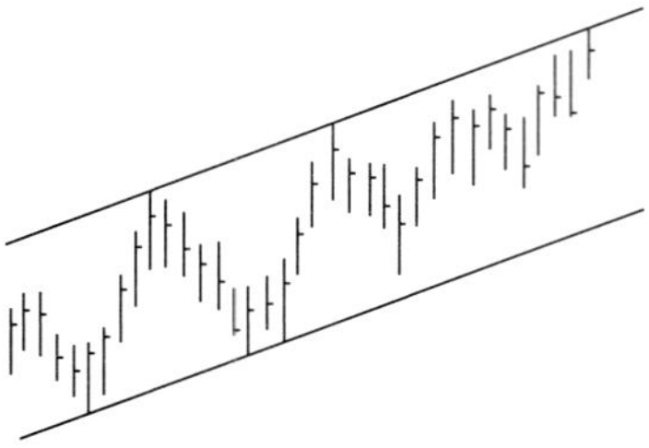

（a）上升轨道

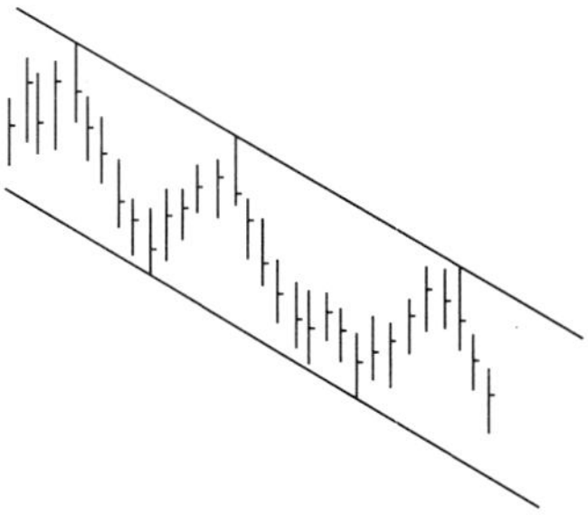

（b）下降轨道

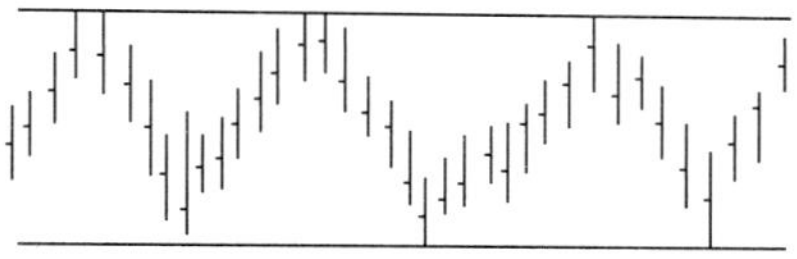

（c）横向轨道

图 9-42 上升、下降、横向轨道图

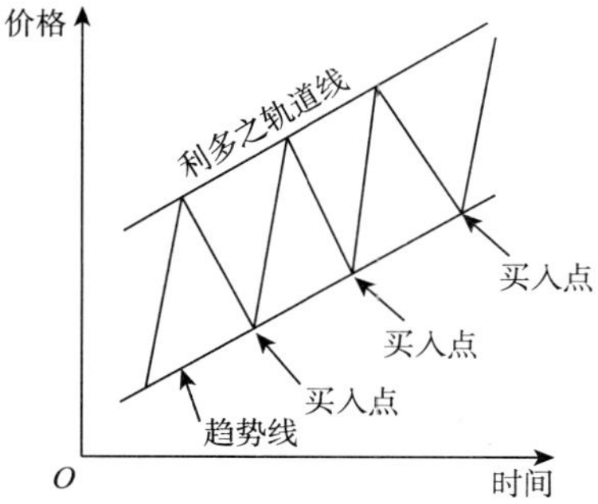

图 9-43 上升轨道线图

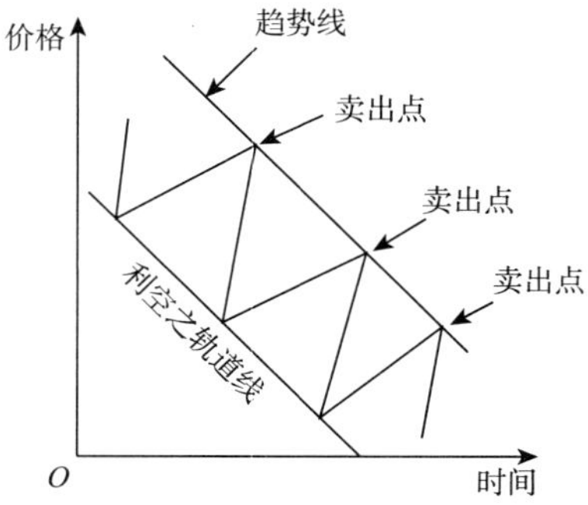

图 9-44 下降轨道线图

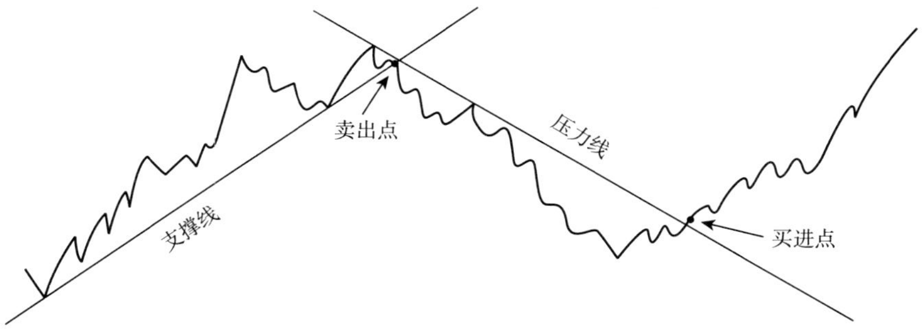

图 9-45　正常波浪线

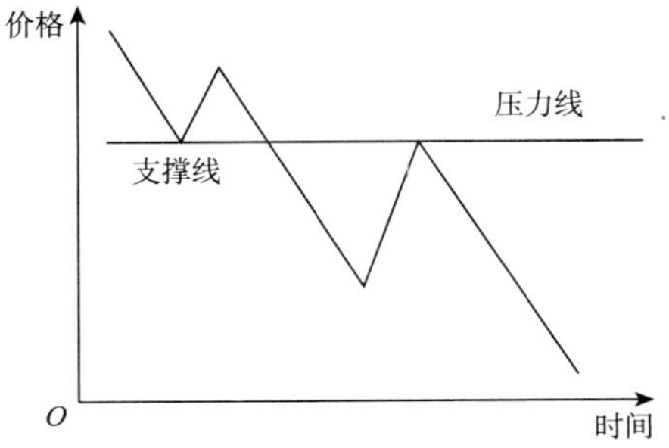

图 9-46　下跌三角形

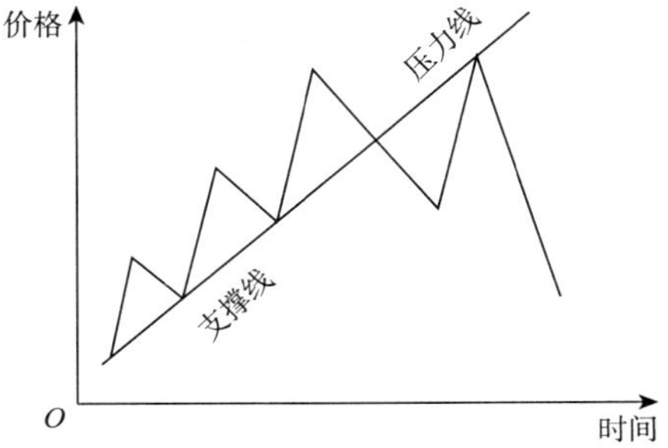

图 9-47　牛市二次回档

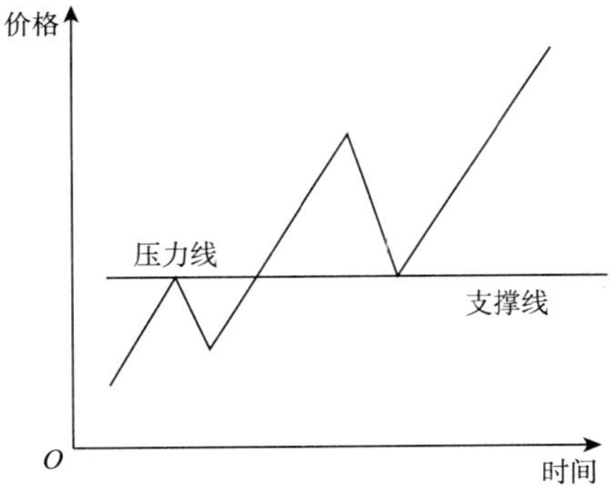

图 9-48　上升三角形

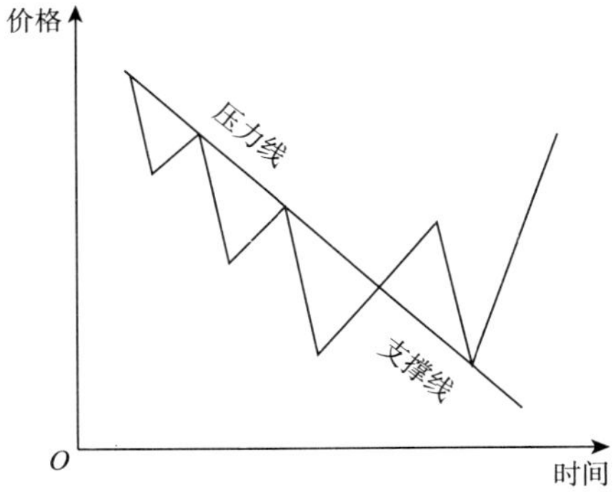

图 9-49　熊市二次回档

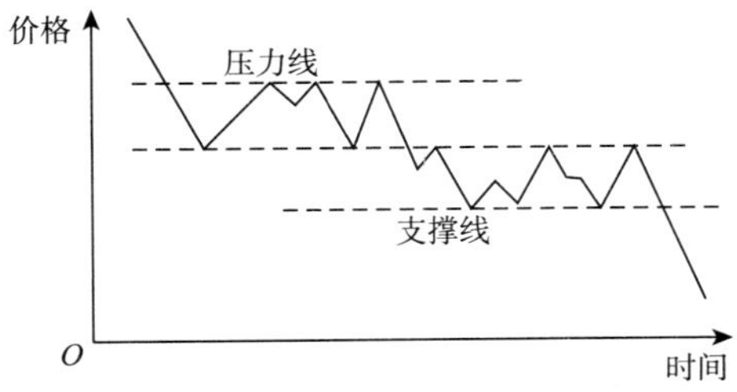

（a）熊市斜三角形

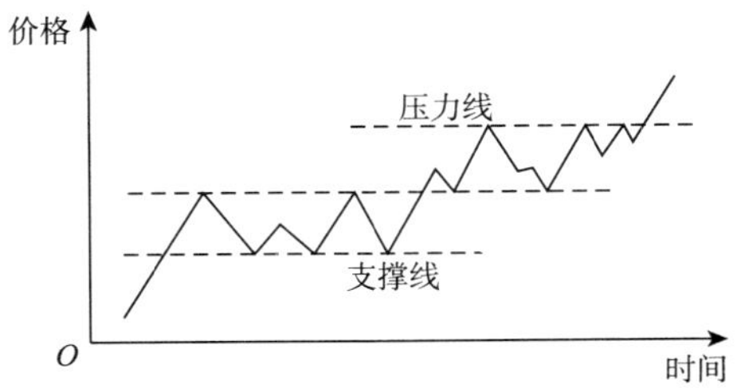

（b）牛市斜三角形

图 9-50　斜三角形

（二）图形形态研判

一般中小投资者都有过下述经历：投资者总想低价买进、高价卖出股票，却不能准确判断股价到底进入了低谷还是爬上了顶峰。当股价持续下跌后进入低谷，即将从谷底翻升时，很少有投资者敢下定决心趁低价买进股票，一旦股价反弹时就错过机会了；股价上涨一段时间后，入市成本提高，风险增大，投资者还是不敢买入股票，只好等待下一个时机。如果此时冒险跟进，股价很可能正好形成峰顶，行情反转，又卖不掉股票。同理，股价下跌时，投资者又不知道什么时候抛出股票能减少一些遗憾。为了能在股市中从容应战，恰到好处地选择买和卖，就得学会技术分析，学会形态分析和买卖点选择。

股价移动规律表明，股价的移动是由多空双方力量大小决定的，股价的移动主要是保持平衡的持续整理和打破平衡的突破这两种过程。股价移动的规律是完全按照多空双方力量对比大小和所占优势的大小而行动的。股价经过一段时间的移动后，在股价形态趋势图上即形成一种特殊区域或形态，不同形态表示不同意义。我们可以从这些形态的变化中摸索出一些规律。一般的形态类型可分为反转形态、整理形态和缺口形态等。

反转形态指股价趋势逆转所形成的图形，亦即股价由涨势转为跌势，或由跌势转为涨势的信号。

整理形态是显示以往走势的形态，是指股价经过一段时间的快速变动后，不再前进而在一定区域内上下窄幅变动，等待时机成熟后再继续以往的走势。

缺口是指股价在快速大幅变动中有一段价格没有任何交易，显示在股价形态趋势图上的一个真空区域，这个区域称为缺口，通常又称为跳空。当股价出现缺口，经过几天甚至更长时间的变动，然后反转过来，回到原来缺口的价位时，称为缺口的封闭，又称补空。

虽然形态类型有很多种分类，但是这些形态中有些是不容易区分其究竟是属于哪一类的。例如，一条局部的三垂顶底形态，在一个更大的范围内有可能被认为是矩形形态的一部分；一个三角形态有时也可以被当成反转突破形态，尽管多数时间我们都把它当成持续整理形态。

1. 持续整理形态

持续整理形态通常表示图表上的横向价格伸展仅仅是当前趋势的暂时休止，下一步的市场运动将与先前趋势的原方向一致。持续整理形态图形通常有旗形、三角形、楔形及突破后的跳空缺口。

（1）旗形。旗形如图 9-51~图 9-54 所示。

（2）三角形。三角形的形成与旗形相似，不同之处是三角形完成的时间比旗形长，如图 9-55 所示。

（3）楔形。楔形是一种倾斜度大的三角形，是连接价格最高点与最低点的直线相交形成的，如图 9-56 和图 9-57 所示。

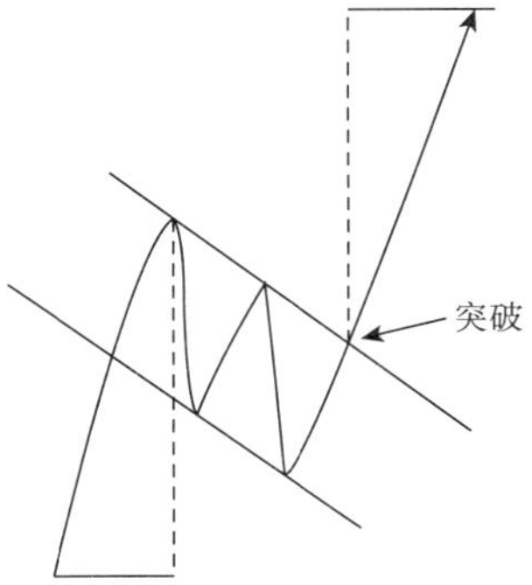

图 9-51 旗形上升（a）

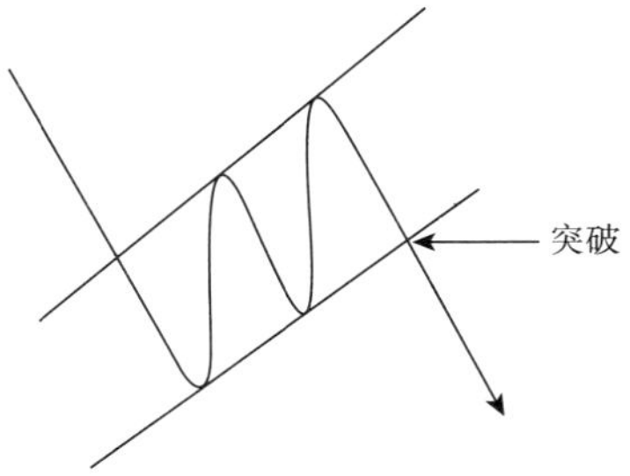

图 9-52 旗形下降（a）

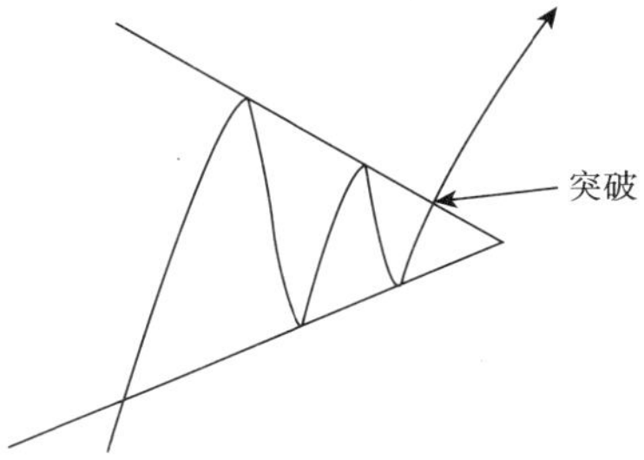

图 9-53 旗形上升（b）

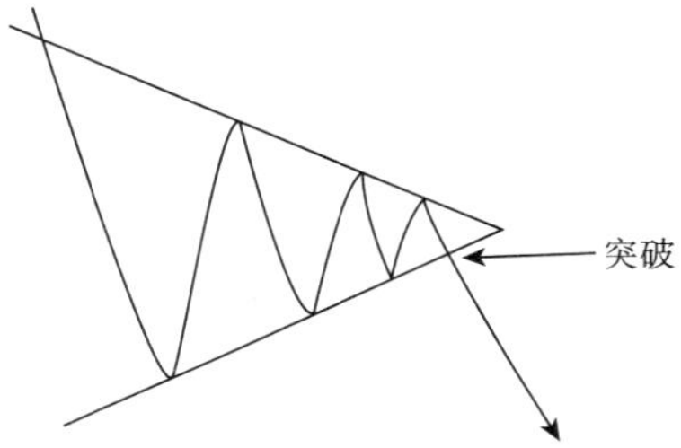

图 9-54 旗形下降（b）

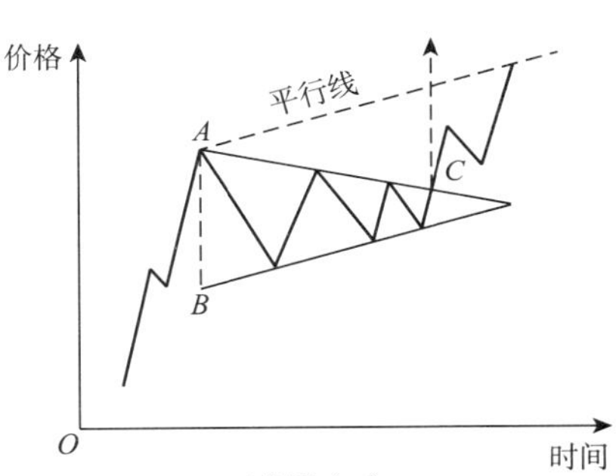

三角形（a）

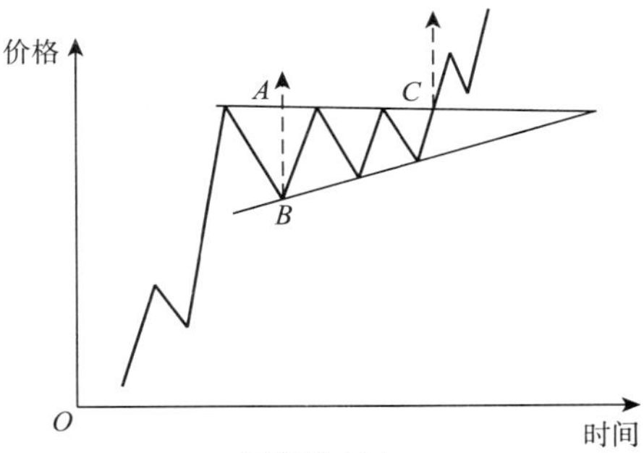

三角形（b）

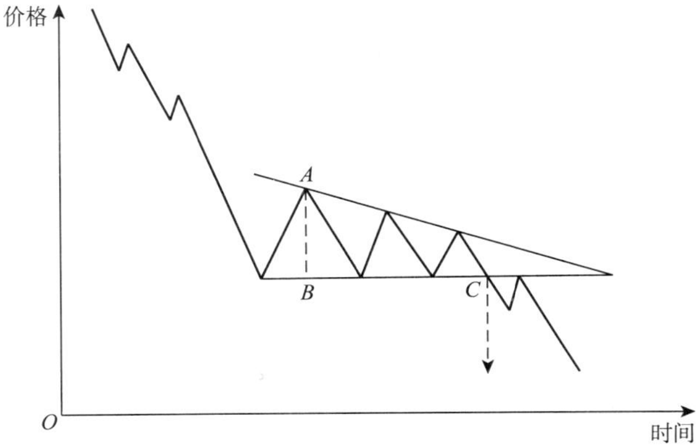

三角形（c）

图 9-55 三角形

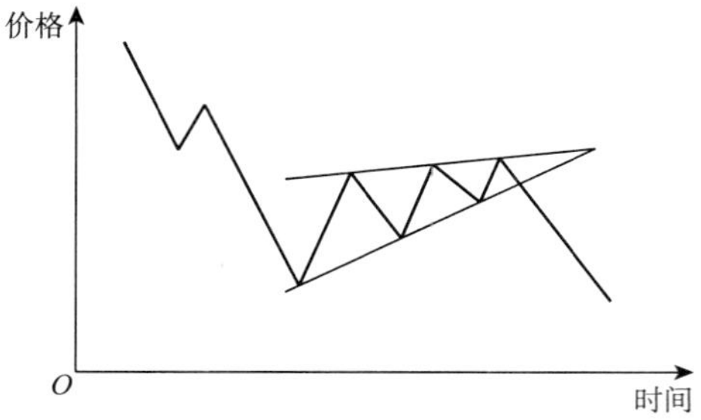

图 9-56 楔形下降

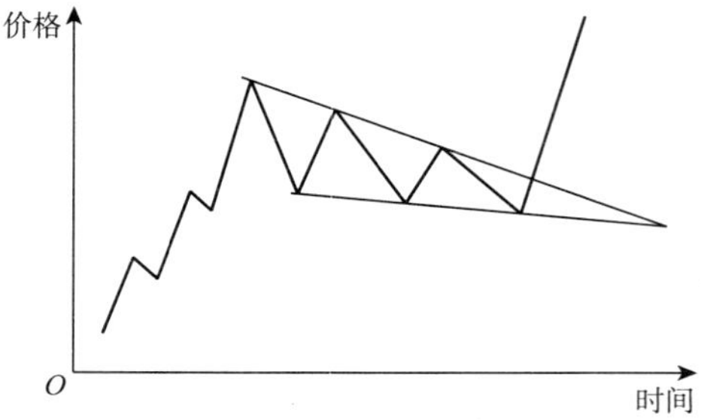

图 9-57 楔形上升

（4）缺口。缺口是指价格在快速大幅度变动中有一段价格没有任何交易，在价位走势图上呈现一个真空区域，又称为跳空，如图 9-58 所示。

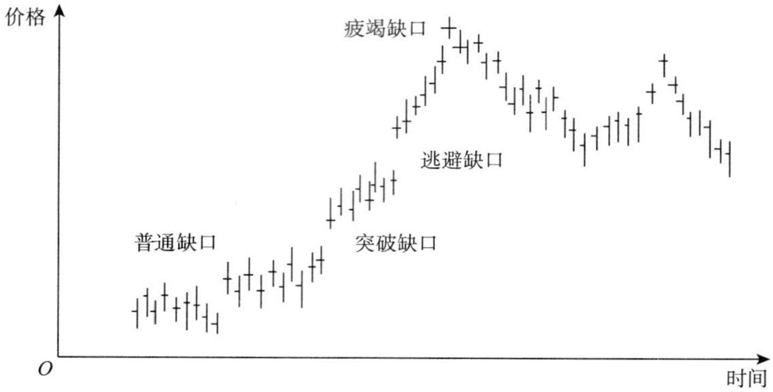

图 9-58 跳空走势图

2. 转势形态

转势形态是市场经过一段上升行情后转为下跌行情，或下跌行情转为上升行情的形态。

1）V 形反转

V 形是反转形态中上升或下降幅度较大、速度较快的一种，它只有一个尖顶或一个尖底。投资者如果能够及时把握，那么价差利润相当可观。但是 V 形很难被及时判断，要配合成交量及其他分析方法提前确认，以免错过买或卖的时机。

（1）正置 V 形，如图 9-59 所示。

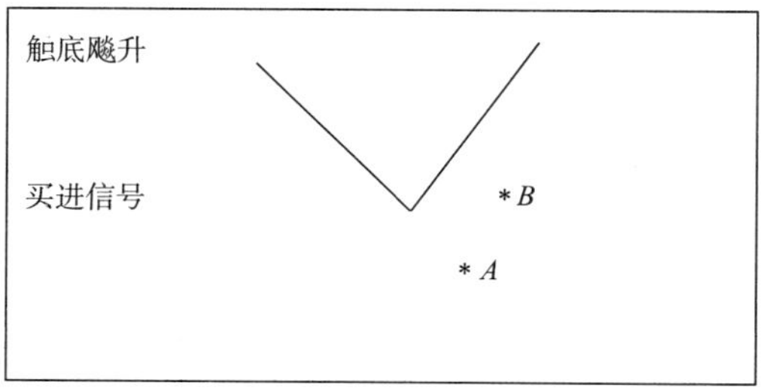

图 9-59 正置 V 形

A、*B* 均作为买入点

（2）倒置 V 形，又称尖顶，如图 9-60 所示。

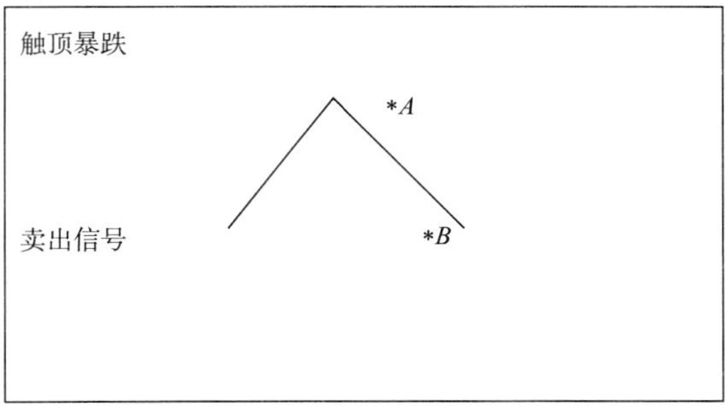

图 9-60　倒置 V 形

A、*B* 均可作为卖出点

2）M 头

M 头是典型的卖出信号。M 头的形成过程与头肩顶类似，只是 M 头在股价形成两个差不多的高峰后，突破颈线，进入下跌行情。M 头股价向下突破颈线 3% 时，反转确立，此时常会出现一次股价反弹。M 头最小跌幅一般相当于顶部到颈线的距离，如图 9-61 所示。

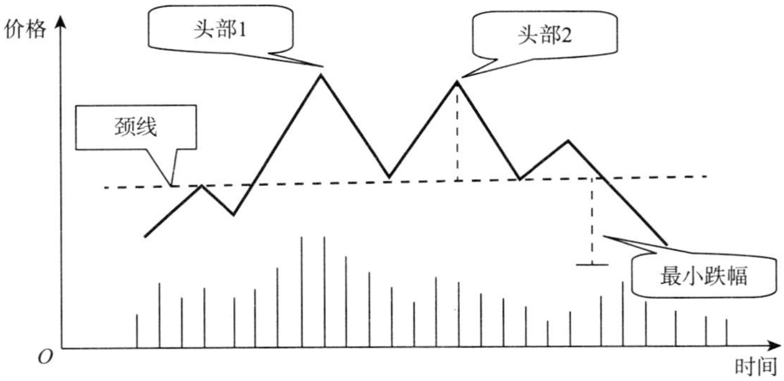

图 9-61　M 头反转形态

3）W 底

W 底是典型的买进信号。W 底的形成过程与头肩底类似，只是 W 底在股价形成两个差不多的低谷后，突破颈线，进入上升行情。W 底股价向上突破颈线 3% 时，反转确立，此时常会出现一次股价反抽。W 底最小涨幅一般相当于底部到颈线的距离，如图 9-62 所示。

4）圆弧顶

圆弧反转也叫碗形、碟形，包括圆弧顶和圆弧底。在圆弧顶中，成交量不太明显。圆弧反转的趋势，开始时比较缓慢。当反转突破时，股价会迅速出现短暂的激升或剧降，之后，又继续缓慢变动。圆弧顶的完成需要相当长的时间，但一旦形成，就是一个很确定的图形。担心风险的投资者比较适合运用圆弧顶决定买卖时机，如图 9-63 所示。

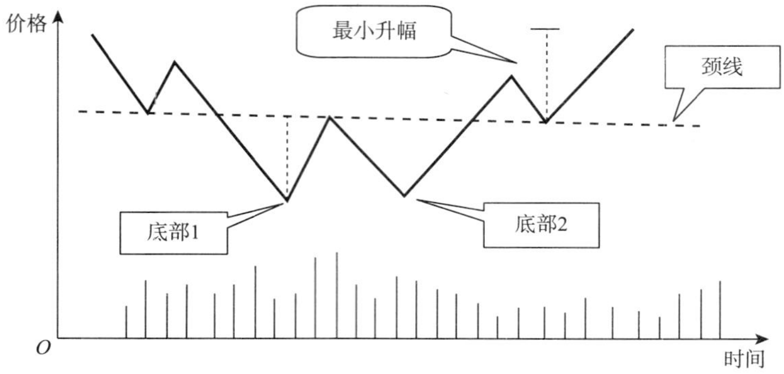

图 9-62　W 底反转形态

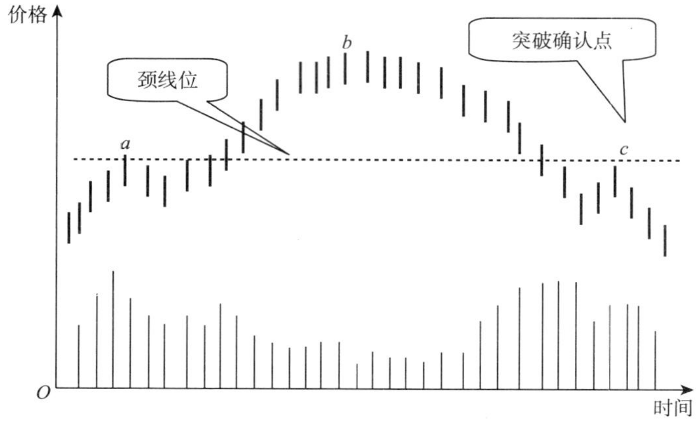

图 9-63　圆弧顶形态

5）圆弧底

圆弧底常出现在小面额股票的长期上升趋势中，在形成圆弧底的初期，卖盘压力开始减轻；原来有很大的成交量，现在开始减少；股价虽仍在下跌，但跌势趋缓，并逐渐接近平均水平。股价在底部酝酿一阵后，随着需求的上升，股价开始上涨，成交量也随之快速增长，这种涨势在顶点遇到大盘卖盘后才趋缓。圆弧底中，成交量会形成与股价大致相似的弧形，如图 9-64 所示。

6）头肩形反转

头肩形在日本被称作三尊形，它是最重要的也是最常见的反转形态，分头肩顶和头肩底两种，分别代表向下和向上的反转趋势。头肩顶由一个主峰、两个低峰组成，其形状很像人的头和两肩。头肩顶的形成开始于一个很强的上升趋势，那时成交量很大；股价在上升一段幅度后开始下跌，成交量也开始减少，形成一个左肩。随后，股价和成交量第二次上升，当超过左肩顶点所在的价位时，再次下跌，并接近前一个下跌底部的价位，形成一个“头”。第三次上升形成右肩，但成交量相对较少。在第三次下跌穿过颈线，而且以收盘价在该线下距离为市价 3% 左右时，头肩顶正式完成。头肩顶是一个信号，表示股价已经达到顶部，不久，股市将进入下跌行情。但一般还有一次小幅反弹，这是抛股的最后一次好机会，被称作逃命线。头肩底的情形正好相反。

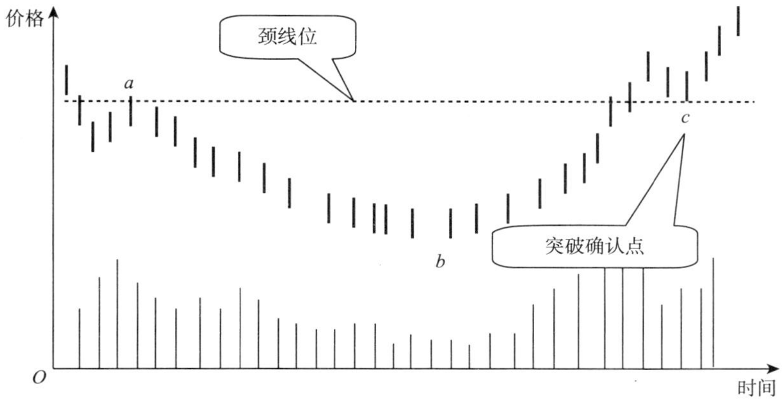

图 9-64　圆弧底形态

a 点、*c* 点为突破点，*b* 点为买入点

（1）双顶和双底。双顶和双底又被称为 M 头和 W 底，这种图形较少出现在长期趋势中，常发生在短期趋势的重要关卡的压力线或支撑线上，如图 9-65 所示。

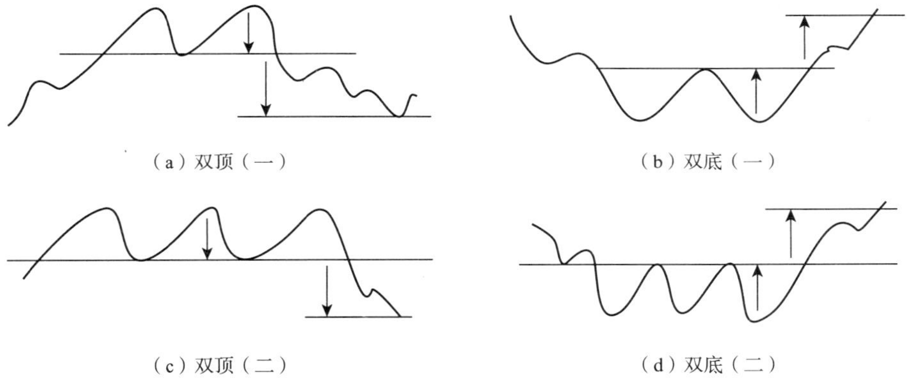

图 9-65　双顶和双底

（2）头肩形。头肩形可以说是最著名、最可靠的反转形态，包括头肩顶、头肩底和复合头肩形，如图 9-66~图 9-68 所示。

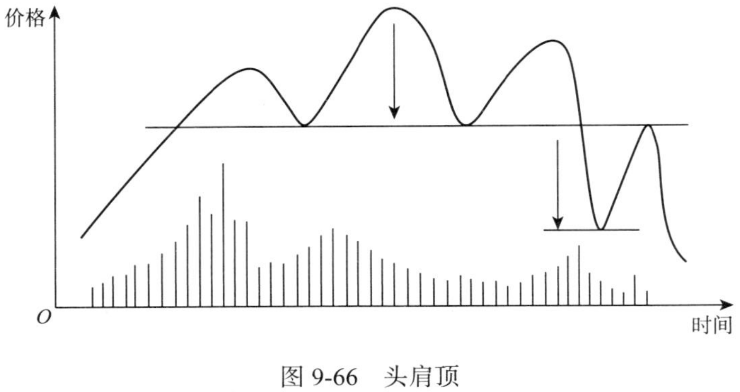

图 9-66　头肩顶

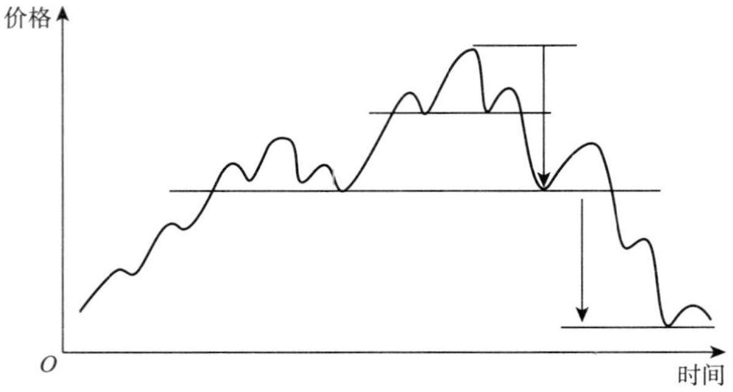

图 9-67　头肩底

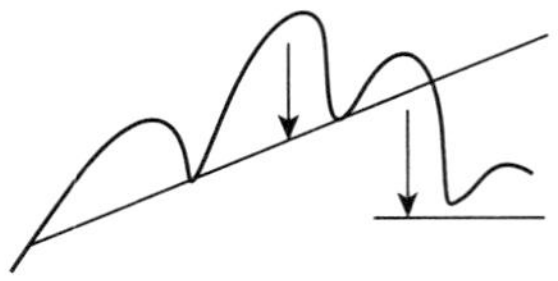

图 9-68　复合头肩形

（3）头肩失败形。右肩形成后，价格拒绝突破颈线，或只短暂穿越而迅速掉头回升。这类情形的升幅往往是爆炸性的，如图 9-69 和图 9-70 所示。

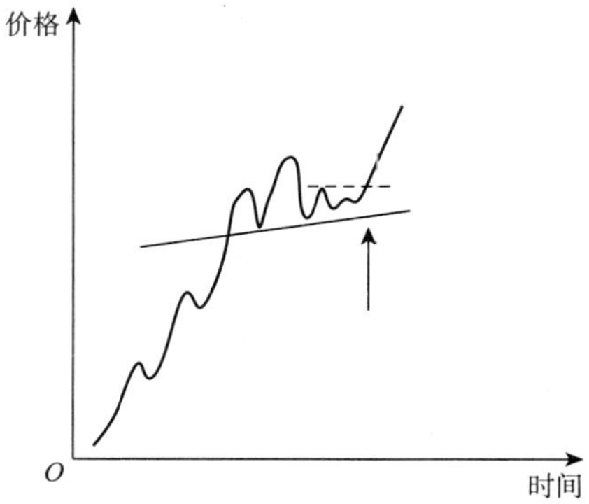

图 9-69　头肩失败形（a）

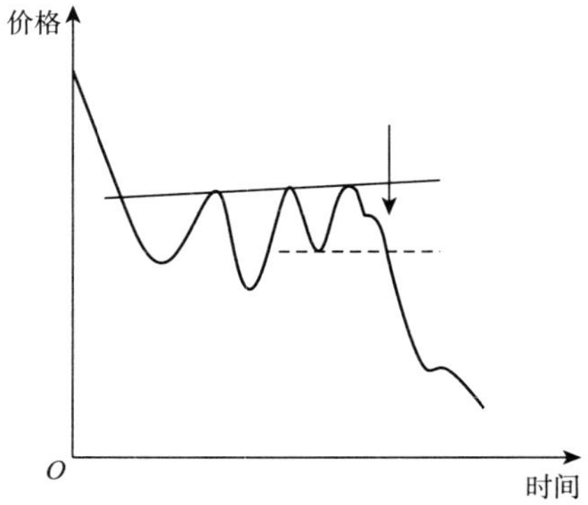

图 9-70　头肩失败形（b）

7）三角形反转

当股票最高价和最低价的变动幅度逐渐缩小时，上下两条倾斜趋势线共同约束股价发展，最终形成尖顶的三角形。三角形的出现，一般表示上涨或下跌趋势的暂时停止，因此，三角形态也被归类为调整形态。由于三角形突破后，股价会发生大的反转，我们把它作为反转形态进行分析。三角形有直角三角形、对称三角形、上升三角形和下降三角形等形式。

三、移动平均线

1. 移动平均线的基本含义

移动平均线，简称均线，是用统计处理的方式，将若干天的股价加以平均，然后连接成一条线，用以观察股价的未来走势。移动平均线的理论基础是道·琼斯的“平均成本”概念。移动平均线可分为短期移动平均线、中期移动平均线和长期移动平均线。一般而言，10 日以下的移动平均线被称为短期移动平均线；10 日以上 20 日以下的移动平均线被称为中期移动平均线；20 日以上的移动平均线被称为长期移动平均线。

平均数的计算方法是将一组数字相加，再除以数字的个数。移动平均数是在一个时间序列中，剔除已被平均数据的第一个数据，再加入一个新的数据所求得的另一个平均数。以 5 日算术平均移动平均线为例。

（1）将第 1 日至第 5 日的收盘价（或股价指数）相加求和再除以 5，就得到第 1 个 5 日平均数。

（2）将第 2 日至第 6 日的收盘价相加求和再除以 5，就得到第 2 个 5 日平均数。

（3）以此类推，将第 N 日至第 N+4 日的 5 个收盘价相加求和再除以 5，就得到第 N 个 5 日移动平均数。

（4）将这些计算结果画在坐标图上并连成线，即 5 日移动平均线。其他移动平均线均以此类推。

移动平均线公式化后可做如下表示。

按时间序列股价为 $P_1, P_2, P_3, \cdots, P_k$ ，k 项移动平均值 M_n 的表示式为

$$M_{n1} = \frac{P_1 + P_2 + P_3 + \cdots + P_k}{k} \tag{9-1}$$

$$M_{n2} = \frac{P_2 + P_3 + P_4 + \cdots + P_{k+1}}{k} \tag{9-2}$$

$$M_{n3} = \frac{P_3 + P_4 + P_5 + \cdots + P_{k+2}}{k} \tag{9-3}$$

移动平均线的最大作用是将一段时期内购买股票者的平均成本公开，在知己知彼的情况下，买卖双方进而可以从未来成本变动方向中做出明智的决定。具体有两种作用：①助涨作用；②助跌作用。

2. 移动平均线的研制规则

美国投资专家葛兰维（Gralivile）根据 K 线与一条移动平均线之间的关系，给出了判断买卖的信号，创立了移动平均线八大法则。其中四条法则属买进时机，另外四条法则属卖出时机。

葛兰维八大法则买卖示意图见图 9-71。

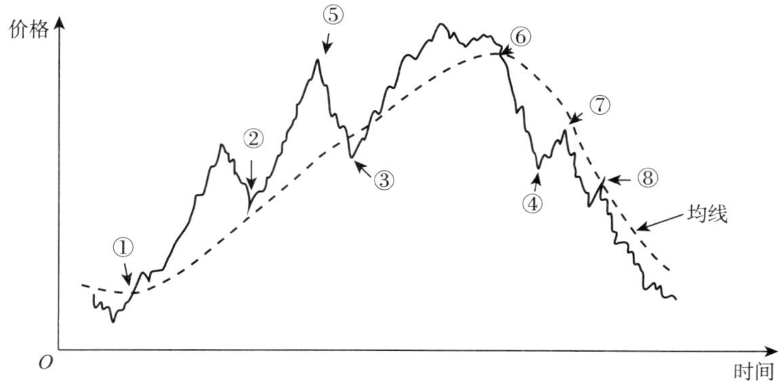

图 9-71 葛兰维八大法则买卖示意图

1）买进时机

如图 9-71 所示，①~④点揭示出 4 个买进时机。

（1）移动平均线从下降逐渐转为水平，且有往上方抬头迹象，而股价从移动平均线的下方突破移动平均线时，便是买进信号，如图 9-71 中①点所示。

（2）股价趋势走在移动平均线之上，股价下跌但没有跌破移动平均线，又再度上升，亦为买进信号，如图 9-71 中②点所示。

（3）股价跌至移动平均线下方，而移动平均线短期内仍为继续上升趋势，是买进信号，如图 9-71 中③点所示。

（4）股价趋势走在移动平均线之下时，突然暴跌，距离移动平均线非常远，极有可能再趋向移动平均线（这是分久必合的道理），亦为买进时机，如图 9-71 中④点所示。

2）卖出时机

如图 9-71 所示，⑤~⑧点揭示出 4 个卖出时机。

（1）股价在上升中，且走在移动平均线之上，却离移动平均线越来越远（股价连续数日大涨），表示近期内购买股票者皆有利可图，随时会产生获利回吐的卖压，卖出较妥，如图 9-71 中⑤点所示。

（2）移动平均线波动从上升趋势逐渐转为水平线，而且股价从移动平均线下方突破移动平均线时，卖压渐重，为卖出时机，如图 9-71 中⑥点所示。

（3）股价趋势在移动平均线之下，回升时未超越移动平均线，移动平均线已有从趋于水平（减缓跌势）再度转向下移的趋势，必须卖出持有股票，如图 9-71 中⑦点所示。

（4）股价在移动平均线上徘徊，而且移动平均线继续下跌，则宜卖出，如图 9-71 中⑧点所示。

经过长期实验后，对于上述移动平均线八大法则，葛兰维认为第三项与第八项比较不能与实际配合，运用时较具风险，若不是非常熟悉移动平均线，投资者宁可放弃该两条法则，以免承受不必要的风险。

同时，若将第一条与第二条合并使用，第六条与第七条合并使用，会发现移动平均线从下降转为水平且有向上波动趋势，股价从移动平均线下方向上突破移动平均线，回跌时若不跌破移动平均线，是运用短期移动平均线操作的最佳买入时机；移动平均线从上升转为水平且有向下波动趋势，股价从移动平均线上方向下突破移动平均线，回升时无力穿过移动平均线，是运用短期移动平均线操作的最佳卖出时机。第四条和第五条需结合乖离率使用。

3. 移动平均线的组合分析

1）金叉

金叉即短期均线走到上方，稍长些的均线居中，长期均线走到下方，如图 9-72 所示。

如图 9-72 所示，金叉是“女”字形，30 日均线为“女”字的一横即第三笔，10 日均线为第二笔，5 日均线为第一笔。

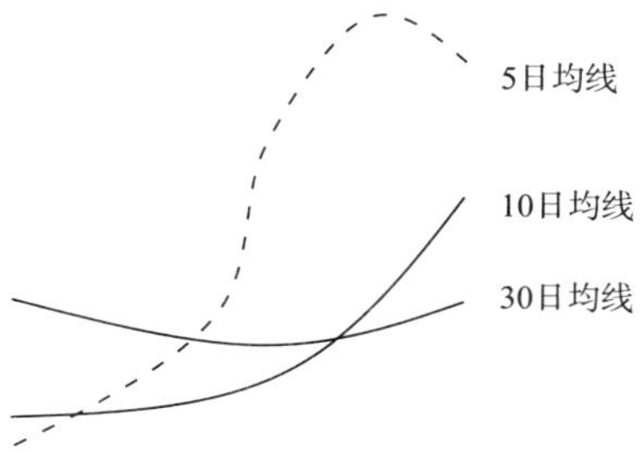

图 9-72　金叉

打开任何一只个股日 K 线图，只要 5 日、10 日、30 日均线如图 9-72 出现金叉（即“女”字形）几乎无一例外地开始向上突破。掌握了这一秘密，投资者就应该在这三条长线即将形成“女”字形时及时买入。

2）死叉

死叉即长期均线走到上方，稍短些的均线居中，最短的均线走到下方，如图 9-73 所示。

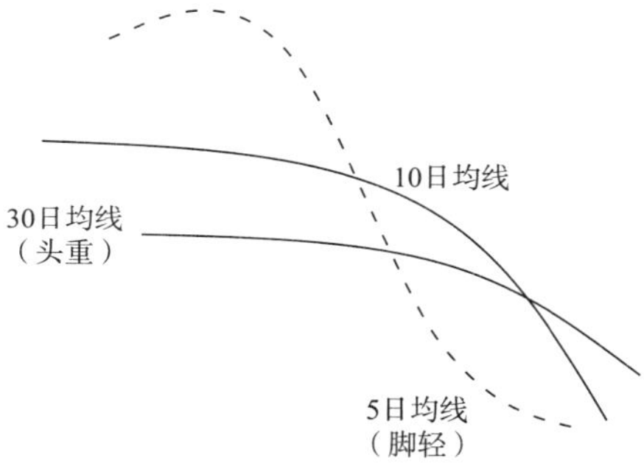

图 9-73　死叉

如图 9-73 所示，“头重脚轻”是死叉。

为什么 5 日均线上蹿下跳走得快？为什么 30 日均线步履蹒跚行动迟缓？例如，某只股票某天涨了 0.3 元，那么，0.3 元/5 日=0.06 元，5 日均线一下涨了 0.06 元；而 0.3 元/30 日=0.01 元，30 日均线只涨了 0.01 元。因此，5 日均线当然要比时间长一些的均线波动幅度大。

3）5 日、10 日、30 日均线

5 日均线又称周线，10 日均线又称半月线，30 日均线又称月线。跌破 30 日均线，强势市场结束。

4）60 日、120 日、250 日均线

60 日均线又称季线，120 日均线又称半年线，250 日均线又称年线。跌破 60 日均线，多头市场动摇；跌破半年线，“漫长雨季来临”；跌破年线，“熊市绵绵无绝期”。

5）移动平均线的交叉

（1）黄金交叉。

当快速移动平均线升破慢速移动平均线时，其交叉点称为黄金交叉。也就是当两条

移动平均线在上升的市价线下方相交叉，形成多头排列，即短期移动平均线从下方向上穿越长期移动平均线，这一交叉点称为黄金交叉，表示股市行情开始趋向多头，后市看好，如图 9-74 所示。

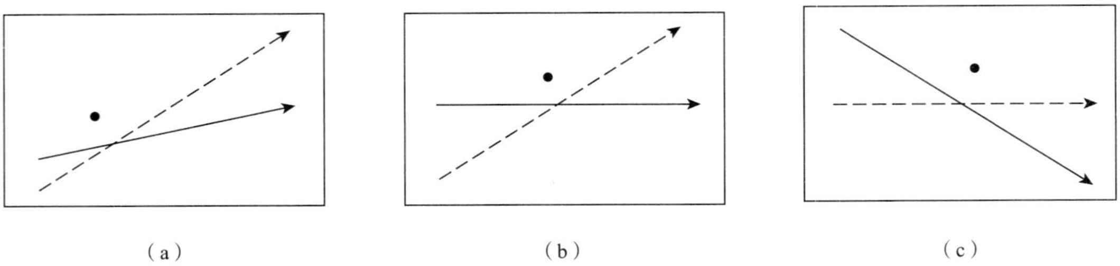

图 9-74 黄金交叉

（2）死亡交叉。

当快速移动平均线跌穿慢速移动平均线时，其交叉点称为死亡交叉。也就是当两条移动平均线在下跌的市价向上方相交叉，形成空头排列，即短期移动平均线从上方向下穿越长期移动平均线。这一交叉点就是死亡交叉，表示后市不能再看好，如图 9-75 所示。

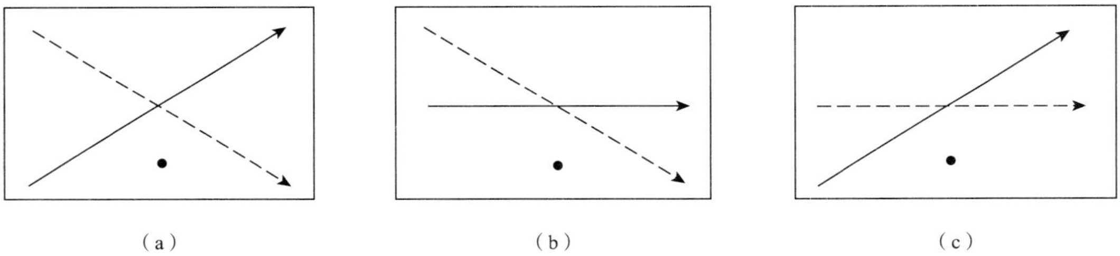

图 9-75 死亡交叉

第四节 技术分析指标

一、相对强弱指数

目前在技术分析方面使用最普遍的，除了移动平均线之外，可能就是相对强弱指数（relative strength index，RSI）了。RSI 根据股价涨跌幅度变动来分析一段时间内股市多空双方相对强弱趋势。股价涨幅较大，说明多头力量较强，股价可能继续上涨；反之，则说明空头力量较强，股市可能继续下跌。

1. RSI 的参数设置

RSI 的计算相对比较复杂，在计算过程中涉及上涨幅度平均数和下降幅度平均数及所设定的周期，现行市场上所有的股票分析软件都有 RSI 值，并且可根据投资者的喜好随意设定周期。除了以 14 天为周期外，也有人采用 6 天、10 天、12 天等。总体来说，若采用的周期天数太短，RSI 反应可能过于敏感；天数太长，又可能反应太慢。如何取决，则依个人经验喜好而定。

RSI 是用来反映市场中买方和卖方力量相对大小的技术分析指标，如图 9-76 及图 9-77 所示。

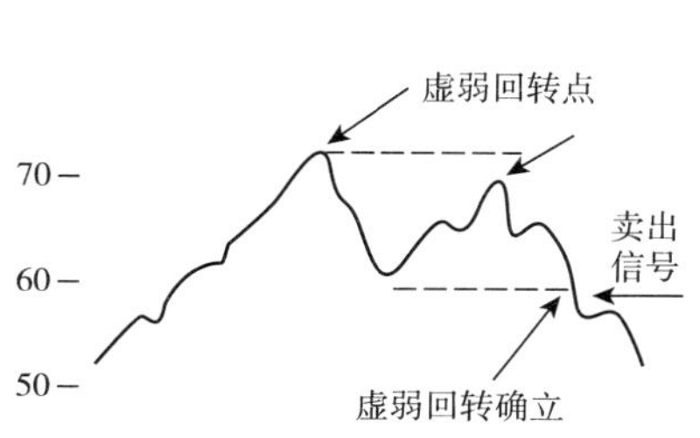

图 9-76　卖方力量强

数字为选设参数

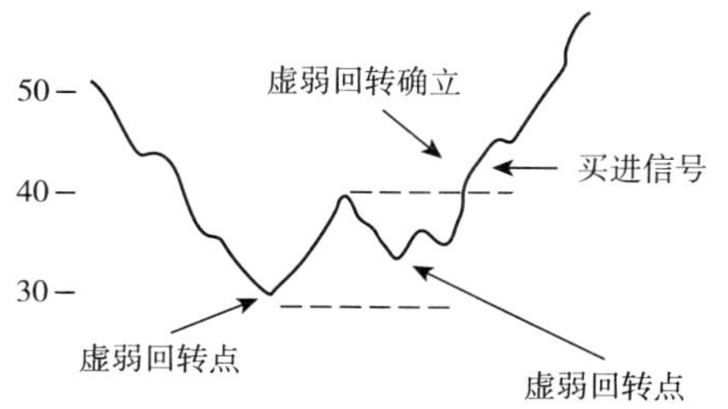

图 9-77　买方力量强

数字为选设参数

记 $\mathrm{UP}(t)_{\mathrm{AVG}(N)}$ 表示第 t 日 N 天涨幅平均值，$\mathrm{DOWN}(t)_{\mathrm{AVG}(N)}$ 表示第 t 日 N 天跌幅平均值，则 t 日 N 天的 $\mathrm{RSI}(N)_t$ 的计算公式为

$$\mathrm{RSI}(N)_t = \frac{\mathrm{UP}(t)_{\mathrm{AVG}(N)}}{\mathrm{UP}(t)_{\mathrm{AVG}(N)} + \mathrm{DOWN}(t)_{\mathrm{AVG}(N)}} \times 100\% \qquad (9\text{-}4)$$

参数是天数，即考虑的时间长度，一般有 5 日、9 日、14 日等。通常快线以 5 日为参数，慢线以 14 日为参数。

2. 计算公式与指标含义

【例 9-1】 以 14 日为例具体介绍 RSI（14）的计算方法。

步骤一：先找到包括当天在内的连续 15 天的收盘价。

步骤二：用每一天的收盘价减去上一天的收盘价，得到 14 个数字。这 14 个数字中有正数也有负数。

设 A=14 个数字中正数之和；B=14 个数字中负数之和×（−1）。

$$\mathrm{RSI}(14) = \frac{A}{A+B} \times 100$$

A 表示 14 天中股价向上波动的大小；B 表示股价向下波动的大小；$A+B$ 表示股价总的波动大小。

3. RSI 的基本研判技巧

（1）6 日 RSI 值在 85 以上或在 15 以下时，可能会出现反转，应注意择时卖出或买进。

（2）盘整时，RSI 一底比一底高表示多头势强，后市可能再涨一段时间，应为买进时机；反之，如一底比一底低则为卖出时机。

（3）RSI 比 K 线更能看出股价的走势形态，因此可以利用切线画出支撑线或阻力线，以判定未来走势。

（4）若股价尚处于盘整局面而 RSI 已整理完成呈现上升形态，则价位将随之突破盘整区，应注意 RSI 的形态走向。

（5）若股价创新高点，在高价位区盘旋，同时 RSI 也创新高点时，表示后市仍强；若 RSI 未同时创新高点，则表示股价即将反转。

（6）若股价创新低点，RSI 也同时创新低点，则后市仍弱；若 RSI 未创新低点，则股价极可能反转。

（7）RSI 在高 RSI 区和低 RSI 区时会渐渐迟钝，失去其作用，故此时对 RSI 研判时应注意配合其他指标。

（8）一般情况下，RSI 值在 50 以下时为弱势市场，在 50 以上时为强势市场。

（9）RSI 值在 50 以上时所反映的信号准确性较高。

二、趋向（动向）指数

趋向（动向）指数（directional movement index，DMI），显示价格涨跌波动中创新高或创新低的动能，研判市场多空力道，进而寻求买卖双方力量的平稳点，以把握价格未来的变动方向。

计算过程：计算当日动向值，计算真实波幅（true range，TR），计算上升指标和下降指标 DI[①]（N），计算动向平均值（average directional index，ADX），如图 9-78 及图 9-79 所示。

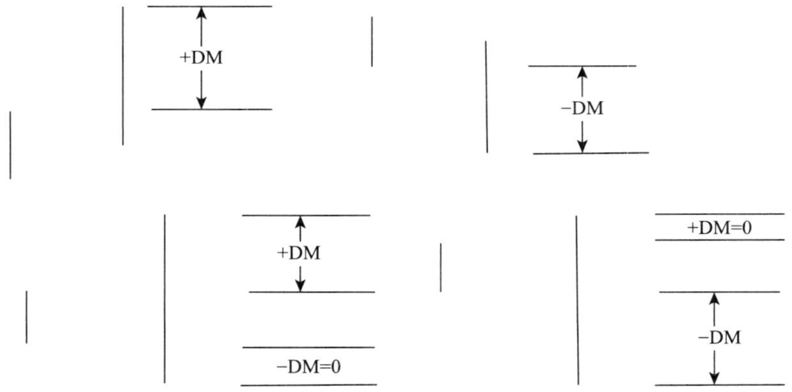

图 9-78 趋向指数图（一）

① DI：directional index，定向指数。

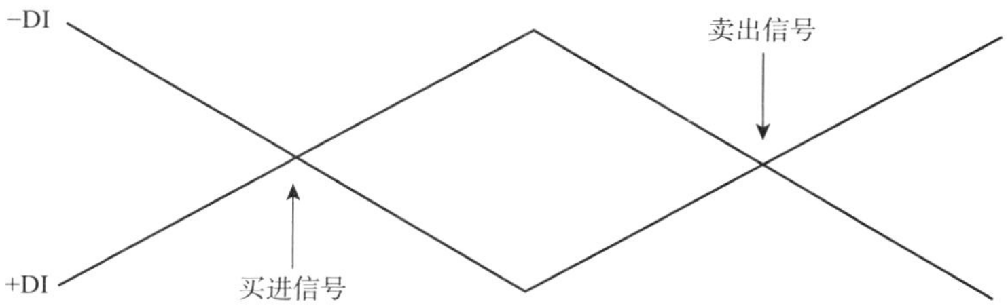

图 9-79 趋向指数图（二）

三、随机指标

随机指标（KDJ）线是欧美期货常用的一种技术分析工具。由于期货风险性波动较股票大，需要较短期、敏感的指标工具。KDJ 恰好是这样一种指标，因此 KDJ 对于中短期股票的技术分析也颇为适用。KDJ 综合了动量观念、强弱指标与移动平均线的优点，具有较强的实用性。

KDJ 一般通过一个特定周期（常为 9 天）内出现过的最高价、最低价及最后一天的收盘价这三个数字来计算最后一天的未成熟随机值（raw stochastic value）。

KDJ 的随机观念远比移动平均线实用，移动平均线在习惯上只以收盘价来计算，因而无法表现出一段行情的真正波动幅度。换句话说，当天或最近数天的最高价、最低价无法表现在移动平均线上。而这几种指标在 KDJ 上都能得到体现。

KDJ 线中的未成熟随机值随着 9 天中高低价收盘价的变动而有所不同，如果行情是一个明显的涨势，就会带动 K 线（快速平均值线）与 D 线（慢速平均值线）向上升。如果涨势开始迟缓，就会慢慢反映到 K 值（即短期平均值）与 D 值（即长期平均值），使 K 线跌破 D 线，此时中短期跌势即告确立。

实践中，K 线与 D 线常配合 J 线的指标使用（J=3K−2D），其目的是求出 K 值与 D 值的乖离程度，从而领先 KD 值找出头部和底部。

由于 KDJ 线本质上是一个随机波动的观念，故其对于掌握中短期的行情走势非常准确。

1. KDJ 的基本研判技巧

（1）当 K 值大于 D 值时，表示目前是向上涨升的趋势，因此在图形上 K 线向上突破 D 线时，为买进信号。

（2）当 D 值大于 K 值时，表示目前是向下跌落的趋势，因此在图形上 K 线向下跌破 D 线时，为卖出信号。

（3）当 D 值跌至 10~15 时是最佳的买入信号，若高至 85~90 时则属卖出信号。

（4）当 K 值大于 80 时，为强烈的卖出信号；当 K 值小于 20 时，为强烈的买入信号。

（5）K 线与 D 线在高档二次交叉则行情将下跌，在低档二次交叉则行情将大涨。

（6）KDJ 不适合发行量太小或交易量太小的股票，适合热门性大股。

（7）K 线与 D 线在 50 处交叉为盘整，该指标无明确的买卖信号。

（8）J 值大于 100 时，应尽快卖出；J 值小于 10 时，应争取买进。

2. KDJ 的优缺点

KDJ 指标比 RSI 准确率高，且有明确的买卖点出现。但 KDJ 指标图中 K 线、D 线交叉时必须注意“骗线”出现，因 KDJ 过于敏感，易被操纵。

四、威廉指数

威廉指数全称威廉超买超卖指数（William overbought/over-sold index），简称 W%R，该指标由拉瑞·威廉（Lirry William）于 1973 年首创，原名“超买超卖指标”。威廉指数利用摆动点来衡量市场的超买超卖现象，可以预测循环周期内的高点和低点，从而提出有效的信号，它是分析市场短期行情走势的技术指标。现行股票分析软件中，威廉指数由上至下表示其值由低至高。

威廉指数在计算时首先要决定周期日数，该数可以取一个买卖循环的半数。许多技术分析专家认为一个买卖的循环期为 28 天，扣除周六和周日，实际交易日为 20 天，一个较长的买卖循环期为 56 天，交易日为 40 天，如取其一半则为 10 日或 20 日，因此，W%R 的系数可用 10 日或 20 日，也有的取更小的周期日数，如 5 日来计算 W%R。

威廉指数的计算公式与 RSI、KDJ 一样，计算出来的结果都在 0 与 100 之间摆动，不同的是威廉指数的值越小，市场的买气越重；反之，其值越大，市场的卖气越重。

其计算公式为

$$\mathrm{W\%R}(n)=\frac{Y_n-L_n}{H_n-L_n}\times 100\% \tag{9-5}$$

式中，Y_n 为当日收盘价；L_n 为 n 日内最低价；H_n 为 n 日内最高价；n 日为选设参数，一般为 14 日或 20 日。

威廉指数的基本研判技巧如下。

（1）当威廉指数高于 80 时，市场处于超卖状态，行情即将见底，80 的横线一般被称为买入线。

（2）当威廉指数低于 20 时，市场处于超买状态，行情即将见顶，20 的横线一般被称为卖出线。

（3）当威廉指数由超卖区向上爬升时，表示行情可能转向，一般情况下，当威廉指数突破 50 中轴线时，市场由弱转强，可以追买。

（4）当威廉指数由超买区向下滑落，跌破 50 中轴线时，市场跌势加剧，可以追卖。

（5）市场有时超买后还可超买，超卖后仍可超卖，当威廉指数进入超买区或超卖区后行情并不一定转势，只有威廉指数明显转向跌破卖出线或突破买进线，方为准确的买卖信号。

（6）使用威廉指数时最好能够同时配合 RSI 来加以验证，当威廉指数线向上、向下突破 50 中轴线时，亦可用以检验 RSI 信号是否正确，发挥两者的互补功能对大势的判断极有好处。

威廉指数的设计与 KDJ 的原理比较接近，不同的是 KDJ 的采样天数较短，威廉指数采样天数略长，故两者的优缺点是相同的。

五、涨跌比率

1. 涨跌比率的含义

涨跌比率（advance-decline ratio，ADR）又称回归式的腾落指数的延伸，是将一定时期内，股价上涨的股票家数与下跌的股票家数做统计求出其比率。其理论基础是“钟摆原理”，由于股市的供需如钟摆的两个极端位置，当供给量越大时，会产生物极必反的效果，则往需求方向摆动的拉力越强，反之则反。

2. 涨跌比率的计算方法

N 值一般取 14 日，也有取 10 日或 24 日的，甚至取更长的 6 周、13 周、26 周等。

涨跌比率的计算方法与移动平均线的计算方法完全相同，如以 6 日为 x 期间时，当第 t 日的涨跌家数累计加入后，必须同时将第一日的涨跌家数删除以保持 6 日的最新移动资料。涨跌比率采样的期间，决定线路上下的震荡次数与空间，期间越大，上下震荡的空间越小；反之，期间越小，震荡空间越大。

3. 应用法则

（1）当涨跌比率大于 1.5 时，表示股价长期上涨，有超买过度的现象，股价可能要回跌。

（2）当涨跌比率大于 0.5 时，表示股价长期下跌，有超卖过度的现象，股价可能出现反弹或回升。

（3）当涨跌比率在 1.5 与 0.5 之间上下跳动时，表示股价处于正常的涨跌状况中，没有特殊的超买或超卖现象。

（4）当涨跌比率在 2.0 以上或 0.3 以下时，表示股市处于大多头市场或大空头市场的末期，有严重超买或超卖现象。

（5）除了股市进入大多头市场，或展开第二阶段上升行情的初期，涨跌比率有机会出现 2.0 以上的绝对买卖数字外，其余次级上升行情超过 1.5 即卖点，且多头市场低于 0.5 的情况极少，是极佳之买点。

（6）涨跌比率如果不断下降，低于 0.75，通常显示短线买进机会。在空头市场初期，如果降至 0.75 以下，通常暗示中级反弹机会；而在空头市场末期，10 日涨跌比率降至 0.5 以下时，为买进时机。

（7）对大势而言，涨跌比率有先行示警作用，尤其是在短期反弹或回档方面，更能比股价图领先出现征兆，若股价图与涨跌比率成背驰现象，则大势即将反转。

六、指数平滑异同移动平均线

指数平滑异同移动平均线（moving average convergence and divergence，MACD）是根据移动平均线较易掌握趋势变动方向的优点发展出来的，它是利用两条不同速度（一条变动的速度较快——短期的移动平均线，另一条较慢——长期的移动平均线）的指数平滑移动平均线计算两者之间的差离值（differential value，DIF）作为研判行情的基础，再求取其DIF的9日平滑移动平均线，即MACD。该技术指标自1979年发明以来，逐渐受到股市中投资者的青睐，投资者普遍认为其发出的买卖信号较为准确。目前，该指标的分析方法已风靡世界，它对于新兴的中国股市同样具有重要的参考作用。有关MACD的计算方法，由于其较为烦琐，如果在每天收市后用手工计算综合指数或个股的MACD数据，恐怕难以做到。所幸现在很多国内外的股市分析电脑软件均有现成数据提供随时咨询。

MACD是根据移动平均线发展而来的，主要是利用长期（26日）与中短期（12日）移动平均线来计算两者之间的差离情况，作为研判行情买卖的依据。

DIFF线（difference，乖离曲线）：收盘价短期指数平滑移动平均线与长期指数平滑移动平均线间的差。

DEA线（difference exponential average，指数平滑异同平均线）：DIFF线的M日指数平滑移动平均线。

MACD线：DIFF线与DEA线的差，为彩色柱状线。

MACD指标主要通过熟练使用电脑键盘上的F5键，如图9-80所示。

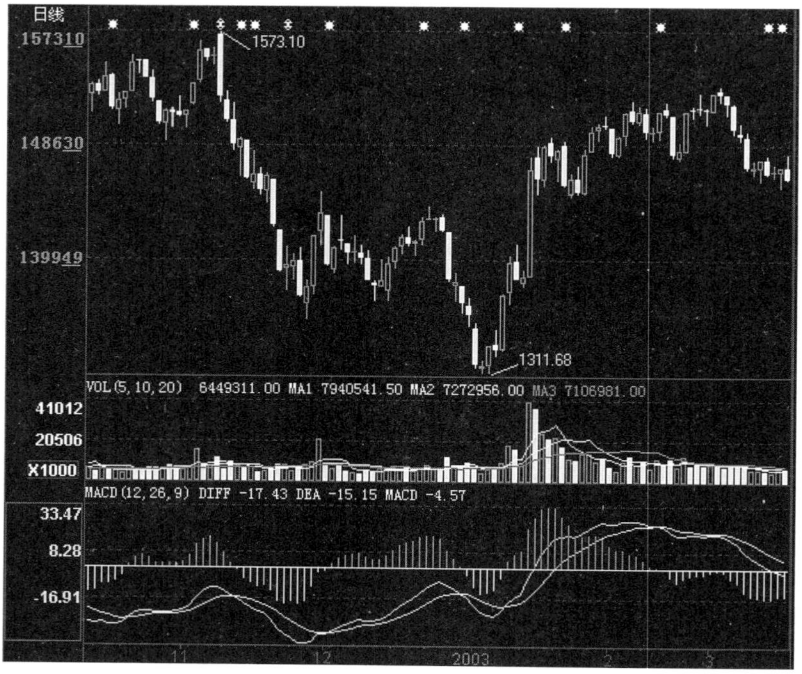

图9-80 MACD参考图

实战运用如下。

1. DIF、MACD 取值交叉

当 DIF、MACD 在 0 轴之上时，表明中短期移动平均线位于长期移动平均线之上，为多头市场。在 0 轴之上，当 DIF 向上突破 MACD 时，是较好的买入信号；DIF 向下跌破 MACD 时只能认为是回落，宜平仓出货、获利了结。反之，当 DIF、MACD 在 0 轴之下时，表明为空头市场。在 0 轴之下，当 DIF 向下跌破 MACD 时，是较佳的卖出信号；DIF 向上突破 MACD 时，只能认为是反弹，宜做暂时空头回补。2000 年以来，在上证综合指数周 K 线图上，MACD 作为中期买卖点作用尽显。

2. DIF 的曲线形态：乖离曲线

DIF 在较高或较低的位置形成头肩形和多重顶或底时，是实战中极好的买卖信号。形态一定要在较高位置或较低位置出现，位置越高或越低，结论越可靠。上证综合指数在 2002 年 1 月见底 1 339 点时，周 K 线图 DIF 在低位构筑标准的 W 底。上证综合指数 2003 年 1 月见底 1 311 点时，日 K 线图 DIF 已构筑标准的头肩底。

3. 指标背离原则

DIF 或 MACD 在高位或低位时，往往出现与股价走向的背离。

七、心理线

1. 心理线的含义

心理线（psychological line，PSY）是建立在研究投资者心理趋向基础上，将一定时期内投资者倾向买方或卖方的心理事实转化为数值，形成测定人气、用以分析股价未来走势的技术指标。

心理线是以投资者买卖趋向的心理因素为目标，从人气和升降比率入手，对乐观与悲观进行描述，对多空双方的力量对比进行探索。

从心理角度上看，股价在高位不可能一直停留，反过来，股价也不可能永远停留在低位，这是根据人类心理上的厌倦、疲劳等原始的节奏得出的结论。因此，心理线主要是从投资者买卖趋向的心理方面，对多空双方的力量对比进行探索。

2. 心理线的计算公式

心理线的计算公式为

$$\mathrm{PSY}=\frac{N\text{日内上涨的天数}A}{N}\times 100 \tag{9-6}$$

式中，A 为在 N 天内股价上涨的天数，一般是计算 12 日的变化。

3. 心理线的绘制

在最近的 12 日内，统计收市价高于昨日收市价的日数和低于昨日收市价的日数，求出收市价高于昨日收市价的日数与 12 日之比，做成心理线。

4. 心理线的应用

心理线是预测股价短期内动向的指标。心理线的基本研判技巧如下。

（1）12 日中如果股价有 9 日连续上升，且心理值高于 75%，那么近期内股价可能下跌。在谷底股价如果有 9 日连续处于低位，极有可能降到 25%以下。心理线如果超过 75%，可考虑为短期获利，25%以下应考虑买入。

（2）在最近 12 日中，收市价比前一日收市价高的天数减去收市价比前一日收市价低的天数得到超买超卖指标。5 日以上收市价高于前一日收市价，则判断为短期超买信号；5 日以上收市价低于前一日收市价，则可判断为超卖信号。

（3）当百分比值降至10或10以下时，是真正的超卖，此时是一个短期抢反弹的机会，应立即买进。

（4）高点密集出现两次为卖出信号；低点密集出现两次为买进信号。

证券市场上的技术分析方法不下数十种，甚至有上百种，但任何一种方法都不是十全十美的，都有其局限性。技术分析的局限性表现在以下方面。

同基本分析共有的一个显著特点是，技术分析无法预计突发事件造成的股市大幅波动。这一点是显而易见的，也许今天可以从形态图上得出某只股票的入货信号，但第二天就可能会传来该股票的上市公司利润实现不甚理想的消息，导致股价下跌，技术分析的结果也就被否定了，故技术分析往往具有滞后性。

另外，当太多人相信形态图时，股票大户便可以在市场内做手脚，使个别股票形成某种走势，吸引其他投资者或买或卖，以掩护股票大户自己真正的买卖活动。

总之，只要投资者了解某种方法的基本原理和其优缺点，并善于利用其优点，时刻注意其缺点，将多种技术分析方法结合使用，就可在变幻莫测的股市中选准时机，在与其他股票投资者的竞争中立于不败之地。

八、腾落指数

1. 腾落指数的含义

腾落指数（advance-decline line，ADL）是以每天上涨或下跌的股票家数作为计算与观察的对象，以了解股市人气的盛衰，探测大势内在的动量是强势还是弱势，用以判断股市未来动向的技术性指标。

ADL 的重要功能在于反映行情涨升力道的强弱。在各种技术分析的领域里，ADL 属于趋势分析的一种，它利用简单的加减法来计算每天个别股票的涨跌累积情形。它必须与大势相互对照比较，将其特性加以分析借以研判目前股价变动情形与未来变动趋向。

2. ADL 计算方法

ADL 计算方法是，将每天收盘时上涨的股票家数的合计减去收盘时下跌的股票家数的合计（无涨跌不计）后累积值。其计算公式为

$$\mathrm{ADL}(N)=\sum\left(N\text{日内股票上涨家数的合计}-N\text{日内股票下跌家数的合计}\right) \quad (9\text{-}7)$$

3. ADL 运用原则

ADL 与股价指数比较类似，两者均反映大势的动向与趋势，不对个股的涨跌提供信号，但由于股价指数在一定情况下受制于权值大的股票，当权值大的股票发生暴涨与暴跌时，股价指数有可能反应过度，从而给投资者提供不实的信息。ADL 则可以弥补这种缺点。

由于 ADL 与股价指数的关系比较密切，观图时应将两者联系起来共同研究。一般情况下，股价指数上升，ADL 亦上升，或两者皆跌则可以对升势或跌势进行确认。如果股价指数大动而 ADL 横行或者两者呈反方向波动，不可互相验证，说明大势不稳，不可贸然入市。

ADL 的研制，应注意以下几个要点。

（1）股价指数持续上涨，ADL 亦上升，说明整个大势可能仍将继续上升。

（2）股价指数持续下跌，ADL 亦下降，说明整个大势可能仍将继续下跌。

（3）股价指数上涨，而 ADL 出现下降趋势，说明股票高档乏力，后市行情可能转为下跌。

（4）股价指数下跌，而 ADL 由降转升，说明股价指数即将上升。

（5）股市处于多头市场时，ADL 呈上升趋势，其间如果突然出现急速下跌现象，接着又立即扭头向上，创下新高点，则表示行情再创新高。

（6）股市处于空头市场时，ADL 呈下降趋势，其间如果突然出现上升现象，接着又回头，下跌突破原来所创新低点，则表示另一段新的下跌趋势产生。

为什么股价指数与 ADL 有以上关系？这是因为，股价指数以样本为权值，而 ADL 把每种股票都作为股市一分子，两者结合分析可以看出股市的大势。一般来说，若是多头走势，维持上升走势一定要有重心，重心即主流股，当主流股大涨小回以维持中长线投资者的信心，而其余股票则采取轮涨的步调上扬时，上升的步伐将是十分稳定的。

4. ADL 的优缺点

ADL 的优点是，计算便捷，图形易于判断，是较为客观的指标，可弥补加权股价指数的缺点。因为加权股价指数较易受权值大的股票左右，所以有时会出现多数股票下跌，而当日加权股价指数上涨的情况；也可能相反，出现多数股票上涨，少数股票下跌，而加权指数也下跌的情况。这种现象容易给投资者带来错觉，ADL 则可据实表现当日涨跌的真实情况。

ADL 虽可以从个别股票的涨跌变化中预知大势将有变化，但没有明确的买卖点出

现，这是 ADL 固有的一个缺点。

证券投资技术分析实盘操作指南，如图 9-81 所示。

实盘操作指南

“同花顺” ☞“大盘指数” ☞ “上证指数” ☞“深证指数” ☞“创业板指数” ☞点击“实盘交易界面” ☞左滑屏 ☞ K 线图 ☞ 下方“技术指标”

或者，“自选股” ☞ “宝钢股份”☞点击“实盘交易界面” ☞ 左滑屏 ☞ K 线图 ☞ 下方“技术指标”

图 9-81 证券投资技术分析实盘操作指南

第五节 证券投资操作技巧

一、牛市中的操作技巧

牛市是指买方力量强劲、股价连连上扬、股市普遍看涨的市场行情，亦称多头市场。其特征是买多卖少、人气旺盛、交易活跃、股价大涨小跌。

牛市中的操作技巧：①敢于持续看多；②紧盯龙头品种；③及时更换主流股；④中线持股为主；⑤敢于逢低补仓；⑥控制追涨风险。

二、熊市中的操作技巧

熊市是指卖方力量强劲、股价连连下挫、股市普遍看跌的市场行情，亦称空头市场。

（1）当经过一段时间下跌之后，某一天股价加速下跌，成百上千只股票跌停，之后的两到三日将是抄底抢反弹的机会。

（2）熊市与牛市的一个重要区别是，牛市放量上涨突破时上升空间打开，可以跟进；而熊市中每次放量都是一个卖出机会。

（3）牛市炒业绩，熊市炒题材，在熊市中往往是一些低价的重组题材股（即垃圾股）爆出黑马。

（4）少碰大盘蓝筹股。熊市中表现最差的就是大盘蓝筹股，往往是主力打压股价指数的工具。

（5）ST 板块。当股价指数下跌趋缓即将见底时，很多 ST 股票会疯狂暴涨，而当大盘见底拉升时它却回落调整，这就是跷跷板效应。

（6）技术指标。常用的指标是 RSI，首先把两条 RSI 都改成 12 日，然后寻找 12 日 RSI 值低于 20 的股票作为自选备用，再结合 K 线走势决定买哪只股票，一般量最少（以换手率为准）的股票反弹力度较强。

三、盘整市的操作技巧

盘整市是指股价起伏不大，股市前景不明朗的市场行情。其特征是交易萎缩，观望气氛浓重，股价难以出现令人心跳的波动。

（1）盘整市中，大量股票涨跌空间均不大，股价指数上下两难，但股价指数的相对平稳并不意味着板块的沉寂，也不意味着个股的风险均已降低。

（2）理念上应注意以下几点：①多看少做，善于休养生息，利用盘整行情，多做研究，以待行情明朗之时有备而上；②注意政策导向，多研究近期和下一阶段政策面的动向及对相关板块可能带来的影响；③短线为主，有利就出手，决不恋战；④多关注那些业绩尚可、严重超跌处于山脚区域，但近期逐步放量的中低价个股，尤其是生不逢时、上市一路下跌后盘稳的次新股。

（3）操作时应把握以下几点：①人弃我取、人取我予，不追涨杀跌，高不贪、低不惧；②多看基本面，少看技术面，不盲目听信小道消息及股评家推荐的个股；③顺应政策导向，以长线眼光选股，适当滚动操作；④捕捉热点板块时要敏锐迅捷。

四、震荡市的操作技巧

震荡市是指股价跌宕起伏，股市前景不明的市场行情。其特征是短线投资增多，市场人气不稳，股价大起大落。那么在震荡市中应如何操作呢？

（1）若是宏观基本面、政策面的利空引起的震荡，时间会比较长，幅度会比较大。

（2）一轮行情的开幕、发展、高潮与结束，普遍经历过筑底吸货的震荡阶段、拉升途中的震荡阶段、高位出货的震荡阶段和下跌途中的震荡阶段。

（3）震荡市中很重要的一点是心态要稳。

（4）不要有短期速富心理，若对大盘趋势无把握，可先观望。

（5）震荡市中，单边上行的个股较少，操作上可采取低吸高抛，即跌多进货、涨多出货的战术，盈利的期望值不要太高，若在短时间内获利10%，或碰到涨停板，就应先落袋为安。

（6）震荡市中，不明朗因素很多，波幅较大，控制好仓位十分重要。这时最好采取半仓投资法。

半仓投资法的优点：①保持主动。行情上涨，有高位追仓的机会，可以扩大战果；行情下跌，有低位补仓的资金，可以摊低成本。②规避风险。股市是高风险的投资场所，投资者必须对风险保持高度警惕，半仓投资法无疑是坚持了这样的原则。

半仓投资法的缺陷：①不能充分发挥全部资金的使用效率，丧失一些利润；②在行情下跌时，可能会因为清仓不及时，从而被套牢。

（7）震荡市中，要买强势股，买有基本面支持的抗跌品种，买每天有量、有强主力在其中的个股。

（8）震荡市中，市场总体以过渡性热点为主，难有明显而持久的板块效应。此时市场有炒新、抄底的偏好。关键要踏准市场起伏节奏、紧跟新的热点。

（9）低位震荡时要坚定持股，不为小利而卖出。

（10）中位震荡时要灵活操作。

（11）高位震荡时要果断退出。

（12）下跌休息区震荡时要忍住冲动。

五、跟庄与逃庄的操作

庄家是指持有巨额资金，掌握某种股票较多的流动筹码，在一定时期内对该种股票进行集中操作，从中谋取利润的机构或者大户，也称作市商。那么，应该怎样跟庄和逃庄呢？

（1）要明白庄家进庄的时机并紧跟之。

庄家进庄一般选在下列时机：①股价在股票低价区或者有投资价值之时；②股价底部构筑完成之时；③恐慌性暴跌或长期下跌之后；④人心极度悲观，严重超跌之后；⑤了解到公司有重大利多消息之时；⑥可能有股权争夺之时。

（2）跟庄之前要判断清楚庄家的意图。

（3）用逆向思维思考题材或消息的另一面。

（4）要判断庄家实力的大小与做庄的手法。

（5）踩准庄家“吸筹、拉升、出货”的三个节奏。

（6）必须清楚庄家的各种出货手法，以便及时逃庄。逃庄方法包括：①快速下跌出货法；②无量阴跌出货法；③边拉边跌出货法。

（7）不同的庄家有不同的个性，也有不同的操作方法。按照操作周期可将庄家分为三类，即短线庄、中线庄和长线庄。短线庄操作全过程最长不超过一个月，最短只需一两天；中线庄短则一个月，长则半年；长线庄坐庄的时间较长，通常在经济周期谷底或公司经营处于复苏初期进货，在经济周期见顶或公司经营高速成长后期出货。

（8）一般来说，短线庄对长期走势信心不足，只想短线操作及时获利了结，因此收集的筹码不多，约占流通股的10%，时间仅持续几天。

（9）中线庄炒作时间相对较长，有明显的收集期。

（10）长线庄炒作时间以年计，庄家往往选择基本面有很大改观的股票，建仓时不计较价位成本。

（11）个股的质地有时并不会左右股价的涨跌，市场庄家林立，选股要贴近市场和庄家。

（12）跟庄被庄家控盘的股票。

六、底部与顶部的操作技巧

1. 底部的操作技巧

要在底部进行买入的操作，必须准确地判断底部才能进行。

（1）所有坚实的底部出现的时候，都会出现成交量剧减的局面。这种现象表示抛压已经消竭。

（2）成交量的底部出现的时候，往往就是股价的底部。

（3）当成交量的圆弧底出现之后，显示股价将反转回升。

（4）底部的重要形态就是，当股价从高位往下经过连续一段时间下跌后，股价的波动幅度越来越小。

（5）连续阴跌一段时间之后，又突然暴跌，为底部之日。

（6）持续下跌一段后出现低量，股价横走，在黄金比率时间附近两次以上探底，底部逐步抬高。

（7）成交量出现低量后，股价不创新低，股市对利空已经麻木，绝大多数股评认为还没跌到底。

（8）是底不反弹。所有弱市不抢反弹，只要反弹，就可能还要创新低。

（9）KJD、RSI、MACD 等指标底背离。

（10）底部的基本特征：所有板块基本上轮跌了一遍，绝大多数个股已跌无可跌，第二次底部没创新低。

（11）要离开顶部较大一段距离。如果没有一定的空间，主力完不成高抛低吸的波段性操作，则不会大举建仓。

（12）底部的产生还需要市场空仓人数的增多。因为空仓人数的多少决定大盘反弹的力度，市场资金面越宽裕，反弹的力度就越大。

（13）一般来说，每一轮行情，领头羊都不尽相同。

2. 顶部的操作技巧

要在顶部进行卖出的操作，必须准确地判断顶部才行，做到该出手时就出手。

（1）在一段连续涨升之后，突然出现快速拉升一两天，放出天量，拉出长阳。

（2）连涨之后，在高位出现剧烈震荡，且成交量极大，是市场步入调整的一个前兆和信号。

（3）连涨之后的某一天突然没有高涨之股。

（4）连涨之后，大盘全面启动，涨停个股较多，一天内大盘升幅 4%左右，就是主力急流勇退、行情告一段落的预兆。

（5）股价指数涨得太多，股价已升太高。

（6）大盘在高位连续放巨量上涨，一天上一个台阶，股价指数连创新高，则为见顶预兆。

（7）连涨之后，各项技术指标在高位出现明显的顶背离。

（8）当人们终于相信牛市中指标可以超买再超买时，当人们对股价高位钝化的指标不屑一顾时。

（9）大盘指数、个股放量挂出黄昏之星；大盘当日放出巨量十字星。

（10）一般而言，在成交量连续创下 3~6 个月新高后，便会显出动量不足的状态。

（11）第一根跳水阴线为转势信号。放巨量，拉长阴。

（12）市场一片疯狂和欢乐。市场充斥投机心态，蓝筹股出现过分投机。

（13）大行情历来都是在市场气氛狂热、谁都不知道会涨到什么地方的时候不知不觉到顶的。

（14）大盘有一种飘忽不定的感觉，市场心态很容易出现突变，尤其出现在连涨之后的高位。

（15）股评叫好热度不减，市场各类股票似乎都有价值等待被挖掘，“黑马”乱跳。

（16）政策面沉默一段时间后突然提出要降低风险，并随之推出一系列措施。

（17）弱势市场补涨。短期顶部——从最低点开始，弱势市场约升 20%，强势市场约升 30%。

（18）中国股市 10 年来的走势基本呈现一种“牛短熊长”的规律。

（19）当股票市值总额等于或大于居民储蓄存款总额时，必暴跌。

（20）热点变换过快、过于分散，短线投资者过于频繁操作，大盘不得不进入深幅回调。

（21）无论大盘还是个股，顶部较有效的技术信号如下。

K 线形态方面：一般在上涨一个箱体或一个黄金空间点位后，K 线做小双头，股价指数不再创新高，或创新高时量不能再次放大，或高位大量大阴线，都可能是顶部。

均线方面：在上述情况下，5 日均线向下掉头，或与 10 日均线成交叉。10 日均线无望再向上升，开始走平，20 日均线等也无力再向上升。

成交量方面：成交量放出近期天量后，无论涨跌，几日内都无法超过此量，即天量天价。

周 K 线方面：上涨 5 周、8 周、13 周、21 周、34 周、55 周后出现大量，周 K 线带较长上影线或成阴线。

K 线形态一旦高位走平或出现死叉，此时不能再对大市抱任何幻想，应坚信该指标提示，立即卖出所有股票。

关注周线技术分析：当 KDI 指标进入超卖时，当 J 线与 K 线两次与 D 线出现死叉时，表明股价离顶部不远了。但出现两次死叉的时间距离应该比较近，一般在 8~13 周，如太长则失去意义。当 7 周均线向下与 14 周均线形成死叉时，也表明见顶回落的趋势。

七、技术分析指标综合运用

（1）技术分析目的要明确。各种技术分析手段的根本目的是分析、预测股市的后期走势，使我们在看似杂乱无章的 K 线走势中发现其内在运行规律，发现趋势，跟随趋势。

（2）技术分析手段五花八门。K 线、均线、趋势线、波浪线、“周期”和“筹码”等及各种指标数不胜数，我们分析股票很多时候需要多种技术分析信号相互验证，这就需要研究技术分析手段的理论基础，因为来源于同一理论基础的技术分析信号一般是相互验证的，这种验证是毫无意义的，等同于一个信号，只有来源于不同理论基础的技术分析信号的相互验证才具有可操作价值。

一般来说，K 线、趋势线、形态、波浪线、“周期”和“筹码”等来源于不同理论基础，反映的信息较少重叠，这些分析信号的相互验证或者说指标汇聚具有比较好的操作性，其技术分析出发点和考察的市场侧面一般不同，它们的相互验证可以增强我们对市场的正确判断。

（3）技术分析具有比较强的主观因素。一样的分析工具、一样的盘面反映，不一样的主观结论，这正是股市技术分析的魅力所在。“市场是最终的老师，它对我们的主观判断做出最终评判。”教材教给我们的股票技术所能解决的是增强我们的技术分析手段、指导我们分析股市，但我们的分析结果是否正确，不是由教材和老师来评判的，而是由市场来评判的。这也是学习技术分析的真谛。

✎ 复习思考题

1. 如何区别道氏理论中的主要趋势与基本趋势？三种趋势中哪一种对实际更具有操作意义？
2. 什么叫多头市场？什么叫空头市场？
3. 移动平均线有哪些作用？如何利用移动平均线判断趋势？
4. 简述 K 线的含义、画法和基本形态。

✎ 讨论分析题

1. K 线图的实际含义是什么？
2. “金叉”与“死叉”的实际意义是什么？
3. 如何熟练使用 MACD 和均线看盘？
4. 如何看懂股市大盘界面？

第十章　证券投资相关法律法规

本章基本要求：通过本章学习，了解证券法的基本原则；掌握证券发行与交易的法律规定；掌握《证券投资基金法》的适用范围；了解《中华人民共和国信托法》（以下简称《信托法》）、《证券投资者保护基金管理办法》、《证券公司监督管理条例》和《证券公司风险处置条例》等与证券投资相关的法律法规。

本章重点：证券法。

本章难点：证券交易条款。

第一节　证　券　法

一、证券法的概念与立法宗旨

（一）证券法的概念

证券法是指调整证券关系的法律规范的总称。证券法的概念有广义和狭义之分。狭义的证券法是指《证券法》；广义的证券法泛指一切与证券有关的法律规范，包括一切公法和私法的证券法律规范。《证券法》于1998年12月29日由第九届全国人民代表大会常务委员会第六次会议通过；根据2004年8月28日第十届全国人民代表大会常务委员会第十一次会议《关于修改〈中华人民共和国证券法〉的决定》进行第一次修正；根据2013年6月29日第十二届全国人民代表大会常务委员会第三次会议《关于修改〈中华人民共和国文物保护法〉等十二部法律的决定》进行第二次修正；根据2014年8月31日第十二届全国人民代表大会常务委员会第十次会议《关于修改〈中华人民共和国保险法〉等五部法律的决定》进行第三次修正；2019年12月28日第十三届全国人民代表大会常务委员会第十五次会议进行第二次修订。

（二）《证券法》的立法宗旨

《证券法》的立法宗旨包括规范证券发行和交易行为，保护投资者的合法权益，维护社会经济秩序和社会公共利益，促进社会主义市场经济的发展。

二、《证券法》的适用范围

（1）在中华人民共和国境内，股票、公司债券和国务院依法认定的其他证券的发行和交易，适用《证券法》；《证券法》未规定的，适用《公司法》和其他法律、行政法规的规定。

（2）政府债券、证券投资基金份额的上市交易，适用《证券法》；其他法律、行政法规另有规定的，适用其规定。

（3）证券衍生品种发行、交易的管理办法，由国务院依照《证券法》的原则规定。

三、《证券法》的基本原则

（1）公开、公平、公正原则。证券的发行、交易活动，必须实行公开、公平、公正的原则。

（2）平等、自愿、有偿、诚信原则。证券发行、交易活动的当事人具有平等的法律地位，应当遵守自愿、有偿、诚实信用的原则。证券发行、交易活动，必须遵守法律、行政法规；禁止欺诈、内幕交易和操纵证券交易市场的行为。

（3）政府统一监管、行业自律管理与审计监督相结合的原则。国务院证券监督管理机构根据需要可以设立派出机构，按照授权履行监督管理职责。

（4）分业经营、分业管理原则。证券业和银行业、信托业、保险业分业经营、分业管理。证券公司与银行、信托、保险业务机构分别设立。国家另有规定的除外。

（5）国务院证券监督管理机构依法对全国证券市场实行统一监督管理。

（6）国家对证券发行、交易活动实行集中统一监督管理的前提下，依法设立证券业协会，实行自律性管理。

（7）国家审计机关依法对证券交易所、证券公司、证券登记结算机构、证券监督管理机构进行审计监督。

四、《证券法》的主要内容

（一）证券发行的法律规定

1. 证券发行形式

《证券法》第九条规定，公开发行证券，必须符合法律、行政法规规定的条件，并依法报经国务院证券监督管理机构或者国务院授权的部门注册。未经依法注册，任何单位和个人不得公开发行证券。

有下列情形之一的，为公开发行：①向不特定对象发行证券的；②向特定对象发行证券累计超过 200 人的；③法律、行政法规规定的其他发行行为。

非公开发行证券，不得采用广告、公开劝诱和变相公开方式。

2. 证券发行的保荐人制度

（1）发行人申请公开发行股票、可转换为股票的公司债券，依法采取承销方式的，或者公开发行法律、行政法规规定实行保荐制度的其他证券的，应当聘请具有保荐资格的机构担任保荐人。

（2）保荐人应当遵守业务规则和行业规范，诚实守信，勤勉尽责，对发行人的申请文件和信息披露资料进行审慎核查，督导发行人规范运作。保荐人的资格及其管理办法由国务院证券监督管理机构规定。

3. 证券发行的条件

1）股票发行条件

设立股份有限公司公开发行股票，应当符合《公司法》规定的条件和经国务院批准的国务院证券监督管理机构规定的其他条件，向国务院证券监督管理机构报送募股申请和相关文件。公司对公开发行股票所募集的资金，必须按照招股说明书所列资金用途使用。改变招股说明书所列资金用途，必须经股东大会做出决议。擅自改变用途而未作纠正的，或者未经股东大会认可的，不得公开发行新股。

2）债券发行条件

公开发行公司债券，应当符合下列条件：股份有限公司的净资产不低于 3 000 万元，有限责任公司的净资产不低于 6 000 万元；累计债券余额不超过公司净资产的 40%；最近三年平均可分配利润足以支付公司债券一年的利息；筹集的资金投向符合国家产业政策；债券的利率不超过国务院限定的利率水平；国务院规定的其他条件。

公开发行公司债券筹集的资金，必须用于核准的用途，不得用于弥补亏损和非生产性支出。申请公开发行公司债券，应当向国务院授权的部门或者国务院证券监督管理机构报送相关文件。依照规定聘请保荐人的，还应当报送保荐人出具的发行保荐书。

（二）证券交易的法律规定

（1）证券交易当事人依法买卖的证券，必须是依法发行并交付的证券。非依法发行的证券，不得买卖。

（2）依法发行的股票、公司债券及其他证券，法律对其转让期限有限制性规定的，在限定的期限内不得买卖。

（3）依法公开发行的股票、公司债券及其他证券，应当在依法设立的证券交易所上市交易或者在国务院批准的其他证券交易场所转让。

（4）证券在证券交易所上市交易，应当采用公开的集中交易方式或者国务院证券监督管理机构批准的其他方式。

（5）证券交易当事人买卖的证券可以采用书面形式或者国务院证券监督管理机构

规定的其他形式。

（6）证券交易所、证券公司和证券登记结算机构的从业人员、证券监督管理机构的工作人员及法律、行政法规禁止参与股票交易的其他人员，在任期或者法定限期内，不得直接或者以化名、借他人名义持有、买卖股票，也不得收受他人赠送的股票。

任何人在成为前款所列人员时，其原已持有的股票，必须依法转让。

（7）证券交易所、证券公司、证券登记结算机构必须依法为客户开立的账户保密。

证券交易的收费必须合理，并公开收费项目、收费标准和收费办法。证券交易的收费项目、收费标准和管理办法由国务院有关主管部门统一规定。

（三）证券上市的法律规定

申请证券上市交易，应当向证券交易所提出申请，由证券交易所依法审核同意，并由双方签订上市协议。证券交易所根据国务院授权的部门的决定安排政府债券上市交易。申请股票、可转换为股票的公司债券或者法律、行政法规规定实行保荐制度的其他证券上市交易，应当聘请具有保荐资格的机构担任保荐人。国家鼓励符合产业政策并符合上市条件的公司股票上市交易。股票上市交易申请经证券交易所审核同意后，签订上市协议的公司应当在规定的期限内公告股票上市的有关文件，并将该文件置备于指定场所供公众查阅。公司债券上市交易申请经证券交易所审核同意后，签订上市协议的公司应当在规定的期限内公告公司债券上市文件及有关文件，并将其申请文件置备于指定场所供公众查阅。

（四）持续信息公开的法律规定

发行人、上市公司依法披露的信息，必须真实、准确、完整，不得有虚假记载、误导性陈述或者重大遗漏。经国务院证券监督管理机构核准依法公开发行股票，或者经国务院授权的部门核准依法公开发行公司债券，应当公告招股说明书、公司债券募集办法。依法公开发行新股或者公司债券的，还应当公告财务会计报告。

发行人、上市公司公告的招股说明书、公司债券募集办法、财务会计报告、上市报告文件、年度报告、中期报告、临时报告及其他信息披露资料，有虚假记载、误导性陈述或者重大遗漏，致使投资者在证券交易中遭受损失的，发行人、上市公司应当承担赔偿责任；发行人、上市公司的董事、监事、高级管理人员和其他直接责任人员及保荐人、承销的证券公司，应当与发行人、上市公司承担连带赔偿责任，但是能够证明自己没有过错的除外；发行人、上市公司的控股股东、实际控制人有过错的，应当与发行人、上市公司承担连带赔偿责任。

（五）禁止的交易行为

1. 禁止内幕交易

禁止证券交易内幕信息的知情人和非法获取内幕信息的人利用内幕信息从事证券交

易活动。证券交易内幕信息的知情人包括：发行人的董事、监事、高级管理人员；持有公司百分之五以上股份的股东及其董事、监事、高级管理人员，公司的实际控制人及其董事、监事、高级管理人员；发行人控股的公司及其董事、监事、高级管理人员；由于所任公司职务可以获取公司有关内幕信息的人员；证券监督管理机构工作人员及由于法定职责对证券的发行、交易进行管理的其他人员；保荐人、承销的证券公司、证券交易所、证券登记结算机构、证券服务机构的有关人员；国务院证券监督管理机构规定的其他人。

2. 禁止操纵证券市场

禁止任何人以下列手段操纵证券市场：单独或者通过合谋，集中资金优势、持股优势或者利用信息优势联合或者连续买卖，操纵证券交易价格或者证券交易量；与他人串通，以事先约定的时间、价格和方式相互进行证券交易，影响证券交易价格或者证券交易量；在自己实际控制的账户之间进行证券交易，影响证券交易价格或者证券交易量；以其他手段操纵证券市场。操纵证券市场行为给投资者造成损失的，行为人应当依法承担赔偿责任。

3. 禁止虚假陈述和信息误导

禁止国家工作人员、传播媒介从业人员和有关人员编造、传播虚假信息，扰乱证券市场。禁止证券交易所、证券公司、证券登记结算机构、证券服务机构及其从业人员，证券业协会、证券监督管理机构及其工作人员，在证券交易活动中做出虚假陈述或者信息误导。各种传播媒介传播证券市场信息必须真实、客观，禁止误导。

4. 禁止欺诈客户

禁止证券公司及其从业人员从事下列损害客户利益的欺诈行为：违背客户的委托为其买卖证券；不在规定时间内向客户提供交易的书面确认文件；挪用客户所委托买卖的证券或者客户账户上的资金；未经客户的委托，擅自为客户买卖证券，或者假借客户的名义买卖证券；为牟取佣金收入，诱使客户进行不必要的证券买卖；利用传播媒介或者通过其他方式提供、传播虚假或者误导投资者的信息；其他违背客户真实意思表示，损害客户利益的行为。欺诈客户行为给客户造成损失的，行为人应当依法承担赔偿责任。

5. 其他禁止交易的行为

禁止法人非法利用他人账户从事证券交易；禁止法人出借自己或者他人的证券账户；依法拓宽资金入市渠道，禁止资金违规流入股市；禁止任何人挪用公款买卖证券；国有企业和国有资产控股的企业买卖上市交易的股票，必须遵守国家有关规定。证券交易所、证券公司、证券登记结算机构、证券服务机构及其从业人员对证券交易中发现的禁止的交易行为，应当及时向证券监督管理机构报告。

第二节　《证券投资基金法》

一、《证券投资基金法》的立法目的

为了规范证券投资基金活动，保护投资者及相关当事人的合法权益，促进证券投资基金和资本市场的健康发展，全国人民代表大会常务委员会通过了《证券投资基金法》，自2004年6月1日起施行。中华人民共和国第十一届全国人民代表大会常务委员会第三十次会议于2012年12月28日第一次修订。根据2015年4月24日第十二届全国人民代表大会常务委员会第十四次会议《全国人民代表大会常务委员会关于修改〈中华人民共和国港口法〉等七部法律的决定》第二次修正。该法内容涉及证券投资基金的募集、交易、基金运作与信息披露、基金当事人的权利和义务、监督管理、法律责任等各个方面。《证券投资基金法》的实施，对保护证券投资者的合法权益具有重大意义。

二、《证券投资基金法》的适用范围

在中华人民共和国境内，公开或者非公开募集资金设立证券投资基金，由基金管理人管理，基金托管人托管，为基金份额持有人的利益进行证券投资活动，适用该法；该法未规定的，适用《信托法》、《证券法》和其他有关法律、行政法规的规定。基金管理人、基金托管人和基金份额持有人的权利、义务，依照该法在基金合同中约定。基金管理人、基金托管人依照该法和基金合同的约定，履行受托职责。

通过公开募集方式设立的基金的基金份额持有人按其所持基金份额享受收益和承担风险，通过非公开募集方式设立的基金的收益分配和风险承担由基金合同约定。

三、基金管理人

基金管理人由依法设立的公司或者合伙企业担任。担任基金管理人，应当经国务院证券监督管理机构核准。基金管理公司的设立应具备法定的条件，并经国务院证券监督管理机构批准。国务院证券监督管理机构应当自受理基金管理公司设立申请之日起六个月内依照《证券投资基金法》第十三条规定的条件和审慎监管原则进行审查，做出批准或者不予批准的决定，并通知申请人；不予批准的，应当说明理由。基金管理公司设立分支机构、修改章程或者变更其他重大事项，应当报经国务院证券监督管理机构批准。国务院证券监督管理机构应当自受理申请之日起 60 日内做出批准或者不予批准的决定，并通知申请人；不予批准的，应当说明理由。

基金管理人的经理和其他高级管理人员，应当熟悉证券投资方面的法律、行政法规，具有基金从业资格和三年以上与其所任职务相关的工作经历。基金管理人的经理和

其他高级管理人员的选任或者改任，应当报经国务院证券监督管理机构依照《证券投资基金法》和其他有关法律、行政法规规定的任职条件进行审核。基金管理人的董事、监事、经理和其他从业人员，不得担任基金托管人或者其他基金管理人的任何职务，不得从事损害基金财产和基金份额持有人利益的证券交易及其他活动。

四、基金托管人

基金托管人由依法设立的商业银行或者其他金融机构担任。商业银行担任基金托管人的，由国务院证券监督管理机构会同国务院银行业监督管理机构核准；其他金融机构担任基金托管人的，由国务院证券监督管理机构核准。申请取得基金托管资格，应当具备下列条件：①净资产和资本充足率符合有关规定；②设有专门的基金托管部门；③取得基金从业资格的专职人员达到法定人数；④有安全保管基金财产的条件；⑤有安全高效的清算、交割系统；⑥有符合要求的营业场所、安全防范设施和与基金托管业务有关的其他设施；⑦有完善的内部稽核监控制度和风险控制制度；⑧法律、行政法规规定的和经国务院批准的国务院证券监督管理机构、国务院银行业监督管理机构规定的其他条件。

基金托管人与基金管理人不得为同一机构，不得相互出资或者持有股份。基金托管人应当依法履行安全保管基金财产等法定职责。基金托管人发现基金管理人的投资指令违反法律、行政法规和其他有关规定，或者违反基金合同约定的，应当拒绝执行，立即通知基金管理人，并及时向国务院证券监督管理机构报告。基金托管人发现基金管理人依据交易程序已经生效的投资指令违反法律、行政法规和其他有关规定，或者违反基金合同约定的，应当立即通知基金管理人，并及时向国务院证券监督管理机构报告。

五、基金的运作方式

基金合同应当约定基金的运作方式。基金的运作方式可以采用封闭式、开放式或者其他方式。采用封闭式运作方式的基金，是指基金份额总额在基金合同期限内固定不变，基金份额持有人不得申请赎回的基金；采用开放式运作方式的基金，是指基金份额总额不固定，基金份额可以在基金合同约定的时间和场所申购或者赎回的基金。采用其他运作方式的基金的基金份额发售、交易、申购、赎回的办法，由国务院证券监督管理机构另行规定。

六、基金的公开募集

公开募集基金，包括向不特定对象募集资金、向特定对象募集资金累计超过 200 人，以及法律、行政法规规定的其他情形。公开募集基金应当由基金管理人管理，由基金托管人托管。公开募集基金，应当经国务院证券监督管理机构注册。未经注册，不得公开或者变相公开募集基金。注册公开募集基金，由拟任基金管理人向国务院证券监督管理机构提交下列文件：①申请报告；②基金合同草案；③基金托管协议草案；④招募说明书草案；⑤律师事务所出具的法律意见书；⑥国务院证券监督管理机构规定提交的其他文件。

国务院证券监督管理机构应当自受理公开募集基金的募集注册申请之日起六个月内依照法律、行政法规及国务院证券监督管理机构的规定进行审查，做出注册或者不予注册的决定，并通知申请人；不予注册的，应当说明理由。基金募集申请经注册后，方可发售基金份额。基金管理人应当自收到准予注册文件之日起六个月内进行基金募集。超过六个月开始募集，原注册的事项未发生实质性变化的，应当报国务院证券监督管理机构备案；发生实质性变化的，应当向国务院证券监督管理机构重新提交注册申请。基金募集不得超过国务院证券监督管理机构准予注册的基金募集期限。基金募集期限自基金份额发售之日起计算。

基金募集期限届满，封闭式基金募集的基金份额总额达到准予注册规模的百分之八十以上，开放式基金募集的基金份额总额超过准予注册的最低募集份额总额，并且基金份额持有人人数符合国务院证券监督管理机构规定的，基金管理人应当自募集期限届满之日起十日内聘请法定验资机构验资，自收到验资报告之日起十日内，向国务院证券监督管理机构提交验资报告，办理基金备案手续，并予以公告。基金募集期限届满，不能满足规定条件的，基金管理人应当承担下列责任：①以其固有财产承担因募集行为而产生的债务和费用；②在基金募集期限届满后三十日内返还投资者已交纳的款项，并加计银行同期存款利息。

七、公开募集基金的基金份额的交易、申购与赎回

1. 公开募集基金的基金份额的交易

申请基金份额上市交易，基金管理人应当向证券交易所提出申请，证券交易所依法审核同意的，双方应当签订上市协议。基金份额上市交易，应当符合下列条件：①基金的募集符合本法规定；②基金合同期限为五年以上；③基金募集金额不低于两亿元人民币；④基金份额持有人不少于一千人；⑤基金份额上市交易规则规定的其他条件。

基金份额上市交易规则由证券交易所制定，报国务院证券监督管理机构批准。

基金份额上市交易后，有下列情形之一的，由证券交易所终止其上市交易，并报国务院证券监督管理机构备案：①不再具备规定的上市交易条件；②基金合同期限届满；③基金份额持有人大会决定提前终止上市交易；④基金合同约定的或者基金份额上市交易规则规定的终止上市交易的其他情形。

2. 公开募集基金的基金份额的申购与赎回

开放式基金的基金份额的申购、赎回、登记，由基金管理人或者其委托的基金服务

机构办理。基金管理人应当在每个工作日办理基金份额的申购、赎回业务；基金合同另有约定的，从其约定。投资者交付申购款项，申购成立；基金份额登记机构确认基金份额时，申购生效。基金份额持有人递交赎回申请，赎回成立；基金份额登记机构确认赎回时，赎回生效。基金份额的申购、赎回价格，依据申购、赎回日基金份额净值加、减有关费用计算。

基金管理人应当按时支付赎回款项，但是下列情形除外：①因不可抗力导致基金管理人不能支付赎回款项；②证券交易场所依法决定临时停市，导致基金管理人无法计算当日基金资产净值；③基金合同约定的其他特殊情形。

八、公开募集基金的投资与信息披露

1. 公开募集基金的投资

基金管理人运用基金财产进行证券投资，应当采用资产组合的方式。资产组合的具体方式和投资比例，依照《证券投资基金法》和国务院证券监督管理机构的规定在基金合同中约定。基金财产应当用于下列投资：上市交易的股票、债券；国务院证券监督管理机构规定的其他证券品种。

基金财产不得用于下列投资或者活动：承销证券；向他人贷款或者提供担保；从事承担无限责任的投资；买卖其他基金份额，但是国务院另有规定的除外；向其基金管理人、基金托管人出资或者买卖其基金管理人、基金托管人发行的股票或者债券；买卖与其基金管理人、基金托管人有控股关系的股东或者与其基金管理人、基金托管人有其他重大利害关系的公司发行的证券或者承销期内承销的证券；从事内幕交易、操纵证券交易价格及其他不正当的证券交易活动；依照法律、行政法规有关规定，由国务院证券监督管理机构规定禁止的其他活动。

2. 基金信息披露法律规定

基金管理人、基金托管人和其他基金信息披露义务人应当依法披露基金信息，并保证所披露信息的真实性、准确性和完整性。基金信息披露义务人应当确保应予披露的基金信息在国务院证券监督管理机构规定时间内披露，并保证投资者能够按照基金合同约定的时间和方式查阅或者复制公开披露的信息资料。公开披露的基金信息包括：基金招募说明书、基金合同、基金托管协议；基金募集情况；基金份额上市交易公告书；基金资产净值、基金份额净值；基金份额申购、赎回价格；基金财产的资产组合季度报告、财务会计报告及中期和年度基金报告；临时报告；基金份额持有人大会决议；基金管理人、基金托管人的专门基金托管部门的重大人事变动；涉及基金财产、基金管理业务、基金托管业务的诉讼或者仲裁；国务院证券监督管理机构规定应予披露的其他信息。

公开披露基金信息，不得有下列行为：虚假记载、误导性陈述或者重大遗漏；对证券投资业绩进行预测；违规承诺收益或者承担损失；诋毁其他基金管理人、基金托管人或者基金销售机构；法律、行政法规和国务院证券监督管理机构规定禁止的其他行为。

九、公开募集基金的基金合同的变更、终止与基金财产清算

1. 基金合同变更的法律规定

按照基金合同的约定或者基金份额持有人大会的决议，基金可以转换运作方式或者与其他基金合并。封闭式基金扩募或者延长基金合同期限，应当符合下列条件，并报国务院证券监督管理机构备案：基金运营业绩良好；基金管理人最近两年内没有因违法违规行为受到行政处罚或者刑事处罚；基金份额持有人大会决议通过；《证券投资基金法》规定的其他条件。

2. 基金合同终止的法律规定

有下列情形之一的，基金合同终止：基金合同期限届满而未延期的；基金份额持有人大会决定终止的；基金管理人、基金托管人职责终止，在六个月内没有新基金管理人、新基金托管人承接的；基金合同约定的其他情形。

3. 基金财产清算的法律规定

基金合同终止时，基金管理人应当组织清算组对基金财产进行清算。清算组由基金管理人、基金托管人及相关的中介服务机构组成。清算组做出的清算报告经会计师事务所审计，律师事务所出具法律意见书后，报国务院证券监督管理机构备案并公告。清算后的剩余基金财产，应当按照基金份额持有人所持份额比例进行分配。

十、非公开募集基金

非公开募集基金应当向合格投资者募集，合格投资者累计不得超过 200 人。合格投资者，是指达到规定资产规模或者收入水平，并且具备相应的风险识别能力和风险承担能力、其基金份额认购金额不低于规定限额的单位和个人。

合格投资者的具体标准由国务院证券监督管理机构规定。

除基金合同另有约定外，非公开募集基金应当由基金托管人托管。担任非公开募集基金的基金管理人，应当按照规定向基金行业协会履行登记手续，报送基本情况。未经登记，任何单位或者个人不得使用“基金”或者“基金管理”字样或者近似名称进行证券投资活动；但是，法律、行政法规另有规定的除外。非公开募集基金，不得向合格投资者之外的单位和个人募集资金，不得通过报刊、电台、电视台、互联网等公众传播媒体或者讲座、报告会、分析会等方式向不特定对象宣传推介。

非公开募集基金，应当制定并签订基金合同。基金合同应当包括下列内容：①基金份额持有人、基金管理人、基金托管人的权利、义务；②基金的运作方式；③基金的出

资方式、数额和认缴期限；④基金的投资范围、投资策略和投资限制；⑤基金收益分配原则、执行方式；⑥基金承担的有关费用；⑦基金信息提供的内容、方式；⑧基金份额的认购、赎回或者转让的程序和方式；⑨基金合同变更、解除和终止的事由、程序；⑩基金财产清算方式；⑪当事人约定的其他事项。

按照基金合同约定，非公开募集基金可以由部分基金份额持有人作为基金管理人负责基金的投资管理活动，并在基金财产不足以清偿其债务时对基金财产的债务承担无限连带责任。除了前款规定的非公开募集基金，其基金合同还应载明：①承担无限连带责任的基金份额持有人和其他基金份额持有人的姓名或者名称、住所；②承担无限连带责任的基金份额持有人的除名条件和更换程序；③基金份额持有人增加、退出的条件、程序及相关责任；④承担无限连带责任的基金份额持有人和其他基金份额持有人的转换程序。

非公开募集基金募集完毕，基金管理人应当向基金行业协会备案。对募集的资金总额或者基金份额持有人的人数达到规定标准的基金，基金行业协会应当向国务院证券监督管理机构报告。非公开募集基金财产的证券投资，包括买卖公开发行的股份有限公司股票、债券、基金份额，以及国务院证券监督管理机构规定的其他证券及其衍生品种。基金管理人、基金托管人应当按照基金合同的约定，向基金份额持有人提供基金信息。专门从事非公开募集基金管理业务的基金管理人，其股东、高级管理人员、经营期限、管理的基金资产规模等符合规定条件的，经国务院证券监督管理机构核准，可以从事公开募集基金管理业务。

第三节 证券投资其他相关法律法规

一、《信托法》

1. 信托的概念

信托是指委托人基于对受托人的信任，将其财产权委托给受托人，由受托人按委托人的意愿以自己的名义，为受益人的利益或者特定目的，进行管理或者处分的行为。

2. 《信托法》的适用范围

委托人、受托人、受益人（以下统称信托当事人）在中华人民共和国境内进行民事、营业、公益信托活动，适用《信托法》。受托人采取信托机构形式从事信托活动，其组织和管理由国务院制定具体办法。《证券投资基金法》规定：“在中华人民共和国境内，公开或者非公开募集基金设立证券投资基金（以下简称基金），由基金管理人管理，基金托管人托管，为基金份额持有人的利益，进行证券投资活动，适用本法；本法未规定的，适用《中华人民共和国信托法》、《中华人民共和国证券法》和其他有关法律、行政法规的规定。”

3.《信托法》的主要内容

1）信托设立的法律规定

（1）设立信托，必须有合法的信托目的。

（2）设立信托，必须有确定的信托财产，并且该信托财产必须是委托人合法所有的财产，财产包括合法的财产权利。

（3）设立信托，应当采取书面形式。书面形式包括信托合同、遗嘱或者法律、行政法规规定的其他书面文件等。采取信托合同形式设立信托的，信托合同签订时，信托成立。采取其他书面形式设立信托的，受托人承诺信托时，信托成立。

（4）设立信托，其书面文件应当载明法定信托目的等法定事项。

2）信托财产的法律规定

对于信托财产，法律上有下列规定：①受托人因承诺信托而取得的财产是信托财产；②受托人因信托财产的管理运用、处分或者其他情形而取得的财产，也归入信托财产；③法律、行政法规禁止流通的财产，不得作为信托财产；④法律、行政法规限制流通的财产，依法经有关主管部门批准后，可以作为信托财产。

信托财产与委托人未设立信托的其他财产相区别。设立信托后，委托人死亡或者依法解散、被依法撤销、被宣告破产时，委托人是唯一受益人的，信托终止，信托财产作为其遗产或者清算财产；委托人不是唯一受益人的，信托存续，信托财产不作为其遗产或者清算财产；但作为共同受益人的委托人死亡或者依法解散、被依法撤销、被宣告破产时，其信托受益权作为其遗产或者清算财产。

信托财产与属于受托人所有的财产（以下简称固有财产）相区别，不得归入受托人的固有财产或者成为固有财产的一部分。受托人死亡或者依法解散、被依法撤销、被宣告破产而终止，信托财产不属于其遗产或者清算财产。除法定情形之一外，对信托财产不得强制执行。受托人管理运用、处分信托财产所产生的债权，不得与其固有财产产生的债务相抵销。受托人管理运用、处分不同委托人的信托财产所产生的债权债务，不得相互抵销。

3）信托当事人的法律规定

（1）委托人。委托人应当是具有完全民事行为能力的自然人、法人或者依法成立的其他组织。委托人有权了解其信托财产的管理运用、处分及收支情况，并有权要求受托人做出说明。委托人有权查阅、抄录或者复制与其信托财产有关的信托账目及处理信托事务的其他文件。

（2）受托人。受托人应当是具有完全民事行为能力的自然人、法人。法律、行政法规对受托人的条件另有规定的，从其规定。受托人应当遵守信托文件的规定，为受益人的最大利益处理信托事务。受托人管理信托财产，必须恪尽职守，履行诚实、信用、谨慎、有效管理的义务。受托人除依照《信托法》规定取得报酬外，不得利用信托财产为自己谋取利益。受托人违反前款规定，利用信托财产为自己谋取利益的，所得利益归入信托财产。受托人不得将信托财产转为其固有财产。受托人将信托财产转为其固有财产的，必须恢复该信托财产的原状；造成信托财产损失的，应当承担赔偿责任。受托人不得将其固有财产与信托财产进行交易或者将不同委托人的信托财产进行相互交易，但信托文件另有规定或者经委托人或者受益人同意，并以公平的市场价格进行交易的除外。受托人违反前款规定，造成信托财产损失的，应当承担赔偿责任。受托人必须将信托财产与其固有财产分别管理、分别记账，并将不同委托人的信托财产分别管理、分别记账。受托人应当自己处理信托事务，但信托文件另有规定或者有不得已事由的，可以委托他人代为处理。受托人依法将信托事务委托他人代理的，应当对他人处理信托事务的行为承担责任。

同一信托的受托人有两个以上的，为共同受托人。共同受托人应当共同处理信托事务，但信托文件规定对某些具体事务由受托人分别处理的，从其规定。共同受托人共同处理信托事务，意见不一致时，按信托文件规定处理；信托文件未规定的，由委托人、受益人或者其利害关系人决定。共同受托人处理信托事务对第三人所负债务，应当承担连带清偿责任。第三人对共同受托人之一所做的意思表示，对其他受托人同样有效。共同受托人之一违反信托目的处分信托财产或者因违背管理职责、处理信托事务不当致使信托财产受到损失的，其他受托人应当承担连带赔偿责任。

（3）受益人。受益人是在信托中享有信托受益权的人。受益人可以是自然人、法人或者依法成立的其他组织。委托人可以是受益人，也可以是同一信托的唯一受益人。受托人可以是受益人，但不得是同一信托的唯一受益人。受益人自信托生效之日起享有信托受益权。信托文件另有规定的，从其规定。共同受益人按照信托文件的规定享受信托利益。信托文件对信托利益的分配比例或者分配方法未作规定的，各受益人按照均等的比例享受信托利益。受益人可以放弃信托受益权。全体受益人放弃信托受益权的，信托终止。部分受益人放弃信托受益权的，被放弃的信托受益权按下列顺序确定归属：信托文件规定的人；其他受益人；委托人或者其继承人。受益人不能清偿到期债务的，其信托受益权可以用于清偿债务，但法律、行政法规及信托文件有限制性规定的除外。受益人的信托受益权可以依法转让和继承，但信托文件有限制性规定的除外。受益人可以行使法律规定的委托人享有的权利。受益人行使该权利时，与委托人意见不一致的，可以申请人民法院做出裁定。

4）信托的变更与终止法律规定

设立信托后，有下列情形之一的，委托人可以变更受益人或者处分受益人的信托受益权：①受益人对委托人有重大侵权行为；②受益人对其他共同受益人有重大侵权行为；③经受益人同意；④信托文件规定的其他情形。有前款第①项、第③项、第④项所列情形之一的，委托人可以解除信托。

委托人是唯一受益人的，委托人或者其继承人可以解除信托。信托文件另有规定的，从其规定。信托不因委托人或者受托人的死亡、丧失民事行为能力、依法解散、被依法撤销或者被宣告破产而终止，也不因受托人的辞任而终止。但信托法或者信托文件另有规定的除外。有下列情形之一的，信托终止：①信托文件规定的终止事由发生；②信托的存续违反信托目的；③信托目的已经实现或者不能实现；④信托当事人协商同意；⑤信托被撤销；⑥信托被解除。

信托终止的，信托财产归属于信托文件规定的人；信托文件未规定的，按下列顺序确定归属：①受益人或者其继承人；②委托人或者其继承人。信托财产的归属确定后，在该信托财产转移给权利归属人的过程中，信托视为存续，权利归属人视为受益人。信托终止的，受托人应当做出处理信托事务的清算报告。受益人或者信托财产的权利归属人对清算报告无异议的，受托人就清算报告所列事项解除责任。但受托人有不正当行为的除外。

二、《刑法》

1. 擅自设立金融机构罪；伪造、变造、转让金融机构经营许可证、批准文件罪

（1）未经国家有关主管部门批准，擅自设立商业银行、证券交易所、期货交易所、证券公司、期货经纪公司、保险公司或者其他金融机构的，处三年以下有期徒刑或者拘役，并处或者单处两万元以上二十万元以下罚金；情节严重的，处三年以上十年以下有期徒刑，并处五万元以上五十万元以下罚金。

（2）伪造、变造、转让商业银行、证券交易所、期货交易所、证券公司、期货经纪公司、保险公司或者其他金融机构的经营许可证或者批准文件的，依照前款的规定处罚。

（3）单位犯前两款罪的，对单位判处罚金，并对其直接负责的主管人员和其他直接责任人员，依照第一款的规定处罚。

2. 伪造、变造国家有价证券罪；伪造、变造股票、公司、企业债券罪

（1）伪造、变造国库券或者国家发行的其他有价证券，数额较大的，处三年以下有期徒刑或者拘役，并处或者单处两万元以上二十万元以下罚金；数额巨大的，处三年以上十年以下有期徒刑，并处五万元以上五十万元以下罚金；数额特别巨大的，处十年以上有期徒刑或者无期徒刑，并处五万元以上五十万元以下罚金或者没收财产。

（2）伪造、变造股票或者公司、企业债券，数额较大的，处三年以下有期徒刑或者拘役，并处或者单处一万元以上十万元以下罚金；数额巨大的，处三年以上十年以下有期徒刑，并处两万元以上二十万元以下罚金。

（3）单位犯前两款罪的，对单位判处罚金，并对其直接负责的主管人员和其他直接责任人员，依照前两款的规定处罚。

3. 擅自发行股票或者公司、企业债券罪

（1）未经国家有关主管部门批准，擅自发行股票或者公司、企业债券，数额巨大、后果严重或者有其他严重情节的，处五年以下有期徒刑或者拘役，并处或者单处非法募集资金金额百分之一以上百分之五以下罚金。

（2）单位犯前款罪的，对单位判处罚金，并对其直接负责的主管人员和其他直接责任人员，处五年以下有期徒刑或者拘役。

4. 内幕交易、泄露内幕信息罪；利用未公开信息交易罪

（1）证券、期货交易内幕信息的知情人员或者非法获取证券、期货交易内幕信息的人员，在涉及证券的发行，证券、期货交易或者其他对证券、期货交易价格有重大影响的信息尚未公开前，买入或者卖出该证券，或者从事与该内幕信息有关的期货交易，或者泄露该信息，或者明示、暗示他人从事上述交易活动，情节严重的，处五年以下有期徒刑或者拘役，并处或者单处违法所得一倍以上五倍以下罚金；情节特别严重的，处五年以上十年以下有期徒刑，并处违法所得一倍以上五倍以下罚金。

（2）单位犯前款罪的，对单位判处罚金，并对其直接负责的主管人员和其他直接责任人员，处五年以下有期徒刑或者拘役。

（3）内幕信息、知情人员的范围，依照法律、行政法规的规定确定。

（4）证券交易所、期货交易所、证券公司、期货经纪公司、基金管理公司、商业银行、保险公司等金融机构的从业人员及有关监管部门或者行业协会的工作人员，利用因职务便利获取的内幕信息以外的其他未公开的信息，违反规定，从事与该信息相关的证券、期货交易活动，或者明示、暗示他人从事相关交易活动，情节严重的，依照第一款的规定处罚。

5. 编造并传播证券、期货交易虚假信息罪；诱骗投资者买卖证券、期货合约罪

（1）编造并且传播影响证券、期货交易的虚假信息，扰乱证券、期货交易市场，造成严重后果的，处五年以下有期徒刑或者拘役，并处或者单处一万元以上十万元以下罚金。

（2）证券交易所、期货交易所、证券公司、期货经纪公司的从业人员，证券业协会、期货业协会或者证券期货监督管理部门的工作人员，故意提供虚假信息或者伪造、变造、销毁交易记录，诱骗投资者买卖证券、期货合约，造成严重后果的，处五年以下有期徒刑或者拘役，并处或者单处一万元以上十万元以下罚金；情节特别恶劣的，处五年以上十年以下有期徒刑，并处两万元以上二十万元以下罚金。

（3）单位犯前两款罪的，对单位判处罚金，并对其直接负责的主管人员和其他直接责任人员，处五年以下有期徒刑或者拘役。

6. 操纵证券、期货市场罪

有下列情形之一，操纵证券、期货市场，情节严重的，处五年以下有期徒刑或者拘役，并处或者单处罚金；情节特别严重的，处五年以上十年以下有期徒刑，并处罚金：

（1）单独或者合谋，集中资金优势、持股或者持仓优势或者利用信息优势联合或者连续买卖，操纵证券、期货交易价格或者证券、期货交易量的。

（2）与他人串通，以事先约定的时间、价格和方式相互进行证券、期货交易，影响证券、期货交易价格或者证券、期货交易量的。

（3）在自己实际控制的账户之间进行证券交易，或者以自己为交易对象，自买自

卖期货合约，影响证券、期货交易价格或者证券、期货交易量的。

（4）以其他方法操纵证券、期货市场的。

单位犯前款罪的，对单位判处罚金，并对其直接负责的主管人员和其他直接责任人员，依照前款的规定处罚。

三、《中华人民共和国物权法》

为了维护国家基本经济制度，维护社会主义市场经济秩序，明确物的归属，发挥物的效用，保护权利人的物权，全国人民代表大会根据《宪法》于 2007 年 3 月 16 日通过了《中华人民共和国物权法》（以下简称《物权法》），该法自 2007 年 10 月 1 日施行。所有权制度是构成一切交易关系的前提，《物权法》中的担保物权制度对于资产证券化具有重要作用，物权制度有关原理对于准确理解和适用信托制度也具有积极作用。《物权法》调整的主要是动产和不动产，在特殊情况下权利也可以成为物权的客体，规范其取得、利用、流转、消灭。《物权法》对于整个有形财富秩序的规范，是建构健康和成熟的证券市场的前提。《物权法》也为证券投资者提供了直接的保障，该法明文规定私人合法的储蓄、投资及其收益受法律保护。国家依照法律规定保护私人的继承权及其他合法权益；私人的合法财产受法律保护，禁止任何单位和个人侵占、哄抢、破坏；国家、集体和私人依法可以出资设立有限责任公司、股份有限公司或者其他企业。国家、集体和私人所有的不动产或者动产，投到企业的，由出资人按照约定或者出资比例享有资产收益、重大决策及选择经营管理者等权利并履行义务。《物权法》的实施对证券投资者权益保护具有重要意义。

四、《公司法》

公司法是规定公司的设立、组织、运营、解散及其他对内对外关系的法律规范的总和，证券法是调整因证券的发行、交易和管理而产生的社会关系的法律规范的总和。公司法与证券法的调整目的之间具有互补性。公司法所要实现的公司组织与公司行为的规范性，是证券市场公平性与秩序性的基础；证券法所要实现的证券市场公平性与秩序性，能够进一步促进公司组织与公司行为的合理性与合序性。

为了规范公司的组织和行为，保护公司、股东和债权人的合法权益，维护社会经济秩序，促进社会主义市场经济的发展，1993 年 12 月 29 日第八届全国人民代表大会常务委员会第五次会议通过《公司法》。根据 1999 年 12 月 25 日第九届全国人民代表大会常务委员会第十三次会议《关于修改〈中华人民共和国公司法〉的决定》进行第一次修正；根据 2004 年 8 月 28 日第十届全国人民代表大会常务委员会第十一次会议《关于修改〈中华人民共和国公司法〉的决定》进行第二次修正；2005 年 10 月 27 日第十届全国人民代表大会常务委员会第十八次会议进行修订；根据 2013 年 12 月 28 日第十二届全国人民代表大会常务委员会第六次会议《关于修改〈中华人民共和国海洋环境保护法〉等七部法律的决定》进行第三次修正；根据 2018 年 10 月 26 日第十三届全国人民代表大会常务委员会第六次会议《关于修改〈中华人民共和国公司法〉的决定》进行第四次修正。

公司是企业法人，有独立的法人财产，享有法人财产权。公司以其全部财产对公司的债务承担责任。有限责任公司的股东以其认缴的出资额为限对公司承担责任；股份有限公司的股东以其认购的股份为限对公司承担责任。公司股东依法享有资产收益、参与重大决策和选择管理者等权利。公司从事经营活动，必须遵守法律、行政法规，遵守社会公德、商业道德，诚实守信，接受政府和社会公众的监督，承担社会责任。公司的合法权益受法律保护，不受侵犯。《公司法》的主要内容为公司的设立和组织机构；股份有限公司的股份发行和转让；公司债券；公司财务、会计；公司合并、分立、增资、减资；公司解散和清算；外国公司的分支机构；法律责任；等等。

五、《中华人民共和国企业破产法》

《中华人民共和国企业破产法》（以下简称为《破产法》）的实施，能够推动我国上市公司和证券公司更加规范化发展，从长远来说对证券市场会产生积极的影响。为规范企业破产程序，公平清理债权债务，保护债权人和债务人的合法权益，维护社会主义市场经济秩序，全国人民代表大会常务委员会通过了《破产法》，自 2007 年 6 月 1 日起施行。企业法人不能清偿到期债务，并且资产不足以清偿全部债务或者明显缺乏清偿能力的，依照《破产法》的规定清理债务。企业法人有上述规定情形，或者有明显丧失清偿能力可能的，可以依照《破产法》的规定进行重整。

商业银行、证券公司、保险公司等金融机构有《破产法》第二条规定情形的，国务院金融监督管理机构可以向人民法院提出对该金融机构进行重整或者破产清算的申请。国务院金融监督管理机构依法对出现重大经营风险的金融机构采取接管、托管等措施的，可以向人民法院申请中止以该金融机构为被告或者被执行人的民事诉讼程序或者执行程序。金融机构实施破产的，国务院可以依据《破产法》和其他有关法律的规定制定实施办法。

六、《证券投资者保护基金管理办法》

为建立防范和处置证券公司风险的长效机制，维护社会经济秩序和社会公共利益，保护证券投资者的合法权益，促进证券市场有序、健康发展，经国务院批准，中国证监会、财政部、中国人民银行联合发布了《证券投资者保护基金管理办法》，并于 2016 年进行修订，自 2016 年 6 月 1 日起施行。

证券投资基金按照取之于市场、用之于市场的原则筹集。基金的筹集方式、标准，由中国证监会、财政部、中国人民银行决定。基金管理公司依据国家有关法律法规及该办法独立运作，基金管理公司董事会对基金的合规使用及安全负责。基金的来源为：①上海、深圳证券交易所在风险基金分别达到规定的上限后，交易经手费的 20%纳入基金；②所有在中国境内注册的证券公司，按其营业收入的 0.5%~5%缴纳基金；经营管理、运作水平较差和风险较高的证券公司，应当按较高比例缴纳基金；各证券公司的具体缴纳比例由基金管理公司根据证券公司风险状况确定后，报中国证监会批准，并按年进行调整；证券公司缴纳的基金在其营业成本中列支；③发行股票、可转债等证券时，申购冻结资金的利息收入；④依法向有关责任方追偿所得和从证券公司破产清算中受偿收入；⑤国内外机构、组织及个人的捐赠；⑥其他合法收入。

基金的用途：①证券公司被撤销、关闭和破产或被中国证监会实施行政接管、托管经营等强制性监管措施时，按照国家有关政策规定对债权人予以偿付；②国务院批准的其他用途。

七、《证券公司监督管理条例》

为了加强对证券公司的监督管理，规范证券公司的行为，防范证券公司的风险，保护客户的合法权益和社会公共利益，促进证券业健康发展，国务院根据《公司法》《证券法》通过了《证券公司监督管理条例》，该条例于 2008 年 6 月 1 日起施行，并根据 2014 年 7 月 29 日《国务院关于修改部分行政法规的决定》修订。

证券公司应当遵守法律、行政法规和国务院证券监督管理机构的规定，审慎经营，履行对客户的诚信义务。证券公司的股东和实际控制人不得滥用权力，占用证券公司或者客户的资产，损害证券公司或者客户的合法权益。证券公司按照国家规定，可以发行、交易、销售证券类金融产品。

国家鼓励证券公司在有效控制风险的前提下，依法开展经营方式创新、业务或者产品创新、组织创新和激励约束机制创新。国务院证券监督管理机构、国务院有关部门应当采取有效措施，促进证券公司的创新活动规范、有序进行。

国务院证券监督管理机构依法履行对证券公司的监督管理职责。国务院证券监督管理机构的派出机构在国务院证券监督管理机构的授权范围内，履行对证券公司的监督管理职责。国务院证券监督管理机构、中国人民银行、国务院其他金融监督管理机构应当建立证券公司监督管理的信息共享机制。国务院证券监督管理机构和地方人民政府应当建立证券公司的有关情况通报机制。

《证券公司监督管理条例》对证券公司的设立与变更、组织机构、业务规则与风险控制、客户资产的保护、监督管理措施和法律责任方面做出了具体规定。

八、《证券公司风险处置条例》

为了控制和化解证券公司风险，保护投资者合法权益和社会公共利益，保障证券业健康发展，国务院根据《证券法》《企业破产法》通过了《证券公司风险处置条例》，该条例自 2008 年 4 月 23 日起施行，并根据 2016 年 2 月 6 日《国务院关于修改部分行政法规的规定》修订。国务院证券监督管理机构依法对处置证券公司风险工作进行组织、协调和监督。国务院证券监督管理机构应当会同中国人民银行、国务院财政部门、国务院公安部门、国务院其他金融监督管理机构及省级人民政府建立处置证券公司风险的协调配合与快速反应机制。处置证券公司风险过程中，有关地方人民政府应当采取有效措施维护社会稳定。处置证券公司风险过程中，应当保障证券经纪业务正常进行。该条例对证券公司停业整顿、托管、接管、行政重组，证券公司的撤销、破产清算和重整等方面做出了规定，是对《证券法》《公司法》《破产法》的具体落实。

九、《证券发行与承销管理办法》

为了规范证券发行与承销行为，保护投资者的合法权益，中国证监会通过了《证券发行与承销管理办法》，自2006年9月19日起施行。2018年6月14日中国证监会第5次主席办公会议审议通过《关于修改〈证券发行与承销管理办法〉的决定》，修正而成最新的《证券发行与承销管理办法》。该办法分为总则、定价与配售、证券承销、信息披露、监管和处罚、附则，共6章43条。

发行人在境内发行股票或者可转换公司债券（以下统称证券）、证券公司在中华人民共和国境内承销证券及投资者认购境内发行的证券，适用该办法。首次公开发行股票时公司股东公开发售其所持股份的，还应当符合中国证监会的相关规定。中国证监会依法对证券发行与承销行为进行监督管理。证券交易所、证券登记结算机构和中国证券业协会应当制定相关业务规则，规范证券发行与承销行为。证券公司承销证券，应当依据该办法及中国证监会有关风险控制和内部控制等相关规定，制定严格的风险管理制度和内部控制制度，加强定价和配售过程管理，落实承销责任。为证券发行出具相关文件的证券服务机构和人员，应当按照行业公认的业务标准和道德规范，严格履行法定职责，对其所出具文件的真实性、准确性和完整性承担责任。

十、《证券发行上市保荐业务管理办法》

《证券发行上市保荐业务管理办法》，共7章83条（含附则），这是为了规范证券发行上市保荐业务，提高上市公司质量和证券公司执业水平，保护投资者的合法权益，促进证券市场健康发展，根据《证券法》和《国务院对确需保留的行政审批项目设定行政许可的决定》（国务院令第 412 号）等有关法律、行政法规制定的。该办法自 2008年12月1日起施行，《证券发行上市保荐制度暂行办法》（证监会令第18号）、《首次公开发行股票辅导工作办法》（证监发〔2001〕125号）同时废止。

发行人应当就下列事项聘请具有保荐机构资格的证券公司履行保荐职责：①首次公开发行股票并上市；②上市公司发行新股、可转换公司债券；③中国证监会认定的其他情形。证券公司从事证券发行上市保荐业务，应依照该办法规定向中国证监会申请保荐机构资格。保荐机构履行保荐职责，应当指定依照该办法规定取得保荐代表人资格的个人具体负责保荐工作。未经中国证监会核准，任何机构和个人不得从事保荐业务。

保荐机构及其保荐代表人应当遵守法律、行政法规和中国证监会的相关规定，恪守业务规则和行业规范，诚实守信，勤勉尽责，尽职推荐发行人证券发行上市，持续督导发行人履行规范运作、信守承诺、信息披露等义务。保荐代表人应当遵守职业道德准则，珍视和维护保荐代表人职业声誉，保持应有的职业谨慎，保持和提高专业胜任能力。

✎ 复习思考题

1. 简述《证券法》的基本原则。
2. 简述《证券投资基金法》的适用范围。
3. 简述如何完善对我国私募基金的有效监管。

参 考 文 献

曹凤岐，刘力，姚长辉. 2013. 证券投资学. 3 版. 北京：北京大学出版社.

邓铸. 2004. 应用实验心理学. 上海：上海教育出版社.

董志勇. 2005. 行为经济学. 北京：北京大学出版社.

贺显南. 2018. 投资学原理及应用. 北京：机械工业出版社.

陆剑清，陈明珠. 2015. 投资心理学. 北京：清华大学出版社.

诺夫辛格 J. 2006. 投资心理学. 2 版. 刘丰源，张春安译. 北京：北京大学出版社.

孙可娜. 2006. 证券投资教程. 北京：机械工业出版社.

吴晓求. 2015. 证券投资学. 4 版. 北京：中国人民大学出版社.

中国证券业协会. 2012. 证券投资基金. 北京：中国金融出版社.

周夏飞. 2011. 公司理财. 北京：机械工业出版社.

Grimm L G. 2005. Statistical Applications for the Behavioral Sciences. Hoboken：John Wiley & Sons.

Shefrin H. 2006. Beyond Greed and Fear：Understanding Behavioral Finance and the Psychology of Investing. Oxford：Oxford University Press.

Shiller R J. 2000. Irrational Exuberance. Princeton：Princeton University Press.

附录　股票术语汇总

1. 什么叫绩优股?

绩优股主要指业绩优良且比较稳定的公司股票。这些公司经过长时间努力，具有较强的综合竞争力与核心竞争力，在行业内有较高的市场占有率，形成了经营规模优势，利润稳步增长，市场知名度很高。

绩优股主要特点：较高投资价值、回报率高、稳定等。

炒绩优股的理由：大资金、做长庄、大量收集、稳步拉抬、平稳出货。

如何寻找成长股：需要仔细观察了解行业发展动向及增强自身认识。

2. 什么叫补仓?

补仓是一种币市术语，指投资者在持有一定数量某种证券的基础上，又买入同一种证券。换句话说，就是因为股价下跌被套牢，为了摊低该股票成本而进行的买入行为。补仓是被套牢后的一种被动应变策略，它本身不是一个解套的好办法，但在某些特定情况下是最合适的方法。

补仓的作用：补仓可弥补高价位股票的损失。

补仓的好处：补仓可帮助我们实现平本离场。

补仓的缺点：补仓可能会扩大损失，需谨慎考虑。

3. 什么叫崩盘?

崩盘是股市用语，是指当现有的股民全部被套牢，没有新股民入市，当被套的股民开始只知道“割肉”卖股票而不肯购买股票时，造成的恶性循环，导致股价持续下跌，最终造成股市关门的现象。

崩盘的诱发原因：证券大量抛出且价格无限度下跌。

崩盘发生条件：一国宏观经济出现严重恶化状况可引发股市崩盘。

4. 什么叫套牢?

套牢是指进行股票交易时所遭遇的交易风险。例如，投资者预计股价将上涨，但在买进股票后股价一直呈下跌趋势，这种现象称为多头套牢。相反，投资者预计股价将下跌，将所有股票卖出，股价却一直上涨，这种现象称为空头套牢。中国（不包括港澳台地区）股票交易未实行卖空制度，空头套牢在中国（不包括港澳台地区）市场并不存在。

应对解套措施：第一，根据持仓状况，适当做出逢高部分减仓的操作；第二，投资者可根据自己买入时的股价，灵活应对，最终解套；第三，投资者需根据买入的趋势状态，灵活应对，最终解套。

5. 什么叫多头市场?

多头是指投资者看好股市，预计股价将会上涨，于是趁低价时买进股票，待股票上涨至某一价位时再卖出，以获取差额收益。一般来说，人们通常把股价长期保持上涨势头的股票市场称为多头市场或者牛市。多头市场股价变化的主要特征是一连串的大涨小跌。

多头市场的特征：多头市场股价变化总趋势是不断走高的。

多头市场的操作策略：多头市场的操作分为三步，即持股、选股、抛股套现。

多头市场需注意事项：正确把握牛市初期投资机会的重点是仓位。

6. CDR 是什么?

CDR 的全称为 Chinese depository receipt，中文意思是中国存托凭证，是指在中国境外及中国香港地区上市的公司将部分已发行上市的股票托管在当地的保管银行，由中国境内的存托银行发行、在境内 A 股市场上市、以人民币交易结算、供国内投资者买卖的投资凭证，从而实现股票的异地买卖。

CDR 的经济意义：CDR 的发行有利于经济发展。

CDR 的法律适用问题：中国有关保护投资者的法律条文非常少，需在这方面加强学习。

7. 什么叫对冲基金?

采用对冲交易手段的基金称为对冲基金，也称避险基金或套期保值基金，是指金融期货和金融期权等金融衍生工具与金融工具结合后，以营利为目的的金融基金。它是投资基金的一种形式，意为“风险对冲过的基金”。

对冲基金的历史轨迹：1949 年世界上诞生了第一个有限合作制的琼斯对冲基金。对冲基金的产生和发展从侧面反映了经济发展的需求。

8. 什么是货币型基金?

货币型基金是一种开放式基金。按照开放式基金所投资的金融产品类别，人们将开放式基金分为四种基本类型，即股票型基金、混合型基金、债券型基金、货币型基金，前两类属于资本市场，后一类属于货币市场。货币型基金主要投资于债券、央行票据、回购等安全性极高的短期金融品种，又被称为“准储蓄产品”，其主要特征是本金无忧、活期便利、定期收益、每日记收益、按月分红利。

货币型基金的特点：货币型基金被视为无风险或低风险投资工具，适合短期投资生息。

货币型基金的投资对象：以货币市场工具为投资对象的基金。

货币型基金的购买指导：可通过相关的财经、基金管理公司的网站查询每日收益情况。

9. 如何设立一只基金？

设立基金需要达到有关金融法律法规规定的设立基金的条件和应达到的要求。在中国，基金发起人可以申请设立开放式基金，也可以申请设立封闭式基金。

主要发起人的要求：申请设立基金，对主要发起人的要求十分严格。首先，主要发起人为按照国家有关规定设立的证券公司、信托投资公司、基金管理公司。其次，每个发起人的实收资本不少于 3 亿元，主要发起人有 3 年以上从事证券投资经验、连续盈利的记录，但是基金管理公司除外。

申请设立基金，对基金托管人和基金管理人也有要求。发起人、基金托管人、基金管理人有健全的组织机构和管理制度，财务状况良好，经营行为规范且基金托管人、基金管理人还要有符合要求的营业场所、安全防范设施和与业务有关的其他设施。

基金设立的其他要求：申请设立基金还需要符合中国证监会规定的其他条件。申请设立开放式基金，还必须在人才和技术设施上能够保证每周至少一次向投资者公布基金资产净值和申购、赎回价格。

10. 公募基金与私募基金的区别是什么？

基金中常见的有公募基金和私募基金，两者以是否面向一般大众募集资金来划分。

公募基金是指以公开方式向社会公众投资者募集资金，并以证券为投资对象的证券投资基金。公募基金以大众传播手段招募，发起人集合公众资金设立投资基金，进行证券投资。这些基金在法律的严格监管下，有着信息披露、利润分配、运行限制等行业规范。目前国内证券市场上的封闭式基金属于公募基金。

私募基金是以非公开方式向特定投资者募集资金，并以证券为投资对象的证券投资基金。私募基金以大众传播以外的手段招募，发起人集合非公众性多元主体的资金设立投资基金，进行证券投资。

人们平常所说的基金主要是共同基金，即证券投资基金。

基本的制度差别：两者募集的对象、方式及信息披露要求都有不同。

机制的差别：一般私募基金按业绩利润提取的业绩报酬是 20%。

11. 封闭式基金与开放式基金的区别是什么？

封闭式基金是指基金发行总额和发行期在设立时已确定，在发行完毕后的规定期限内发行总额固定不变的证券投资基金。封闭式基金是世界各国基金运作的基本形式之一。

开放式基金是指基金发起人在设立基金时，基金单位或者股份总规模不固定，可视投资者的需求，随时向投资者出售基金单位或者股份，并可以应投资者的要求赎回发行在外的基金单位或者股份的一种基金运作方式。开放式基金又称共同基金。

封闭式基金和开放式基金的划分标准：封闭式基金和开放式基金的划分标准为基金单位是否可增加或赎回。

12. 基金中 GP、LP 是什么意思?

GP 全称为 general partner，中文意思是普通合伙人，泛指股权投资基金的管理机构或自然人。普通合伙人对合伙企业债务承担无限连带责任。

LP 全称为 limited partner，中文意思是有限合伙人，即参与投资的企业或金融保险机构等机构投资人和个人投资人，或经其他合伙人一致同意依法转为有限合伙人的，被依法认定为无民事行为能力人或者限制民事行为能力人的合伙人。有限合伙人不执行合伙事务，不得对外代表有限合伙企业。

GP 和 LP 的区别：普通合伙人对企业债务的承担范围要大于有限合伙人。

13. QDII 是什么?

QDII，其全称为 qualified domestic institutional investor，即合格的境内机构投资者。QDII 机制是指在人民币资本项下不可兑换、资本市场未开放的情况下，在一国境内设立，经该国有关部门批准，有控制地允许境内机构投资境外资本市场的股票、债券等有价证券投资业务的一项制度安排。

QDII 的特点：QDII 基金产品的门槛较低，适合更为广泛的投资者参与。

QDII 的意义：QDII 银行政策的推行，将中国境内资本进一步推向海外。

QDII 的主要产品系列：银行系 QDII 属于风险和收益居中的 QDII，认购门槛较高。

14. QFII 是什么?

QFII，其全称为 qualified foreign institutional investors，即合格的境外机构投资者。QFII 机制是指外国专业投资机构到境内投资的资格认定制度。QFII 是一国在货币没有实现完全可自由兑换、资本项目尚未开放的情况下，有限度地引进外资、开放资本市场的一项过渡性制度。

QFII 制度的实质是一种有创意的资本管制。QFII 正成为推动 A 股市场发展的一支重要力量。

QFII 的合格投资条件：QFII 投资核心是不能短期炒作，应具有中长期投资的性质。

15. 什么叫非交易过户?

非交易过户，是指不通过场内或场外交易的形式，而使股票的所有权在出让人和受让人之间过户，包括赠予、继承、协助执行司法判决。赠予指证券持有人愿将其持有的证券全部或部分无偿给予他人；继承指证券持有人死亡后，其财产继承人有权继承其名下的证券；协助执行司法判决指证券持有人对证券的所有权被司法机关强行判给他人，而接受方又不可能通过交易账户程序得到其应收证券时所采取的手段。

办理非交易过户：可根据自己的情况灵活办理非交易过户的时间。

办理非交易过户所需的时间：提前准备相关资料可节省办理非交易过户的时间。

办理非交易过户的流程：办理非交易过户的流程较为复杂，每个环节都需认真对待。

16. 什么叫基金管理费？

基金管理费是支付给基金管理人的管理报酬，其数额一般按照基金净资产值的一定比例从基金资产中提取。

我国最初的基金管理年费率为 2.5%。随着市场竞争的加剧，目前我国的基金大部分按照 1.5%的比例计提基金管理费，债券型基金的管理费率一般低于 1%，货币基金的管理费率为 0.33%。

17. 什么叫权益登记日？

权益登记日是指登记享有分红权益的基金份额的日期，基金份额持有人在权益登记日持有的基金份额享有利润分配的权利。

董事会每个季度（或每隔固定的时间）会开会讨论将公司的盈利（有盈利的情况下）中的部分，以“现金股利”的形式派发给股东。如果宣布了要派发股息，那么董事会还要设立一个“登记日”，意思是在那一天之前登记的股东才有权利获得股息，在那一天之后购买股票的股东，都必须等到下次宣布派发股息的时候才能得到股息。股东可在登记日领取股息。

除息日：股权登记日后的第一天就是除息日。

18. 什么叫存款准备金率？

存款准备金是指金融机构为满足客户提取存款和资金清算需要而准备的，是缴存在中央银行的存款，中央银行要求的存款准备金占其存款总额的比例就是存款准备金率。

存款准备金率的经济作用：提高存款准备金率，最终目的就是降低通货膨胀率。

19. 什么叫基准利率？

基准利率是金融市场上具有普遍参照作用的利率，其他利率水平或金融资产价格均可根据这一基准利率水平来确定。基准利率是利率市场化的重要前提之一。在利率市场化条件下，融资者衡量融资成本、投资者计算投资收益及管理层对宏观经济的调控，客观上都要求有一个普遍公认的基准利率水平作为参考。

基准利率的基本特征：基准利率有市场化、基础性、传递性等基本特征。基准利率是中国人民银行实现货币政策目标的重要手段之一。

20. 什么叫通货紧缩？

市场上流通货币减少，人们的货币所得减少，购买力下降，影响物价至下跌，造成通货紧缩。通货紧缩会对经济发展造成严重危害。

通货紧缩产生的原因：紧缩性的货币财政政策可能会引起政策紧缩性的通货紧缩。

如何应对通货紧缩：财政政策与货币政策的配合运用，是治理通货紧缩的主要政策措施。

21. 什么叫通货膨胀?

在信用货币制度下，流通中的货币数量超过经济实际需要而引起的货币贬值和物价水平全面而持续的上涨。用更通俗的语言来说就是，在一段时间内，物价水平普遍持续增长，从而造成货币购买力的持续下降。

通货膨胀产生的原因：通货膨胀的直接原因是货币供应过多。通货膨胀严重影响居民收入和消费。

通货膨胀的主要类型：低通货膨胀、急剧通货膨胀、恶性通货膨胀。

22. 什么是中央银行?

中央银行是国家中居主导地位的金融中心机构，是国家干预和调控国民经济发展的重要工具，负责制定并执行国家货币信用政策，独具货币发行权，实行金融监管。

中国的中央银行为中国人民银行，简称央行。

中央银行的职能：主要以制定、执行货币政策，对金融机构活动进行领导、管理和监督，是一个“管理金融活动的银行”。

中央银行的主要类型：单一型是目前世界各国中央银行最主要、最典型的类型。

中央银行的主要业务：货币发行、集中存款准备金、贷款、再贴现、证券、黄金占款和外汇占款、为商业银行和其他金融机构办理资金的划拨清算和资金转移业务等。

23. 投行是银行吗?

投行，其全称为投资银行，是与商业银行相对应的一类金融机构，是主要从事证券发行、承销、交易、企业重组、兼并与收购、投资分析、风险投资、项目融资等业务的非银行金融机构，是资本市场上的主要金融中介。

投行的主要类型：当前世界的投行主要有四种类型。第一种是独立投行，在全世界范围内广泛存在，如瑞士信贷第一波士顿银行、日本的野村证券、英国的瑞银华宝和宝源集团。第二种是商业银行，主要是商业银行对现存的投行通过兼并、收购、参股，或建立自己的附属公司形式从事商业银行及投行业务。第三种是全能型银行，主要在欧洲大陆，它们在从事投行业务的同时也从事一般的商业银行业务。第四种是跨国财务公司，随着 2008 年金融危机的爆发，美林公司、雷曼公司倒闭，而高盛集团和摩根士丹利也转型为金融控股公司。

投行的主要业务：经过多年的发展，现代投行已经突破了证券发行与承销、证券交易经纪、证券私募发行等传统业务框架，如今企业并购、项目融资、风险投资、公司理财、投资咨询、资产及基金管理、资产证券化、金融创新等都已成为投行的核心业务。

24. 虚拟货币是什么？

虚拟货币指非真实的货币，是互联网上的一种虚拟出来的金钱，即高科技中代替实体货币流通的信息流或数据流。虚拟货币不能通过银行转账，目前只能在网络上流通。

虚拟货币常见种类：虚拟货币大致可以分为三类，第一类是游戏币，只能在游戏中使用。第二类是门户网站或者即时通信工具服务商发行的专用货币，用于购买本网站内的服务。使用最广泛的是腾讯公司的 Q 币，其可用来购买会员资格、QQ 秀等增值服务。第三类是互联网上的虚拟货币，如比特币（bitcoin，BTC）、莱特币（litecoin，LTC）等，比特币是一种由开源的 P2P（peer-to-peer，点对点）软件产生的电子货币，也有人将比特币意译为“比特金”，主要用于互联网金融投资，也可以作为新式货币直接在生活中使用。虚拟货币由各网络机构自行发行，没有形成统一的发行和管理规范。

25. 保险产品有哪些类别？

保险产品是保险公司为市场提供的有形产品和无形服务的综合体。保险产品在狭义上是指由保险公司创造、可供客户选择在保险市场进行交易的金融工具；在广义上是指保险公司向市场提供并可由客户取得、利用或消费的一切产品和服务。

保险产品按照实施方式分类，可分为强制保险和自愿保险。强制保险又称法定保险，是由国家（政府）通过法律或行政手段强制实施的一种保险。强制保险的实施方式有两种选择：一是保险标的与保险人均由法律限定；二是保险标的由法律限定，但投保人可以自由选择保险人，如机动车交通事故责任强制保险。自愿保险是在自愿原则下，投保人与保险人双方在平等的基础上，通过订立保险合同而建立的保险关系。自愿保险的保险关系，是当事人之间自由决定、彼此合意后所建立的合同关系。

保险产品按照保险标的分类，分为财产保险与人身保险。

保险产品按照承保方式分类，分为原保险、再保险、共同保险和重复保险。

26. 汇率受什么因素影响？

汇率是指一国货币与另一国货币的比率或比价，或者说是用一国货币表示的另一国货币的价格。汇率变动对一国进出口贸易有着直接的调节作用。

通货膨胀率影响汇率，国际收支是影响汇率最重要的因素。

一国利率提高，外国对于该国货币需求增加，则其汇率下降。

27. 什么是中国银保监会？

中国银保监会，其全称为中国银行保险监督管理委员会，是国务院直属正部级事业单位，成立于 2018 年 4 月 8 日，依照法律法规统一监督管理银行业和保险业，维护银行业和保险业合法、稳健运行，防范和化解金融风险，保护金融消费者合法权益，维护金融稳定。

28. 什么是中国证监会?

中国证监会，其全称为中国证券监督管理委员会，是国务院直属正部级事业单位，其依照法律法规和国务院授权，统一监督管理全国证券期货市场，维护证券期货市场秩序，保障其合法运行。

中国证监会依法对证券的发行、交易、登记、托管、结算进行监督管理；依法对证券发行人、上市公司、证券交易所、证券公司、证券登记结算机构、证券投资基金管理机构、证券投资咨询机构、资信评估机构及从事证券业务的律师事务所、会计师事务所、资产评估机构的证券业务活动进行监督管理；依法制定从事证券业务人员的资格标准和行为准则，并监督实施，维护证券期货市场秩序。

29. 什么叫同股不同权?

“同股不同权”又称“双层股权结构”，是指资本结构中包含两类或多类不同投票权的普通股架构。同股不同权为“AB股结构”，B类股一般由管理层持有，而管理层普遍为创始股东及其团队，A类股一般为外围股东持有，该类股东看好公司前景，因此甘愿牺牲一定的表决权作为入股筹码。

“同股同权”一度被视作香港金融界的核心价值观。由于香港联合交易所对同股同权原则的坚持，阿里巴巴放弃在香港上市，赴美首次公开发行。错失阿里巴巴被认为是香港联合交易所推出上市规则改革的重要原因。

30. 羊群效应是什么?

金融市场中的“羊群行为”（herd behavior）是一种特殊的非理性行为，它是指投资者在信息环境不确定的情况下，行为受到其他投资者的影响，模仿他人决策，或者过度依赖舆论，而不考虑自己信息的行为。由于“羊群行为”是涉及多个投资主体的相关性行为，对于市场的稳定性效率有很大的影响，也和金融危机有密切的关系。

羊群效应形成原因：羊群效应源于个人投资者和机构投资者对其个人利益的考虑。关于“羊群行为”的形成有以下几种解释。哲学家认为是人类理性的有限性，心理学家认为是人类的从众心理，社会学家认为是人类的集体无意识，而经济学家则从信息不完全、委托代理等角度来解释“羊群行为”。归纳起来，主要有如下几种观点：由于信息相似性产生的类羊群效应；由于信息不完全产生的羊群效应；基于委托代理产生的羊群效应；基于委托代理人名誉的羊群效应；基于代理人报酬的羊群效应；羊群效应中的博弈分析；机构投资者与个体投资者之间的博弈。

我国个体投资者“羊群行为”特征：我国股票市场个体投资者呈现卖方“羊群行为”强于买方“羊群行为”。投资者“羊群行为”符合最大效用准则。

31. 美联储是什么机构?

美联储的全称是美国联邦储备系统，负责履行美国的中央银行的职责。这个系统是根据《联邦储备法》于1913年12月23日成立的。美联储的核心管理机构是美国联邦储备委员会。

美联储由在华盛顿的联邦储备局和分布在美国各地区的12个联邦储备银行组成。美联储主要的货币政策由联邦储备局委员和联邦储备银行的主席共同参与制定，以避免政策决策权过于集中在少数几个地区（如华盛顿和纽约）。在组织形式上，美联储采用的是联邦政府机构加非营利性机构的双重组织结构，从而避免了货币政策完全集中在联邦政府手里。

美联储货币政策的最高决策机构包括7名联邦储备局的执行委员和12名联邦储备银行的主席。美联储最重要的货币政策被称为公开市场操作，日常说的美联储公开市场会议（或者议息会议）就是为制定这个政策而召开的。联邦储备局的7名执行委员由主席、副主席及其他5位委员组成。这7名执行委员必须全部由总统提名，经过国会确认后才能上任；必须由国会2/3的成员投票通过，总统才能罢免执行委员。

美联储的运作机制：作为美国的中央银行，美联储从美国国会获得权利。它被看作是独立的中央银行（因其决议无须获得美国总统或者立法机关的任何高层的批准），它不接受美国国会的拨款，其成员任期也跨越多届总统及国会任期。美联储服从于美国国会的监督，后者定期观察其活动并通过法令来改变其职能。同时，美联储必须在政府建立的经济和金融政策的总体框架下工作。

32. 商业银行是什么银行?

商业银行的英文为commercial bank，缩写为CB。商业银行是银行的一种类型，是通过存款、贷款、汇兑、储蓄等业务，承担信用中介的金融机构。其主要的业务范围是吸收公众存款、发放贷款及办理票据贴现等。一般的商业银行没有货币的发行权，传统的商业银行的业务主要集中在经营存款和贷款业务方面。2014年8月1日起，商业银行有条件地免收个人客户账户管理费、年费和养老金异地取款手续费，并降低部分收费标准。个人跨行柜台转账汇款手续费最高50元封顶，对公跨行柜台转账汇款手续费最高200元封顶。

商业银行的特征：商业银行是以营利为目的的银行机构。

商业银行的分类：中国的商业银行主要包括5家大型国有商业银行（中国工商银行、中国农业银行、中国银行、中国建设银行、交通银行）、12家全国性股份制商业银行（中信银行、招商银行、光大银行、华夏银行、民生银行、浦发银行、兴业银行、广发银行、平安银行、渤海银行、恒丰银行、浙商银行）、138家城市商业银行、300多家农村商业银行（另有多家正在筹建，所有农村合作银行均要改制为农村商业银行），以及邮政储蓄银行。

33. 什么是证券分析师?

证券分析师是指依法取得证券投资咨询执业资格，并在证券经营机构就业，主要针对与证券市场相关的各种因素进行研究和分析，包括对证券市场、证券价值及变动趋势进行分析预测，并向投资者发布投资价值报告等，以书面或者口头的方式向投资者提供上述报告及分析、预测或建议等服务的专业人员。

证券分析师的从业资格：分析师，即投资咨询机构从业人员，必须具备证券专业知识和从事证券业务或证券服务业务两年以上经验。认定其证券从业资格的标准和管理办法，由中国证监会制定。目前，在我国希望成为证券分析师的人员，首先必须参加中国证券业协会组织的“证券市场基础理论”“证券投资分析”等学科的从业资格考试，再通过所在的证券公司或咨询机构到中国证券业协会注册登记为执业人员，即成为证券分析师。

证券分析师的工作内容：证券分析师不仅要收集所有的有关上市公司的公开资料，还要通过政府主管、行业组织、上市公司或者其他非正式部门获得上市公司的第一手资料。分析师必须与自己研究的上市公司建立稳定而长久的联系。证券分析师的核心工作可以分为三方面，即宏观经济与行业分析、财务分析、投资分析。

证券分析师的职业要求：证券分析师不但要具有理论根基、实践经验和实战能力，而且要有强烈的事业心和敬业精神，以及高度的责任感、使命感等高尚品德。并且，证券分析师能在此基础上，依据现阶段证券市场运行特点而有所创新，形成一套独特而有效的证券市场技术分析办法。

34. 什么是股票交易员？

股票交易员是证券公司中专门负责按照指令下单从事股票交易的人。股票交易员不需要很专业的知识，但是必须对数字有很强的敏感性，思维活跃、反应敏捷，有良好的市场分析和预测能力。股票交易员分为一般股票交易员和资深股票交易员。

在证券公司这个职位实际上就是输单员，也叫报单员，即依照别人下的指令，将指令录入电脑中。

35. 什么叫投保人、被保险人和受益人？

投保人、被保险人和受益人是和保险有关的最常见的专业术语。

1）投保人

投保人，也称保人，指与保险人订立保险合同，并按照保险合同负有支付保险费义务的人。投保人可以是自然人也可以是法人。修改后的《中华人民共和国保险法》规定，订立保险合同，保险人应当向投保人说明保险合同的条款内容，并可以就保险标的或者被保险人的有关情况提出询问，投保人应当如实告知。投保人故意隐瞒事实，不履行如实告知义务的，或者因过失未履行如实告知义务，足以影响保险人决定是否同意承保或者提高保险费率的，保险人有权解除保险合同。

投保人可以是自然人也可以是法人。

2）被保险人

被保险人，亦称保户，是受保险合同保障的人，负有缴付保险费义务，同时在保险事故发生时或保险期满时有权按保险合同向保险人请求损失赔偿或领取保险给付金。被保险人可以是法人也可以是自然人。在财产保险中，被保险人通常就是投保人；在人身保险中，若投保人为自己投保，投保人就是被保险人，若投保人为他人投保，他人就是被保险人。

3）受益人

受益人，又称保险金受领人，是指被保险人或投保人在保险合同中约定于保险事故发生时，享有保险赔偿金请求权的人。通常受益人为投保人或被保险人本人，仅在人身保险的死亡保险合同中，受益人为投保人或被保险人外的第三人，具有独立意义。受益人一般由被保险人或投保人在合同中明确规定，未指明的则以被保险人的法定继承人为受益人。受益人的变更，应依法进行并通知保险人。

36. 什么叫金融衍生产品？

金融衍生产品是指一种金融合约，其价值取决于一种或多种基础资产或指数，合约的基本种类包括远期、期货、掉期和期权。金融衍生产品还包括具有远期、期货、掉期和期权中一种或多种特征的混合金融工具。

金融衍生产品的特点：具有零和博弈、不确定性或高风险性等特点。

37. 什么是MACD？

MACD（moving average convergence and divergence）称为指数平滑移动平均线，是从双指数移动平均线发展而来的，由快的指数移动平均线（EMA[①]12）减去慢的指数移动平均线（EMA26）得到快线 DIF，再用 2×（快线 DIF－DIF 的 9 日加权移动均线 DEA）得到 MACD 柱。MACD 的意义和双移动平均线基本相同，即由快、慢均线的离散、聚合表征当前的多空状态和股价可能的发展变化趋势，但其阅读起来更方便。

1）MACD 的基本用法

MACD 金叉：DIFF 由下向上突破 DEA，为买入信号。

MACD 死叉：DIFF 由上向下突破 DEA，为卖出信号。

MACD 绿转红：MACD 值由负值变为正值，市场由空头转为多头。

MACD 红转绿：MACD 值由正值变为负值，市场由多头转为空头。DIFF 与 DEA 均为正值，即都在 0 轴线以上时，大势属多头市场，DIFF 向上突破 DEA，可做买入信号；DIFF 与 DEA 均为负值，即都在 0 轴线以下时，大势属空头市场，DIFF 向下跌破 DEA，可做卖出信号。当 DEA 线与 K 线趋势发生背离时为反转信号。DEA 在盘整局面时失误率较高，但如果配合 RSI 及 KDJ 指标可适当弥补缺点（MACD 有多种基本用法）。

2）MACD 的缺点

由于 MACD 是一项中线、长线指标，买进点、卖出点和最低价、最高价之间的价差较大。当行情忽上忽下幅度太小或盘整时，按照信号进场后随即又要出场，买卖之间可能没有利润，也许还要损失价差或手续费。一两天内涨跌幅度特别大时，MACD 来不及反应，因为 MACD 的移动相当缓和，比较行情的移动有一定的时间差，所以一旦行情迅速大幅涨跌，MACD 不会立即产生信号，此时，MACD 无法发生作用。

3）MACD 指标的用途

MACD 可以帮助我们判断股价接下来的趋势，就像一条波浪线一样，会在空间里

---

① EMA：exponential moving average，指数移动平均值。

上涨或下跌，也就是机会和风险。

38. 股票是什么？

股票是股份有限公司发行的所有权凭证，是股份有限公司为筹集资金而发行给各个股东作为持股凭证并借以取得股息和红利的一种有价证券。它可以作为买卖对象和抵押品，是资金市场主要的长期信用工具之一。

股票的特征：股票不能退还本金只能通过转让收回资金。

股票的作用：股票上市后可扩大筹资、减少危险、提高信誉。

39. 基金是什么？

平时所说的基金，就是证券投资基金，是指通过发售基金份额，将众多投资者的资金集中起来，形成独立资产，由基金托管人托管、基金管理人管理，以投资组合的方法进行证券投资的一种利益共享、风险共担的集合投资方式。

从广义上说，基金是指为了某种目的而设立的具有一定数量的资金，主要包括信托投资基金、公积金、保险基金、退休基金，以及各种基金会的基金。从会计角度分析，基金是一个狭义的概念，意指具有特定目的和用途的资金。

1）基金的分类

根据基金单位是否可增加或赎回，基金可分为开放式基金和封闭式基金。开放式基金通过银行、证券公司、基金管理公司申购和赎回，基金规模不固定。封闭式基金有固定的存续期，一般在证券交易场所上市交易。

根据组织形态的不同，基金可分为公司型基金和契约型基金。基金通过发行基金股份成立投资基金管理公司的形式设立，由基金管理人、基金托管人和基金份额持有人三方通过基金契约设立，通常称为契约型基金。

根据投资风险与收益的不同，基金可分为成长型基金、收入型基金和平衡型基金。

根据投资对象的不同，基金可分为股票基金、债券基金、货币市场基金、期货基金等。

2）如何选择基金

债券基金属于中低风险的基金，只要世界大局是稳定的，该类基金基本上是没有什么风险的。

股票型基金，顾名思义，就是股票行情好，基本上基金也能涨，但是个别基金除外。

指数基金，是跟着大盘指数走的基金，是最大众化的股票基金。

黄金基金，跟买黄金类似，主要用途是保值避险。

40. 债券是什么？

债券是政府、企业、银行等债务人为筹集资金，按照法定程序发行并向债权人承诺于指定日期还本付息的有价证券。在金融市场发达的国家和地区，债券可以上市流通。

债券是一种金融契约，是政府、金融机构、企业等直接向社会筹借资金时，向投资者发行，同时承诺按一定利率支付利息并按约定条件偿还本金的债权债务凭证。债券的本质是债的证明书，具有法律效力。债券购买者或投资者与发行人之间是一种债权债务关系，债券发行人即债务人，投资者或者债券购买者就是债权人。

债券的特征：偿还性、流通性、安全性和收益性。

债券的种类：①按发行主体划分，可将债券分为政府债券、金融债券、公司或企业债券。政府债券是政府为筹集资金而发行的债券，主要包括国债、地方政府债券等，其中最主要的是国债。②按照财产担保划分，可将债券分为抵押债券和信用债券。抵押债券是以企业财产作为担保的债券，按抵押品的不同又可以分为一般抵押债券、不动产抵押债券、动产抵押债券和证券信托抵押债券。信用债券则是不以任何公司财产作为担保，完全凭信用发行的债券。③按债券形态划分，可将债券分为实物债券、凭证式国债、记账式债券。

41. 期货是什么？

期货是包含金融工具或是未来一般在商品交易所交割实物商品进行的金融合约。期货是一种衍生性金融产品，按现货标的物的种类，期货可分为商品期货与金融期货两大类。

期货是一种跨越时间的交易方式。买卖双方通过签订标准化合约，即期货合约，同意按指定的时间、价格与其他交易条件，交收指定数量的现货。通常期货集中在期货交易所进行买卖，但亦有部分期货合约可通过柜台交易进行买卖。

期货是签订合约的双方跨越时间的交易方式。

期货的种类：期货主要分为商品期货和金融期货。

商品期货又分为农产品期货、金属期货和能源期货。其中，农产品期货包括棉花、大豆、小麦、玉米、白糖、咖啡、猪腩、菜籽油、天然橡胶、棕榈油等；金属期货包括铜、铝、锡、锌、镍、黄金、白银等；能源期货包括原油、汽油、燃料油等。

金融期货包括股指期货、利率期货和外汇期货。股指期货，如英国 FTSE 指数、德国 DAX 指数、东京日经平均指数、香港恒生指数等；利率期货是指以债券类证券为标的物的期货合约，一般可分为短期利率期货和长期利率期货；外汇期货又称为货币期货，是一种在最终交易日按照当时的汇率将一种货币兑换成另外一种货币的期货合约，是指以汇率为标的物的期货合约，用来规避汇率风险。

42. P2P 是什么？

P2P 是英文 person-to-person 或 peer-to-peer 的缩写，意思是“个人对个人”或者是“伙伴对伙伴”，有多种不同的含义。

我们常说的 P2P 指的是点对点的网络借款形式，是将小额资金聚集起来借贷给有资金需求人群的一种民间小额借贷模式，属于互联网金融产品的一种。P2P 也是民间小额借贷借助互联网、移动互联网技术产生的网络信贷平台及相关理财行为和金融服务。

1）P2P 的分类

P2P 可分为银行系、上市公司系、国资系、民营系和风投系。银行系 P2P 的优势主要在于资金雄厚，流动性充足，项目大多来自银行原有中小型客户。上市公司系 P2P 的优势在于谋求多元化经营，寻找新的利润增长点，而且上市公司从产业链上下游的角度出发，打造供应链金融体系；国资系 P2P 拥有国有背景股东的隐性背书，兑付能力有保障。国资系 P2P 平台较为谨慎，层层审核的机制严重影响了平台运营效率。民营系 P2P 平台数量最多，起步最早。民营系 P2P 具有普惠金融的特点，门槛极低，收益率高，但风险也偏高。一方面，风投在一定程度上能够为平台增信，有利于扩大经营规模，提升风险承受能力；另一方面，风投的引入会在一定程度上导致 P2P 平台急于扩大经营规模而放松风险控制。

2）P2P 的经营模式

P2P 分为纯线上、债权转让、担保抵押模式、O2O（online-to-offline，线上到线下）、P2B（person-to-business，个人对企业）、P2F（person-to-financial institution products，个人对金融机构）六种经营模式。

43. 什么是外汇投资?

外汇投资是指企业以外币资产与其他单位合作进行联营投资或接受其他单位以外币资产作为资本金联营投资。因此，企业投资包括两个方面，即投入和投出。简单地说，外汇投资是指投资者为了获取投资收益而进行的不同货币之间的兑换行为。外汇是国际汇兑的简称，外汇在这里的含义是指可用于国际结算的外国货币及以外国货币表示的资产。外汇投资的特点是风险大（但风险可控），操作灵活，杠杆比率大，收益高，等等。

外汇市场的特点：不间断交易，市场透明度高，资金流动性高。

外汇投资的渠道：外汇投资有定期存款、理财产品、实盘交易、期权、投资等方式。

44. 涨停和跌停是什么意思?

涨跌停板制度是证券市场为了防止交易价格的暴涨暴跌，抑制过度投机现象，对每只证券当天价格的涨跌幅度予以适当限制的一种交易制度。

涨停规定了交易价格在一个交易日中的最大波动幅度，即规定当日交易最高价格和最低价格。跌停即最大跌幅不超过前一日收盘价的百分之几。

选择追涨的条件：追涨停有几个指标很重要。首先，要了解目标股的股本结构，一般流通盘在 1 亿~2 亿元的较好。其次，要关注股价指数的开盘，如果指数低开，涨停一般比较真实，高开则容易形态不一。再次，要关注涨停一瞬间的封单，当封单再次打开时配合量能变化选择介入。最后，要看具体个股前期的形态，如果有大资金进驻应该果断参与。

45. 股票如何开户?

我们在买卖股票之前都需要开户，以前股票的开户需要到指定的地方进行一系列的操作。随着互联网的兴起，开户步骤变得简单。

1）开户需要准备的材料

首先，开户需要准备本人的银行卡和有效的身份证件。银行卡是作为第三方托管账户使用的，一般五大银行（中国工商银行、中国农业银行、中国银行、中国建设银行、交通银行）的都可以。

2）如何选择证券公司

准备好材料，就要了解周围有哪些证券公司。了解的关键是费率要低，问好各个证券公司的费率，选择一个低费率的证券公司会节省很多成本。以前开户人开户必须要去证券公司，需先打电话预约，然后去证券公司签协议。现在则不需要了，开户人用手机就可以开户，许多证券公司都支持手机开户。下载证券公司的官方 App，注册账号、登录预约，一般用不了多久，证券公司的客户经理就会与开户人联系。如果是去证券公司开户，开户人可在预约时间前去证券公司，带上有效的身份证件和银行卡，就有人带着开户人办理开户流程。如果打算用手机开户，开户人只需要准备好有效的身份证件和银行卡，找个安静有 Wi-Fi 的地方，在预约的时间与证券公司的客户经理进行视频通话。只要按照证券公司的客户经理所说的进行操作，回答几个问题就可以了，几分钟就能完成开户。

3）登录开户账户

开户之后，证券公司的客户经理会给开户人一个账户和密码，密码可以由开户人修改，一般开户软件与交易软件是分开的。在证券公司的官网上，开户人只要把交易软件下载下来，输入账号和密码进行登录，就可以存入资金购买股票。

46. 基金如何申购和赎回？

基金申购是指投资者到基金管理公司或选定的基金代销机构开设基金账户，按照规定的程序申请购买基金份额的行为。申购基金份额的数量是以申购日的基金份额资产净值为基础计算的，具体计算方法需符合监管部门有关规定的要求，并在基金销售文件中载明。

1）基金赎回的定义

赎回又称买回，它是针对开放式基金的，投资者以自己的名义直接或通过代理机构向基金管理公司要求部分或全部退出基金投资，并将买回款汇至投资者的账户内。人们平常所说的基金主要是指证券投资基金。

2）基金申购的步骤

在基金管理公司网站上找到“网上交易”选项，登录方式选择开户证件，在这里填写身份证号即可，填写的密码是开户时留的 8 位交易密码。进入页面找到交易项，里面有申购、认购、赎回、转换等。点击申购，找到想买的基金，然后直接填写申购金额，费用支付方式一般选先付。填写完毕，提交付款。

3）基金赎回的步骤

基金赎回需要先登录基金账号才可完成操作（在交易栏里）。需要注意的是，新申购的基金，只有在 T+3 日以后（包括第 3 日）才可以赎回或转换。基金的赎回金额为按实际确认的有效赎回份额乘以申请当日基金份额净值并扣除相应费用后的余额，四舍五入保留到小数点后两位，四舍五入部分代表的资产归基金所有。

47. 如何认购企业债券？

企业发行债券是企业的一种经营模式，我们可以购买企业债券，但是我们在购买的时候应该根据自己的实际情况合理地购买，并且要清楚购买企业债券的一些规定，及时地购买。

个人要投资企业债券的话，先要在证券营业网点开设一个证券账户，等企业债券正式发行的时候，就可以像买卖股票那样买卖企业债券，交易最低限额是 1 000 元。

一级市场与二级市场认购企业债券的区别：一级市场按时间优先原则，二级市场只能竞价交易。

投资者在一级市场投资企业债券时，网上认购一般是按“时间优先”的原则实时成交，即先进行网上申报的投资者的认购数量将优先得到满足，交易系统将实时确认成交。当网上累计的成交数量达到网上发行的预设数量时，网上发行即结束。当网上发行预设数量认购不足时，剩余数量将一次性回拨至网下发行。就二级市场交易而言，个人投资者目前还只能在竞价交易系统中进行企业债券买卖。企业债券现券当日买入、当日卖出，即实行 T+0 交易制度。

48. A 股、B 股和 H 股是什么意思？

我国上市公司的股票有 A 股、B 股、H 股、N 股和 S 股等的区分。这一区分主要依据股票的上市地点和所面对的投资者而定。

1）A 股的定义

A 股的正式名称是人民币普通股票。它是由我国境内的公司发行的，供境内机构、组织或个人（不含我国港澳台地区投资者）以人民币认购和交易的普通股股票。

2）B 股的定义

B 股的正式名称是人民币特种股票。它以人民币标明面值，以外币认购和买卖，在境内（上海、深圳）证券交易所上市交易。它的投资人限于：外国的自然人、法人和其他组织，我国香港、澳门、台湾地区的自然人、法人和其他组织，定居在国外的我国公民，以及中国证监会规定的其他投资人。现阶段 B 股的投资人，主要是上述几类中的机构投资者。B 股公司的注册地和上市地都在境内，只不过投资者在境外或在我国香港、澳门及台湾地区。

3）H 股的定义

H 股，是指注册地在我国内地、上市地在我国香港地区的外资股。香港的英文是 Hong Kong，取其第一个英文字母 H，在香港上市的外资股就叫 H 股。依此类推，纽约的第一个英文字母是 N，新加坡的第一个英文字母是 S，在纽约和新加坡上市的股票就分别叫 N 股和 S 股。

49. 主板和创业板有什么区别？

创业板作为我国证券市场的新生事物，与 A 股主板市场有很多不同之处，差异主要表现在上市门槛、信息披露、保荐人制度、退市制度、上市交易等多方面。

1）主板和创业板产业区别

股票主板是以传统产业为主的股票交易市场，二板是创业板，上市标准较低，主要以高科技、高成长的中小企业为服务对象。

2）主板和创业板上市门槛区别

在创业板上市主要有两条定量业绩指标，一是要求发行人最近两年连续盈利，最近两年净利润累计不少于1 000万元，且持续增长。二是最近一年盈利，且净利润不少于500万元，或者最近一年营业收入不少于5 000万元，或者最近两年营业收入增长率均不低于30%。只要符合两条指标中的其中一条便达标。而在主板上市则要求发行人连续 3 年盈利，且累计净利润超过 3 000 万元，或者最近 3 年经营活动产生的现金流量净额累计超过 5 000 万元，或者最近 3 年营业收入累计超过 3 亿元。

3）主板和创业板在股票转让上的异同

按照《公司法》等规定，不论是主板公司还是创业板公司，董事、监事和高级管理人员自公司股票上市之日起一年内和离职后半年内，均不得转让其所持的公司股份。一年锁定期满后，拟在任职期间买卖公司股份的，应当按有关规定提前报证券交易所备案。对创业板公司的控股股东和实际控制人，进一步要求其承诺，自公司股票上市之日起 3 年内不得转让、托管或公司回购其所持股份。对其他股东所持股份，如属于在向中国证监会提出首次公开发行申请前 6 个月内进行增资扩股的，自公司股票上市之日起一年内不得转让。

50. 新三板是什么?

新三板股票是指证券公司代办股份转让系统中，非上市股份有限公司股份报价转让的股票，因为挂牌企业有别于原代办股份转让系统的企业，所以被形象地称为“新三板”股票。

目前，新三板不再局限于中关村科技园区非上市股份有限公司，主要针对的是中小微型企业。其实三板就一个，正式名称为“代办股份转让系统”。

新三板特点：新三板股票名称后不带任何数字，股票代码以 43 开头。委托的股份数量以“股”为单位，新三板交易规则是每笔委托的股份数量应不低于 3 万股。报价系统仅对成交约定号、股份代码、买卖价格、股份数量四者完全一致，买卖方向相反，对手方所在报价证券公司的席位号互相对应的成交确认委托进行配对成交。股份报价转让的成交价格通过买卖双方议价产生。新三板交易规则没有设涨跌停板。

51. K 线图怎么看?

证券市场中的K线图包含四个数据，即开盘价、最高价、最低价、收盘价，所有的K线都围绕这四个数据展开，反映大势的状况和价格信息。如果把每日的K线图放在一张纸上，就能得到日 K 线图，同样也可画出周 K 线图、月 K 线图。

1）K 线图中的大阳线和大阴线含义

开盘价接近于全日的最低价，随后价格一路上扬至最高价处收盘，我们称之为大阳线，表示市场买方踊跃，涨势未尽。如果开盘价接近于全日的最高价，随后价格一路下滑至最低价收盘，我们称之为大阴线，表示市场跌势强烈，特别是出现在高价区域时，更加危险。如果价格一度大幅下滑但受到买盘势力支持，价格回升向上，虽然收盘价仍然低于开盘价，也可视为强势。但在高价区出现时，说明价格有回调要求，应注意卖出。

2）K线图收上十字线含义

如果K线图前一日收上十字线，表明多头上攻受阻，第二天再度高开低走，最终收盘于昨收盘价附近或者前一日收十字线，价格有反转迹象；第二天即开盘于昨收盘价之下，随后价格一路下滑，最终以阴线报收，这是高位反转形态，应注意出货。

3）K线图收下十字线含义

如果K线图昨日收下十字线，表明下方买盘积极，价格止跌回稳，第二天开盘后价格持续走高，最终以小阳线报收，或者昨日收中阴线，空头来势凶猛，第二天顺势大幅低开，但买方在低位积极入市，价格不跌反涨，最终以阳线报收，并高于昨收盘价，这是低位反转形态，价格上涨可能性大。

52. 大盘指数是什么？

大盘指数一般是指沪市的“上证综合指数”和深市的“深证成份股指数”（以下简称深证成指）。上证综合指数是目前我国内地市场上影响最大的指数。上证综合指数的样本为所有在上海证券交易所挂牌上市的股票，可以代表上海证券市场上所有股票的整体涨跌情况。深证成指是深圳证券交易所最重要的指数。深证成指的样本股包括40家最具代表性的上市公司。虽然只选择了部分股票，但深证成指仍然可以代表整个深圳证券市场上的股票价格走势。

大盘指数能科学地反映整个股票市场的行情，如股票的整体涨跌或股票价格走势等。如果大盘指数逐渐上涨，即可判断多数的股票都在上涨，相反，如果大盘指数逐渐下降，即大多数股票都在下跌。

大盘指数的计算，就是将计算期的总市值与基期的总市值相比较，得到一个相对变化值，以此反映市场股票价格的相对水平。

53. 什么是熔断机制？

熔断机制，是指对某一合约在达到涨跌停板之前，设置一个熔断价格，使合约买卖报价在一段时间内只能在这一价格范围内交易的机制。

熔断分为两种，第一种是当价格触及熔断点后，在随后一段时间内停止交易，即熔而断。第二种是当价格触及熔断点后仍可以继续交易，但报价限制在熔断点之内，即熔而不断。

A股熔断机制于2016年1月1日正式实施，只参考沪深300指数。当沪深300指数触及涨跌5%线，启动熔断，沪深两市及股指期货中断交易15分钟。当沪深300指数触及涨跌7%线，启动二次熔断，直接收市。当沪深300在14：45以后发生任何熔断，直接收市。

熔断机制的作用：预警提示作用，赢得时间，消除流动性下降。

54. 深市与沪市有什么区别?

我们常常听到人们讨论深市和沪市，大家都知道深沪分别是指深圳和上海，但还有很多其他的区别。

第一个不同点是深市与沪市股票代码不同。股票代码“002”开头的是深圳中小板股票，“000”开头的是主板股票，“3”开头的是创业板股票；股票代码“600”开头的是上海主板股票。沪市B股代码以“900”开头，新股申购的代码以“730”开头，配股代码以“700”开头；深市B股代码以“200”开头，新股申购的代码以“00”开头，配股代码以“080”开头。

第二个不同点是深市与沪市构成的指数不同。上证综合指数是加权指数，深证成指是成份指数。

第三个不同点是深市与沪市新股申购基数单位不同。申购沪市股票，一个资金账号最低申购1 000股，每1 000股为一个基数单位。申购深市股票，一个资金账号最低申购500股，每500股为一个基数单位。

55. 什么是开盘价和收盘价?

我们大多数人都认为股市的开盘价就是开盘那一刻的价格，收盘价就是收盘那一刻的价格，其实这样的理解是不完全正确的。

开盘价又称开市价，是指某种证券在证券交易所每个交易日开市后的第一笔买卖成交价格。不同股市收盘价的计算方式也不同。

不同市场收盘价的确定如下。

沪市收盘价为当日该证券最后一笔交易前一分钟所有交易的成交量加权平均价（含最后一笔交易）。当日无成交的，以前一日收盘价为当日收盘价。深市的收盘价通过集合竞价的方式产生。收盘集合竞价不能产生收盘价的，以当日该证券最后一笔交易前一分钟所有交易的成交量加权平均价（含最后一笔交易）为收盘价。当日无成交的，以前一日收盘价为当日收盘价。

收盘价（元）等于当日涨跌（元）加上前一日收盘价（元）。

沪市和深市收盘价的计算方式不同。

56. 破发是什么意思?

破发中的“发”指的是股票的发行价格，新股破发指的是在股票发行上市的当日就跌破了发行价格。在牛市中这种行情是比较少见的，在市场的徘徊期经常出现这种情况。

从财务分析来看，净资产是资产负债表中的总资产减去全部债务之后的余额，如果股票的市盈率对于投资人来说是进取性指标的话，那么市净率就是防御性指标，每一股股票的净资产就是股价的最重要的防线，破发显示股票市场低迷，买气不足。

股票破发的原因是市场的供给出现了严重的失衡。

57. 牛市和熊市是什么意思?

牛市又称多头市场，指价格长期呈上涨趋势的证券市场。价格变化的总趋势是不断走高，特征是大涨小跌。

熊市亦称空头市场，指价格长期呈下跌趋势的证券市场。价格变化的总趋势是不断走低，特征是大跌小涨。

牛市的特征：牛市出现时小型股先发动涨势，不断出现新的高价。

熊市的特征：后期市场普遍看好，股民疯狂抢进，是空头市场先兆。

牛市操作原则：在牛市中一定要追龙头股，追涨停板，买小股盘。

熊市操作原则：在熊市中不追涨，不抄底，不幻想，不抱侥幸心理。

58. 市盈率是什么?

市盈率也称本益比、股价收益比率或市价盈利比率。

市盈率是某只股票每股市价与每股盈利的比率。市盈率是最常用来评估股价水平是否合理的指标之一。

59. 什么叫蓝筹股?

我们经常会听到人们讨论股票，不同种类的股票有不同的名字，而且股票根据不同的依据可以有很多的分类。

蓝筹股是指那些经营业绩较好，具有稳定且较高的现金股利支付的公司股票。

蓝筹股有优良的业绩、收益稳定、股本规模大、红利优厚、股价走势稳健、市场形象良好。在萧条时期，公司能够制订出保证公司发展的计划与措施；在繁荣时期，公司能发挥最大能力创造利润；在通货膨胀时期，公司实际盈余能力保持不变或有所增加。但蓝筹股并非一成不变，随着公司经营状况的改变及经济地位的升降，蓝筹股的排名也会变更。

蓝筹股的分类如下。

一线蓝筹股，是指业绩稳定，流通盘和总股本较大，也就是权重较大的个股，这类股一般价位不是太高，但群众基础好。

二线蓝筹股，是指在市值、行业地位及知名度上略逊于上述的一线蓝筹公司，是相对于几只一线蓝筹股而言的。

绩优蓝筹股，是从蓝筹股中因对比而衍生出的词，是以往业内已经公认业绩优良、红利优厚、保持稳定增长的公司股票，而“绩优股”则是从业绩表现排行的角度，优中选优的个股。

60. 股票的一级市场和二级市场分别是什么?

股票市场分为一级市场和二级市场。很多人以为股票的一级市场高于二级市场，这种认知是错误的。现在让我们一起了解一级市场和二级市场。

1）一级市场的定义

一级市场，也称发行市场或初级市场，是资本需求者将证券首次出售给公众时形成的市场。它是新证券和票据等金融工具的买卖市场。该市场的主要经营者是投资银行、经纪人和证券自营商（在我国这三种业务统一于证券公司）。它们承担政府、公司新发行的证券及承购或分销股票。投资银行通常采用承购包销的方式承销证券，承销期结束后剩余发行人可以获得预定的全部资金。

2）二级市场的定义

二级市场是有价证券的交易场所、流通市场，是发行的有价证券进行买卖交易的场所。二级市场是一个资本市场，使已公开发行或私下发行的金融证券买卖交易得以进行。换句话说，二级市场是任何旧金融商品的交易市场，可为金融商品的最初投资者提供资金的流动性。这里的金融商品可以是股票、债券、抵押、人寿保险等。二级市场在新证券发行即存在，有时也被称作“配件市场”。一旦新发行的证券被列入证券交易所，也就是做市商开始出价和提供新证券之后，投资者和投机客便可以比较轻易地进行买卖交易。

3）一级市场和二级市场的区别

一级市场和二级市场的分界线是指企业的股份是否证券化。企业的股份证券化之前，对于企业股份的交易就叫一级市场。企业的股份证券化之后，变成了股票，即变成了所有权标准化凭证之后再在公开市场上进行流通，这就是二级市场。

一级市场是公司或政府将其新发行的股票和债券等证券销售给最初购买者的金融市场。

二级市场是有价证券的交易场所、流通市场，是发行的有价证券进行买卖交易的场所。

61. 什么叫换手率?

一般情况下，大多数股票每日换手率在 1%~2.5%，这里不包括初上市的股票。70%股票的换手率基本在 3%以下。那么换手率到底是什么，代表了什么含义呢？换手率也称周转率，指在一定时间内市场中股票转手买卖的频率，是反映股票流通性强弱的指标之一。换手率=某一段时期内的成交量/发行总股数×100%。

股票的换手率越高，说明该股票越热门。一般而言，新兴市场的股票换手率要高于成熟市场的股票换手率。其根本原因在于，新兴市场规模扩张快，新上市股票较多，再加上投资者投资理念不强，使得新兴市场交易较活跃。换手率的高低还取决于股票的交易方式、交收期和投资者结构。一般而言，交收期越短，换手率越高。

以个人投资者为主体的证券市场，换手率往往较高；以基金等机构投资者为主体的证券市场，换手率相对较低。

62. ST 股票是什么?

ST（special treatment）股票即“特别处理”股票。ST 股票政策针对的对象是出现财务状况或其他状况异常的股票。如果哪只股票的名字前加上了 ST，就是给市场一个警示，该股票存在投资风险，但这种股票风险大收益也大。如果 ST 前面还有一个星标那么就代表该股票有退市风险，具体就是在 4 个月左右的时间期限内，如果公司向中国证监会提交的财务报表连续 3 年亏损，就有退市的风险。